COMMUNICATION

21世纪新闻与传播学专业系列教材

新闻评论

马少华 著

JOURNALISM

中南大学出版社

图书在版编目（CIP）数据

新闻评论/马少华著 . —长沙：中南大学出版社，2005. 6
ISBN978-7-81105-064-6

Ⅰ. 新… Ⅱ. 马… Ⅲ. 评论性新闻—研究 Ⅳ. G210

中国版本图书馆 CIP 数据核字（2005）第 049138 号

新闻评论

马少华 著

□**责任编辑**	刘 辉 彭亚非	
□**责任印制**	易建国	
□**出版发行**	中南大学出版社	
	社址：长沙市麓山南路	邮编：410083
	发行科电话：0731-88876770	传真：0731-88710482
□**印 装**	长沙市宏发印刷有限公司	

□**开 本** 730×960 1/16 □**印张** 15.75 □**字数** 268 千字　插页 4
□**版 次** 2005 年 5 月第 1 版 □2014 年 7 月第 4 次印刷
□**书 号** ISBN978-7-81105-064-6
□**定 价** 30.00 元

21

新闻与传播学专业系列教材

序

　　新闻的三大体裁（消息、通讯、评论）中，最难的是评论的写作。这不仅涉及到写作的技巧问题，还更多地涉及到作者知识的积累、思维的敏捷、逻辑的清晰，它不像消息写作那样单纯，只要求对事实的准确叙述。新闻评论的灵魂是新鲜的、即时而深刻的思想。缺乏思想而形式完满的评论，文字再美、逻辑再顺，也难以吸引人们的眼球。在这个意义上，写作关于新闻评论的教材就更难，它要求思想的深度与技巧的谙练融为一体。

　　关于新闻评论的一般写作模式和技巧不难写，而要把这些东西写得有深度，要给人以理性的启示，就不容易了。这方面的教材不是纯理论的探讨，而是有很强的实践性，如果作者自身不是新闻评论写作的高手，只能列举别人的例子来讲解新闻评论，不能说不可以，但学生会明显地感觉缺少一种亲近感，作者也难以表述出只有亲身体验才能感觉的那种难以忘怀的产生灵感的瞬间。这方面的教材又是最具理论色彩的新闻业务的话题，如果作者缺乏理论素养，尽管可以讲出一般的生活道理，但在阐述立论从何而来或论据在哪儿找的方面，会显得相当软弱无力。

　　本书作者马少华，同时具备了写作新闻评论教材的两方面的素质。他本人就是一位颇有名气的新闻评论的写作高手，而翻看他这本新闻评论教材，古今中外，纵横捭阖，思想与典范实例信手拈来，给人一种一下子把握住了评论本质特征的感觉。

　　什么是新闻评论？它的思维特征是概念、判断、推理，而不是联想。它追求意见表达的效率，追求传播的效率。什么是杂文？虽然它部分包含概念、判断、推理，但它的基本思维方式是联想，它主要追求表达的审美价值，在较少的程度上追求意见表达的效率，或者不追求这种效率。打开这本书的第一页第一行，再随便翻到后面杂文与新闻评论关系的一章，我感受到一种认识的深度。尽管新闻评论天天都看，关于新闻评论的定义也没少见，如此精炼、准确的概括和比较，让我产生了一种阅读的欲望。

我说这本教材"古今中外，纵横捭阖"，是一种实在的叙述，而不是比喻。通过这本书，能够感受到作者对我国古代的经典之作、外国新闻评论史上的经典之作、中国19世纪以来新闻评论史上的经典之作，以及该书出版之前最近的经典之作的娴熟程度。显然，马少华在这方面的积累十分厚重。通过论证新闻评论，在哲学、历史、逻辑学、马克思经典论著和现实问题研究方面，都显示出他的思想深度。每一章的前三行或四行，片言居要，面对新问题，总是给人以新的深刻阐释。

综观全书，该书论证结构的特色之一是以动带静。教材当然要对基本概念给出静态的答案，但是作者的讲授既是静态的，又是动态的，因为他提供最新实例，带动了古老的经典实例，给人一种由今及古或由古及今的历史感。不少同类教材的缺陷之一，便是材料陈旧，几十年一贯制。本书作者既是高校新闻学院的教师，又是活跃在当前我国传媒的新闻评论家，不由得使教材生动了起来。这就如同作者《前言》中所说："新闻评论教程的更新是思想的接力，而其基础是新闻评论实践的接力。"

现在常说"研究型教材"，这本书就带有这种特色。虽然是教材，是以普及知识为主，但是其中含有新闻评论研究的创新成分。例如，关于梁启超的政论，一般都是从正面肯定，而该书则引用其他人的评论，实事求是地指出：梁氏早期的评论有较明显的"浮夸、叫嚣、堆砌"的毛病。关于同盟会与梁启超的文字论战，以前的教材均说是革命派如何批驳改良派，该书同样实事求是地引证其他人的话，指出：双方均很偏激，尤其是"同盟会一方"，比梁氏更能写煽动性的文字。这本书留给学生的思考题，重点在于让学生针对新情况、新问题进行思考，也意在鼓励他们的创新思维。普及与创新，这两种成分在书中很难截然划分出来，因为它们已经融为一体了。

通过引证当前有代表性的新闻评论，这本书无形中提出了许多令人深思的社会意识、历史、文化等方面的问题，对于即将走向社会的大学生来说，无疑会产生良好的启蒙作用。

如果用形象的语言说明新闻评论的特征，那么毛泽东的词句"指点江山，激扬文字"是颇为合适的。指点江山，带有时效的特征；激扬文字，则带有一种情感特征。新闻评论以时事带出观点，观点鲜明才可能引人注目。

在有限的时间内做有限的文章，需要大家的功底。而有效地告诉学生新闻评论是什么，如何认识它，如何创作成功的新闻评论，更是一种境界。本书达到了这种境界。

　　写作，包括新闻评论的写作和关于如何写新闻评论的写作，需要综合知识的积累和正确的运用。在这个意义上，该书引证的一段话，既可以说明新闻评论的作者应具备的素质，也可以说明教材的作者应具备的素质："写作能力是一个'虚无'，它粘着于写作动机、写作意志、知识信息、智能、人格、文化上面，这几种因素是形成写作能力的原因、前提，又是写作能力本身，不存在抽象的写作能力。"这一点，希望新一代学子们谨记。

陈力丹

2005 年 3 月 15 日于北京潘家园

前 言

　　新闻评论是在历史中产生的，它的一些品格和特性是随着社会的发展逐渐展现的。以历史发展的眼光比较容易把新闻评论文体及新闻评论问题讲清楚，这是本书教学的一个基本认识。因此，尽管人们习惯接受的教学模式一般是静态地"定性"，这也是教科书的结构特点，但本书将尽可能用动态的历史过程来说明所谓"定性"的品质是如何产生的。

　　由于社会的开放和进步，我们正处于一个新闻评论迅速发展的时期。发展和由此产生的丰富的形态，使新闻评论的一些可能反映规律性的东西比以往更清晰地显现出来。这自然促进了人们对新闻评论的认识，这是新闻评论教程更新的根本原因。本书作者积十余年从事新闻评论写作和编辑的经验，亲身见证了这样一个历史过程。然而，从教之后对新闻评论史的涉猎使本书作者感到，早在 20 世纪初期，中国新闻评论已经获得了较为充分的发展，它的特征已经得到研究者与实践者较为充分的揭示。新闻评论在当代中国的迅猛发展，在一定意义上可以看作是那样一种历史过程的重演。这就使我们有机会打通中国新闻评论一百多年的文本经验和学术经验，形成长周期的通观视野。当然，新的时代背景、社会舆论环境，特别是公众广泛参与的程度，都是当代中国新闻评论新的、独有的发展动力。总之，新闻评论的发展受三个因素的影响：一是文体自身的演进规律；二是时代、社会的开放程度和公众的参与程度；三是传播渠道与技术的影响。当代新闻评论的发展主要受后两个因素的影响。

　　新闻评论教程的更新是思想的接力，而其基础则是新闻评论实践的接力。我们之所以比前人有更新一点的认识，无非是因为我们看到的新闻评论现象与前人有所不同了；而正是前人，给了我们进一步思想的能力。因此，本书尽可能把深刻触及了新闻评论规律的前贤著作详细注明。这不仅是对前人认识成果的尊重，也是对认识规律的尊重，更重要的是，这可以为同学们提供一种开阔的认识空间和研究索引。也正是为了给同学们提供一种更开阔的、融会贯通的认识视野，本书也着意于揭示新闻评论与人类一般认识规律、新闻传播基本规律、人类意见传播和议论文写作一般规律的关系。另外，在正文中插入的文本框内的观点、概念和引文材料，也是为了就一个问题给同学们提供更多的参考。总之，为同学们接通被不同学术领域所分割的涉及新闻评论的知识、经验，是本书追求的一个目标。

学习新闻评论写作，不仅在于对其性质和特征的理性把握，还要积累对新闻评论的感性经验。曾国藩在《家训》中曾经说："读书（学习）之法，看、读、写、作，四者每日不可缺一。……读者，如《四书》、《诗》、《书》、《易经》、《左传》诸经，昭明《文选》，李、杜、韩、苏之诗，韩、欧、曾、王之文，非高声朗诵不能探其雄伟之概，非密咏恬吟不能得其深远之韵。"这是对我国传统的写作训练方法的概括，可见以诵读为手段的感性经验是学习写作的重要方法。当然，更重要的是在理性基础上的感性经验，从认识和写作的角度而非一般阅读的角度，掌握新闻评论的内部结构和逻辑关系。本书将尽可能地帮助大家通过一些典型的完整作品积累理性的阅读经验，培养理性的阅读能力。这是写作训练的起点。由阅读的感性经验出发，到对评论的成分辨识与结构分析的训练，再到练习写出简单的判断，寻找和安排支持判断的论据，揣摩体会，循序渐进，这可能是新闻评论教学训练的一个合理程序。限于教科书的体例，本书与这样一种教学程序还有一段不小的距离。

本书不仅得益于作者十余年新闻评论写作与编辑的实践经验，得益于前贤的指引和师长、同事的帮助，也得益于近几年在中国人民大学新闻学院的教学经验，得益于与同学们在课堂内外"教学相长"的交流与相互促进。正是同学们在课堂上，在电话、电子邮件和 BBS 中提出的问题，促使作者对新闻评论的一些问题进行更为深入的思考。本书中的一些见解，直接来自于这种思考；本书中的一些例子，直接来自于同学们的作业。这些教学经验使作者感到，在大学本科阶段写出一定水平的新闻评论是有可能的。同学们中间存在着新闻评论丰富的写作潜力。正是同学们给了本书作者新闻评论教学的信心。

作者
2005 年 3 月

目　录

第一章　新闻评论的性质与新闻评论的发展

本章要点

● 新闻评论的特殊形式要求就是追求意见表达与传播的效率。

● 新闻评论的思维方式应该是概念、判断、推理，而不是联想。

● 新闻评论的发展进化，经历了一个由"政论"到"时评"的过程。

第一节　新闻评论的性质与文体特征

一、新闻评论是人们进行意见传播、观点交流的实用工具

我们这门课程的教学内容虽然只是新闻评论，但我们不能孤立地去认识新闻评论，而应该从更开阔的视野中去认识。新闻评论本质上是意见传播，在这一属性上，它与政治演说、法庭辩论以及古今中外任何试图说服人的活动有着共同性。它的特殊要求是通过新闻媒体进行传播与接受过程中的形式要求。人类的意见传播有非常多样的形式和途径。新闻评论是近代才出现的新形式，它与意见传播的其他形式有着继承与借鉴的关系。

新闻评论既有传播工具——新闻媒体所制约下的特殊性，又有意见传播、观点交流的普遍性。实际上，对于大多数并不从事专业新闻工作的人来说，新闻评论写作就是广义的表达能力的训练。这样说，第一是因为新闻评论比起其他具有专业背景的实用文体（比如律师的诉状）来说，本来就是向大众开放的、发表渠道最多的、内容最广泛的、数量也最多的表达文字；第二是因为新闻评论的形式要求，无非是表达的效率。这种有效率的写作训练，有普遍的适用性。

我们从新闻评论的多层属性上来说明它与其他文体形式的关系。

新闻评论的第一层属性是人们进行意见传播与观点交流的实用工具（这些实用工具还有：演说辩论、标语、广告、开会）；

新闻评论的第二层属性是应用文——实用文体(实用文体还包括:记叙文、说明文、书信、判决书,以及新闻传播的其他文体,如消息、通讯);

新闻评论的第三层属性是议论文(议论文还有:古代论说文、当代演说、书评、艺术评论);

新闻评论的第四层属性才是大众传播的新闻媒体这个近代条件下的特殊规定性——它相对独特的形式要求。

从这样一个开阔的视野中来认识,新闻评论既是新闻从业人员必须掌握的一项职业写作能力,又是一种现代公民利用大众传播媒体的普遍表达能力。以往的新闻评论教学局限于培养职业评论员的模式,在今天已经不适应了。我们可以说,任何人都应该学习新闻评论。实际上,在当代已经有更多的人在从事着新闻评论的写作。这也是以往所没有过的局面。

1946年9月1日,延安《解放日报》上发表了胡乔木同志的文章《人人都要学会写新闻》,就是在认识能力和表达能力这样一个意义上理解新闻文体的普遍价值的。他说:"我们做革命工作而又能识字作文的人都应该学会写新闻,就同都应该学会说话一样。"意思是说因为"新闻"是一种有效率的文体,一种能够训练人们想清楚和表达清楚的文体,对于做一个好干部是很有用。20世纪80年代,《人民日报》评论员钱湜辛"从胡乔木当年的提议,联想到'对于做新闻工作的,特别是做报纸工作的,似乎可以提出这样的建议:人人学会写评论'"。这一个建议,实际上却是把"人人"的范围缩小到新闻工作者群体了。因为当时并不存在"人人都会写新闻评论"的社会条件和发表途径。到1988年,人民日报评论员于宁、李德民在《怎样写新闻评论》一书中提出"各行各业都可以学,都应该学会写评论。这是发展社会主义民主的需要"。[①] 这是极为深刻的见解。但由于当时媒体给人们发表评论的空间有限,像时评这样的低门槛的大众写作还没有形成。因此,"人人学会写评论"只能说是一个理想。而在今天,随着公民意识的觉醒、舆论环境的开放,越来越多的新闻职业以外的公民投入到新闻评论写作中来,新闻评论作为普遍表达的实用文体这样一种观念已经成为现实。因为它训练的不只是职业技能,而且是公民的表达能力。新闻评论这样一种功能的实现,其本身就是新闻评论的发展。

新闻评论作为普遍的意见传播的一种,它的学习与训练,是一个开放社会广泛需求的普遍的意见传播能力的训练。在普遍的意见传播的层面进行大

---

① 于宁、李德民:《怎样写新闻评论》,41页,中国新闻出版社,1988年版。

学课程的教学，在国外不仅是可能的，而且是成熟的。两位美国学者 Edward S. Inch 和 Barbarrw Warnick 合著的《批判性思维与交流：论说中的推理应用》①，就是一部把 argument——"论说"作为人的普遍的思考和行为方式来进行研究和教学的著作，涉及私人、专业和公共领域三大范围，涉及立法争议、法庭辩论、选战演说、公关广告以至大学生辩论赛等多种情境，它研究的面很宽广，比如，接受者的研究、影响接受效果的文化、价值因素，论说的环境研究，以及论说的伦理、论说谬误的辨识等多个方面。这样一个宽广的教学范式略去了各种媒体、各种形态的特殊性，而着眼于意见传播的普遍性。这个教程第 1 版是 1989 年出版的，到 2002 年已出版到第 4 版，显然，它已经成为一种稳定的、成熟的教学范式。在这样一个"通观"框架中得到的认识和训练，可以使学生们在就读期间以及在未来从事的各种职业中广泛适用。当然，这样的普遍层面的教学，代替不了新闻评论特定的教学内容。我们向大家展示这样一个范式，只是要说明，对新闻评论的理解与学习，不能局限于一个过于狭窄的视野，不能局限于"文体"，而应该放在整个社会的意见传播这样一个宽阔的视野中，这样，视察的现象会更丰富，事物的规律性也可能体现得更为明显，有利于学习写新闻评论的人们融会贯通，逐渐形成开放的而不是分割的知识体系。

二、意见传播在内容与形式上不同于一般的表达

我们知道，人类的表达有许多形式和许多内容。意见传播与观点交流作为人的一种表达，具有特定的内容与形式。嬉笑怒骂也都是表达。意见传播不同于嬉笑怒骂这类情感表达、感性化的表达，不仅在于它应该有理性的内容，而且在于它应有理性的形式。理性的内容，包括它应当有论点、论据、论证等要素；理性的形式，包括它应当遵循人类思维与思想交流的一般规则，也就是逻辑。后者是人们的意见传播与观点交流有效性的一个前提。

正是因为有了逻辑这样一个思维规范作为保证，人们之间的意见传播与观点交流、持不同观点的人们之间的说服与认同才是可能的。而其他的情感性的表达，无论是语言或非语言的，虽然也具有一定的交流性，但其功能与效果更多地偏重于单向表达，而不是双向交流。更重要的是，新闻评论承载着人们认识事物的功能。认识事物，人们往往必须超越感性直观的层面，

---

① *Critical Thinking and Communication：The Use of Reason in Argument*，fourth edition，Allyn and Bacon，2002.

而只有概念、判断、推理构成的逻辑论证，才能够超越感性直观的层面。

新闻评论性质、内容与形式的根本规定性，不应局限于在新闻评论本身中寻找到，而应该从人类一般意义上的认识、传播和交流的层面上寻找。新闻评论内容的理性和形式的有效性，正是在人类意见传播与观点交流这个层面上规定的。它们不是新闻评论的特殊性，而是人类意见传播与观点交流的普遍性。也就是说，正是因为需要在公共领域相互交流理性的意见，才需要理性的表达形式，新闻评论就是这样的形式。

三、大众传播媒体赋予了新闻评论自己的特性，这个特性就是追求意见表达与传播的效率

人类的意见传播与观点交流实践，自古就有之。古代的论说文意见传播——说服的典范，在我国有着非常丰富和宝贵的文本资源。但是，从传播学的角度来考察，古代论说文的传播对象与现代新闻评论的传播对象有一个非常重要的差别，就是表达与传播的效率。什么是效率呢？一般的含义，它是收益与成本之比。对于信息的传播来说，收益就应当包括：有用的信息，明确的传播与接受、理解；成本就应当包括：占用的时间和空间、耗用的物力，以文字信息的传播来说，就是篇幅、字数。仅从表达和传播的效率这个角度看，古代的议论性文本的低效率主要表现为信息冗杂与结构迂缓。

我们从许多古代著名的意见传播活动和论说文中都可以看到，作为传播（说服）对象的"特定的个人"，就是当权者，如：诸侯、皇帝。比如，孟子游说的对象是滕文公、齐宣王、梁惠王；魏征《谏太宗十思疏》的对象是唐太宗；《资治通鉴》中"臣光曰"的对象是宋神宗。还有柳宗元《封建论》、欧阳修《朋党论》游说的对象也莫不如此。这是专制时代的政治结构所决定的意见传播模式，因为只有以皇帝为传播对象，意见传播才是有意义的。但是，也正是由于这种特定的传播对象，使得古代论说文在表达上不可能讲究效率。这表现在古代论说文差不多有一个千篇一律的结构，就是从古说起，而不是从现在说起。比如，柳宗元《封建论》，起首一句便是"天地果无初乎？吾不得而知之也。生人果有初乎？吾不得而知之也"——从宇宙创始、人类起源说起，然后说到尧、舜、禹，说到商、周、秦、汉，再说到唐朝。欧阳修作《朋党论》，本来也是要议论宋朝当代的政治斗争问题，但是他还是从尧、舜说到周朝、汉朝、唐朝，却无一语直接言及当朝之事。这种绕了很大的圈子才说到现在的论说结构（节奏），无非是因为说服专制君主的传播活动有很大的风险。

　　当然，古代的意见传播，也往往通过书信的形式传播给平等的个人。其中著名的，汉代有李陵的《答苏武书》谈个人遭际；唐代有白居易的《与元九书》谈创作心得；宋代有司马光的《与王介甫书》、王安石的《答司马谏议书》，针锋相对地谈论不同的政治见解，是非常好的议论文。但是，一般来说，书信的内容，无所不谈，往往拉拉杂杂，从容迂缓，不讲求效率。这也都是因为书信的传播对象是确定的个人——无论是亲是友是同事，都与传播者有着确定的角色关系——他肯定要看。比如，司马光的《与王介甫书》第一段是这样的：

　　　　二月二十七日翰林学士兼侍读学士、右谏议大夫司马光惶恐再拜，介甫参政谏议阁下：光居常无事，不敢涉两府之门，以是久不得通名于将命者。春暖，伏惟机政余裕，台候万福。孔子曰："益者三友，损者三友。"光不才，不足以辱介甫为友，然自接待以来十有余年，屡尝同僚，亦不可谓之无一日之雅也。虽愧多闻，至于直、谅，不敢不勉；若乃便辟、善柔、便佞，则固不敢为也。孔子曰："君子和而不同，小人同而不和。"君子之道，出、处、语、嘿，安可同也？然其志则智欲立身行道，辅世养民，此其所以和也。

　　这一段共 190 字，传达了什么信息呢？除了一般的客气话占了一半，其余是要就为什么给对方写信表达不同政见作一个引经据典的说明。而这些，在今天大众传播的新闻评论中都是不必要的冗词。

　　现代大众传播的对象是不确定的陌生人，"与传播者并无直接的联系"，其"角色表现不可避免地带有很大的随意性"。[①] 所以，传播者一定要从最切近处入手吸引住受众，否则受众就可能放弃。实际上，不只是议论文、新闻评论，传播的一切文本、形式都具有这样的特性：传播对象是不确定的陌生人时，文本的表达效率要求最高。新闻评论与新闻的其他文体和传播手段的共同特性就是追求传播效率。新闻评论的效率性，是以某种程度上的模式化作为代价的。当然，它的模式化程度不如消息写作那么深，但仍然是要写作者在思想上作好准备的，因为求新求异是人们写作的正常冲动。古人说，"文似看山不喜平"，讲究文章结构的丰富变化，正是表达了这种写作和阅读的冲动。而新闻评论作为意见传播的大众工具，其相对的模式化正是对这种求新求异冲动的限制。应该认识到，相对程度的模式化，比如消息写作中的"倒金字塔"模式，是新闻文体为传播效率所做出的牺牲，新闻评论也服从这

　　①　郑兴东：《受众心理与传媒引导》，5 页，新华出版社，1999 年版。

个法则。

新闻评论文体的效率性，体现在结构和语言中，这包括高度概括的叙事，尽可能早地出现的判断句，简洁的文笔——直笔而非曲笔。

以结构而论，它体现的是评论中不同内容先后次序的处理及其节奏。就像"倒金字塔"的消息把最重要的内容放在最前边一样，评论中也往往把论点——最重要的判断放在最前边。这就是所谓"开门见山"①。如果说"开门见山"一般说来是文章结构的多种选择之一的话，那么，对于新闻评论来说，它就体现了特别追求传播效率的结构，因此，它是新闻评论的一种基本结构。在同学们的习作中，一些评论写作的表达没有效率，往往表现为在明确的判断出现之前，浮词和过渡性的话说得太多。当然，"开门见山"只是一种粗略的形容和归纳。什么叫"开门见山"，怎样实现表达效率，我们在后面的章节中将具体介绍。一般而言，就是在合理和自然的前提下，尽可能地把自己的论点和提出的主要问题前置。

就新闻评论语言的效率性来说，应该尽可能传递多的确定性信息，而避免歧义、误解、过于含糊、抽象等不确定性。其中，过度修辞往往是造成不确定性的一个原因。

四、新闻评论的思维特点与写作特点

文章学家注意到不同的文体有不同的思维方式。基本的思维方式有发散型和收敛型。周姬昌主编的《写作学高级教程》说：

> 发散式运思是主体有目的地围绕一点生发，或受外界信息刺激，引起向四面八方扩散，造成想像和联想，使信息沟通起来和联结起来，产生新的形象性和观念性信息。

> 收敛运思，就是集中、回拢运思的对象性客体，经过筛选、摒弃和淘汰与运思目标无关的信息，对有关的尤其是主要的信息进行分析、综合与概括。②

显然，新闻评论的思维方式属于收敛型。需要进一步说明的是，这里收敛所体现的思维集中，第一是集中于对象——也就是新闻事件；第二是集中于论点——也就是集中于对新闻事件的判断。这是同一个方向上的运思，而

---

① 关于"开门见山"，参见范荣康：《新闻评论学》，252 页，人民日报出版社，1988 年版，及本书第七章。

② 周姬昌主编：《写作学高级教程》，91 页，武汉大学出版社，1989 年版。

不是像发散型思维那样，由一个对象到另一个对象。新闻评论的分析、综合与概括等方法，也都适用于"集中"，而不是"发散"。因为分析、综合与概括这些思维活动的结果（也就是论点），是以概念为基础的普遍的判断形式，而不是联想和想像得到的具体的形象信息。

在一些新闻评论习作中常常可以看到"这件事使我忽然想到……"这样的表述，尽管这是人们在写作中真实的思维活动，但这是要警惕的，因为人们的"忽然想到"，往往是发散型思维，往往没有确定的逻辑关系。实际上，人们的"自由联想"的机制是非常复杂的、非常开阔的，绝大多数并不反映事物本质的联系。这就需要作者审视和检查，不能轻易地把"忽然想到"的内容写进评论的论证线索中去。

一位习作者看到一篇报道反映某地公共浴池中"人狗同浴"的不卫生、不文明现象，经营者只顾赚钱，不加禁止。于是，他在评论中写道：

> 不知为何该消息竟让我想起了与此似乎毫无干系的旧中国租界
> 中"华人与狗不得入内"的禁令。

习作者产生这样的联想，并不奇怪，但这两个事物除了都有"人与狗"之外，的确是毫无干系的，它们各自有着不同的历史情境和历史内涵。涉及的一个是民族情感问题，另一个是文明问题和管理问题。所以，人们的"忽然想到"和"忽然理解"，往往是发散型思维的表征，在新闻评论的思维和写作中一定要非常小心。

再比如，有一位同学的习作开头两段是这样的：

> 报载，浙江余杭的一家公司前些日子在忙着调试全厂的上下班
> 刷卡器，因为和公司合作的美方客户每年都要来评估公司的劳工权
> 益状况，如果劳工权益保护得不好，美方的定单就可能吹掉。这家
> 公司保护劳工权益如此着力，应当说和美方的监督有着密切的
> 关系。

> 看到这则报道，不由得想起一个老大难问题：保护女职工权
> 益，尤其是保护私营企业中的女职工权益。我们有了保护女职工权
> 益的行政规章，有了保护女职工权益的法律法规，但现实中女职工
> 劳动时间过长，权益保护不到位的现象仍屡见报道，女职工权益为
> 何保护起来这么难？我们缺的是类似于报道中美方公司一类的力
> 量，来监督或者制约厂方，保护女职工的权益。

这篇文章的新闻本事（报载）与全文主要评论的对象之间的关系，也是由"不由得想起"这样的联想连结起来的，它不能够说明这两件事之间的确定性

关系。在新闻评论的学习中非常有必要把联想这种形象思维与概念、判断、推理的逻辑思维区别开来，后者才是新闻评论所需要的思维方式。

当然，在新闻评论中，也有一种"从……说开去"的结构，确实与发散型思维有些相似，但其实它是从"个别"上升为"一般"的逻辑思维，即归纳推理。即使是在这样的评论中，作为"个别"的新闻事实，仍然是一个认识（判断）的对象，需要集中的认识产生确定的认识结果，也就是结论，而不是一个联想的起点。

人类的思维形态，一般分为逻辑的、形象（想像）的与直觉的三种。

思维的主体形态称为概念思维或逻辑概念思维。这一主体的形态，能动性很强，表现为人可以自由地、自觉地运用大脑概念组织活动，进行判断和推理，进行分析和综合，进行归纳和演绎。

形象思维的特征是运用并借助于情感和意志体验，形成表象或意象（representation or image），于是意象就成了一种表达手段，用在文艺作品中，也不时用在其他的文体中。形象思维强调以感性表象来催动接受者的审美认同，因此形象思维关注的是艺术效果和感召力。①

逻辑思维方式是指凭据一定的逻辑框架或模式，运用一定的逻辑形式和逻辑方法，遵循一定的逻辑规则，按照一定的逻辑秩序展开思维活动的思维方式。这里的"逻辑"是从狭义上来讲的，即主要是指"形式逻辑"和"辩证逻辑"。②

联想不适用于推理论证。早在 20 世纪初，我国学者就有清醒的认识："古人持论，喜为联想，少事归纳，究其结果，瞀词累幅。效此推理论事，谬误必多。"③

很明显，新闻评论所要求的认识的确定性及其认识结构的可论证性与可交流性，都要求它采用概念、判断、推理这种逻辑思维方式，而不是无所约束的联想这种形象思维方式，因为，逻辑思维方式本身有一套保证结论确定性的规则和方法，而形象思维则没有这些。

---

① 刘宓庆：《翻译与语言哲学》，375 页，中国对外翻译出版公司，2001 年版。
② 陈中立、杨楹、林振义、倪建民：《思维方式与社会发展》，210 页，社会科学出版社，2001。
③ 叶绍均、王钟麟：《对于小学作文教授之意见》，载《新潮》1919 年第一期。

观点：

如果有利的环境以这样的方式指导想像，以致它紧随或预期事实，那么我们便获得知识。然而，不利的环境也能够把注意力引向非本质的东西，从而助长与事实不对应的且误入歧途的思想关联。

一般而言情况确实是，在感觉上邻近的东西，在思想上也将联系起来，但是由于通过联想的观念容易参与各种各样偶然的结合，因此如果人们反过来假定在思想上联系的东西在感觉上必定如此，那么人们就会不断冒错误的风险。词语中联想的中心，各种思绪在联想时萦绕在一起：这是使词语成为稀奇古怪的和广为流行的迷信的对象的东西。

——[奥]恩斯特·马赫《认识与谬误》

我们强调逻辑思维在新闻评论中的重要性，并不是排斥形象思维在人类认识活动中和审美活动中的重要性。形象思维因为更自由、更不受约束，因此可能具有更大的创造性。逻辑思维只是人类思维的一种形式，它之所以在新闻评论中特别重要，就是因为它的确定性和可交流性。在新闻评论所在的公共意见交流领域中，特别需要这种确定性。在审美领域，在单向的情感表达中，则不必如此，而是可以有更多的形象思维。逻辑思维公共性特别强，而形象思维则个性特别强。逻辑思维必须论证，而形象思维无需论证。因此，逻辑思维与形象思维在文章中的地位、作用，也往往是区别新闻评论与杂文等不同文体的着眼点。

下面举一个例子：

"高压线"会不会停电？

6月19日，最高人民法院颁布"关于严格执行《中华人民共和国法官法》有关惩戒制度的若干规定"，自公布之日起施行。该规定20条，强调了诸如"不得贪污受贿"、"不得徇私枉法"、"不得刑讯逼供"、"不得滥用职权"等，凡违犯者，将给予警告、记大过、予以辞退或者给予降级以上处分，构成犯罪的，将依法追究刑事责任。有关人士称"20条"为"高压线"，"谁碰'高压线'，法纪不容情"。

乍读该报道，本人萌生的第一个念头就是："高压线"会不会停电？

"高压线"的正常用途，乃是传输电力，电力是一种能源。但高压电也可伤人致死，于是"高压线"也就有了另外一种用途，被用之于防护网。本来防护网只需严密、坚固就行，为什么还要通上"高压电"呢？只有一个原因，原来的防护网并不严密、并不坚固，存在漏洞、存在薄弱环节。

防护网有漏洞、有薄弱环节，怎么完善它？最根本的手段是弥补与加强。通上"高压电"不更是一种弥补与加强吗？似是而非。"高压危险"的牌子一挂，当然很能吓住一些人，但只是暂时的，因为漏洞依旧，不法者大可从"漏洞"中钻进钻出，只要不触网不就行了？又因为薄弱仍在，不法者大可将"高压线"剪得七零八落——报纸上有关高压线被剪被盗的报道也不是一回两回了。

更为尴尬的是，"高压线"并不总是有电，会经常停电，甚至通上电没几日，高压线就永远成了摆设。为什么会这样呢？当然是电力供应上的问题。或电力不足，用电的地方多，不免顾此失彼；或电线属于劣质产品，没用几天就"老化"了；或电老虎一时打盹甚至是冬眠了，一时忘了或永远忘了送电。没了电的"高压线"也就形同虚设，"高压危险"也就只能是一个牌子，好在总有人信以为真。

最高人民法院颁布的"20 条"会不会"停电"呢？现在无从下结论，只能走着瞧。但正如上文所说，网还是那张网，"20 条"高压线不过是照着原来的线路再铺一遍而已，没有这"20 条"，难道"贪污受贿"、"徇私枉法"、"刑讯逼供"、"滥用职权"……就都是法律所允许的吗？如果说先前的制度完善，则无需"高压线"；如果说先前的制度不够完善，则铺上"高压线"也还是不完善——漏洞与薄弱仍在。

是的，触网者会被击伤甚至死亡，但能说明什么呢？法网恢恢疏而不漏，不应该体现在任何犯罪都逃不脱惩罚，而应该体现在，任何犯罪都不容易得逞。"20 条"高压线，侧重点还是在于"惩罚"而非"预防"，有效的预防不是让人望"高压"而止步，不顾"高压"、"义"无反顾之人多的是，几乎防不胜防。有效的预防，是要使犯罪行为处处受制约，虽有贼心贼胆，虽然伸出手去，却就是够不着。贪官落马让人目不暇接，实在不值得我们兴高采烈——他们之所以受惩罚，乃在他们已经给国家、人民造成了损失。

电力，是一种能源，这是它"性善"的一面，但它也可以伤人致死，却是它"性恶"的一面。发挥它"性恶"的一面，其实乃是一种错误的使用。手边有两条报道，一条是一盗割高压线者被电死，另一条是一钓鱼者将鱼钩甩上了高压线被击成重伤，前者罪不至死，后者更为无辜。"高压线"之凛然不可侵犯，唯有在这方面表现突出。

更尚有不堪设想者，要是停了电咋办？只不过是让那些飞檐走壁者更容易攀缘而上。（东北新闻网 2003 年 6 月 23 日，作者：瞿春阳）

这篇文章，就是被一个形象化的比喻所支配的。从文体上说，应属杂文。因为全文的整体结构是一个通过联想产生的形象系统——"高压线"，并且始终以"高压线"的一些特征来说明法官惩戒制度——这贯穿始终的。这里始终在比喻，而不是在论证，因为真正的高压线与法官惩戒制度并不具有同样的性质和同样的规律。

应该说明的是，说新闻评论的思维规律是逻辑的概念、判断、推理，并不意味着新闻评论的思维从一开始——或者说在"腹稿"阶段——就一定有着清晰严密的逻辑特征。其实，人们对特定对象集中的认识活动，往往是在写作过程中激发的，写作往往与认识同步。因此，写作活动事实上存在着"非稳态"，存在着不断深化、不断调整、逐渐清晰化的过程。这个深化、调整、逐渐清晰化的过程是逻辑的。

新闻评论的思维特点是与它的写作特点联结在一起的。概念、判断、推理对于认识而言，是有效率的思维形式；对于写作来说，是有效率的表达形式。写作比思维要求更高的效率性，因为它的结果——评论文本是最终接触受众的。人在认识过程中的真实思考，可能是旁枝逸出的，写作就要依照概念、判断、推理的逻辑要求，夫除掉那些旁枝逸出的思考内容。

第二节　中国新闻评论的发展轨迹

中国近代以来新闻评论的发展轨迹，比较清晰地显现出其表达的效率性不断提高的过程。这个轨迹比较清晰地表现为从"论说"到"时评"的文体变革。这样一个变革完成于 20 世纪第一个 10 年。而我们当今蓬勃发展的"时评"正是新闻评论历史发展过程的重演。①

任何新事物都有一个从旧事物中产生、发展，最终合规律地形成自己的新的形态的过程，新闻评论也是这样。应该说，时评是一种历史的概念，它是与早期报纸上的"论说"相区别的一个概念。我国近代早期报纸上的议论性文章，基本上是古代论说文的形态，长篇大论，从头说起，没有针对新闻事件的明快判断。比如《万国公报》上的文章《泥古变今论》，开口就是"自有

_____

① 马少华：《时评的历史与规范》，《新闻大学》2002 年秋季卷；《早期的时评》，《国际新闻界》2003 年第 5 期。

天地以来",这与唐代柳宗元《封建论》起首一句"天地果无初乎?"没有什么不同,是古代论说文的思考模式和写作模式。这个时期可以称作"论说"时代。"论说",既是这类文章的标题(如《循环日报》上的《论中国不可自恃》、《论宜变古以通今》,《万国公报》上的《政令一新说》,《清议报》上的《少年中国说》),也是一些报纸言论栏目的名称。这些论说性的文章,在中国近代变革思潮的背景中,的确在知识分子中起到了推动思想解放的作用。但这种形式本身,并不具有新闻评论的特点,也不能实现广泛的传播与大众阅读。李良荣在《中国报纸文体发展概要》中以早期著名政论家王韬、郑观应为例说:"他们的文章都不是新闻评论,几百篇的论说,没有一篇和新闻相结合。他们的不少政论没有完全突破'托古证今'的老路。"①但此后曾建雄根据对从国外购回的 1500 份《循环日报》缩微胶卷的研究发现,王韬主持笔政的《循环日报》,虽然"传统的政论文体是《循环日报》言论写作采用的基本形式",但就内容而言,也有大量评论日本侵台、中法战争等新闻时事和社会热点的作品,如《论日本交兵情形》(1874.6.20)、《论黑旗智败法人》(1883.6.12)等。② 显然,这反映了新闻评论在旧的政论形式中逐渐产生的过程。

正是在这样一个基础上,简单说来,到了 20 世纪初,以《时报》为标志的一批革新派报纸和一批新闻评论改革者(如《时报》主笔陈景寒)自觉地对新闻形式包括评论文体进行创新。这就产生了后来被称为"时评"的、具有鲜明的形式特征的时事短评文体。比如这样一篇:

> 巴拿马河工不可往,往者非病即死。
>
> 美人招巴拿马工尤不可往,往者非病即受虐。
>
> 此其理由,国人知之,政府知之。然美公使仍向政府诸求不已,何也?必政府未尝拒之也。政府固尝闻议拒矣,然而奸民辈能立合同,回国招工,何也?必政府拒之而未尝决绝也。
>
> 谓政府不知,而政府岂真聋聩?谓政府不理,而政府竟无人肝?无以名之,名之曰,非真爱民。故吾不责奸民,而惟责政府。
>
> (载 1907 年 1 月 18 日上海《时报》)③

这样的评论,"用简短的词句,用冷隽明利的口吻,几乎逐句分段,使读

---

① 李良荣:《中国报纸文体发展概要》,25~26 页,福建人民出版社,2002 年版。本书初版于 1983 年。

② 曾建雄:《中国新闻评论发展史(近代部分)》,81~91 页,广西师范大学出版社,1996 年版。

③ 曾建雄:《中国新闻评论发展史(近代部分)》附录,广西师范大学出版社,1996 年版。

者一目了然，不消费工夫去点句分段，不消费工夫寻思考索。当时报人的程度正在幼稚时代，这种明快冷刻的短评正合当时的需要"。"时报出这种制度之后，十几年之中，全中国的日报都跟着变了"。①

到了20世纪30年代，在《申报》函授学校讲课的郭步陶在《评论作法》中干脆说："社论、社评、时评、评坛、评论，这五个名词，看来好像有些分别，但就实际说，各家报纸用它们，总是当作一个名词。"②

《世界日报》主笔张友渔在燕京大学新闻系的讲义《何谓社论》中，明确提出："或称时评，或称新评，二者原为社论外之短评，今则渐变成社论之体制矣。"③这里所说的社论，就是早期的论说文。这样一种概括，明确反映了时评由特殊形态的新兴文体最终成为新闻评论的普遍形式的过程。

所以，有学者将"论说"称为"政论本位"时代的新闻评论；将时评称为"新闻本位"时代的新闻评论。④这与新闻事业的普遍历史规律相吻合。

复旦大学新闻系教授王中认为："报纸的文体最早是把报纸产生以前的各种记叙文、论说文移植到报上来。由于现实社会的不断变化，由于报纸反映现实变动的需要，促使报纸文体按照报纸的特殊要求不断地变革，逐步发展到现在的各种新闻体裁。"⑤

时评文体的出现，就是这样一个过程。"时评"一出现，新闻评论就找到自己的表达形式。休现为"时评"的，不过是新闻评论本身的特性。这个过程，被范荣康概括为"评论向新闻靠拢"——不仅是内容向新闻靠拢，而且是形式向新闻靠拢。"我们不妨说，'时评'的兴盛是对'论说'的一种挑战。有了时评，那种坐而论道的长篇论说文章就很难再照老样子做下去了"。⑥这样一个历史过程，20世纪上半叶已经完成。20世纪上半叶的中国报纸上，时评高手群星闪耀：梁启超、黄远生、邵飘萍、陈布雷、邵力子、张季鸾、邹韬奋……当年曾经有过时评之繁荣时期，不仅专业报人写时评，一些知名人士、作家也写得很好。比如教育家陶行知就曾在20世纪30年代初为上海著名的《申报》开栏撰写了一百多篇时评。今天《茅盾全集》第14、15卷所收的，也是茅盾在20世纪20

①　《胡适文存》卷三：《十七年的回顾》

②　《申报函授学校讲义》之五《评论作法》，96页，上海申报馆1935年印。

③　张友渔：《报人生涯三十年》，111页，重庆出版社，1982年版。

④　如台湾林大椿：《新闻评论学》；但"新闻本位"作为一个对世界新闻发展的趋势的论断，始于20世纪初的邵飘萍。

⑤　李良荣：《中国报纸文体发展概要》，1页，王中作序，福建人民出版社，2002年版。

⑥　范荣康：《新闻评论学》，11页，人民日报出版社，1998年版。

年代初为《民国日报》写的时评。著名学者胡适也曾在 1922 年至 1923 年 4 月间为《努力》周报主持新闻评论栏目《这一周》，写了 67 篇新闻评论。还有中国共产党人张友渔，也曾在 20 世纪 20 年代中期在当时中国特别有名的《世界日报》上写过时评化的社论。

请顾问官

袁大总统受任以来，请某某为顾问者，日有所闻。甚矣，总统之好问也。

虽然，余窃有疑下来。既存好问之心，何以用人行政徒徇其私，递施倒行竟置大局于不顾？他勿具论，第以曹汝霖为日本公使一事言之，敢向顾问者而一问，必直言反对无疑，其如不问何哉！

呜呼！人多官少，位置不敷，硕士宏才，可畏难驭。于是加以顾问之名，投诸闲散之列，外似尊秩，实等虚衔。君子既居于野，频频之党，遂得久据要津，国事乃愈不可问矣。诛心之论，或失之苛。质诸项城以为然否？

（原载 1912 年 4 月 20 日《汉民日报》，作者：邵飘萍。引自方汉奇主编《邵飘萍选集》）

参观日舰的感想

前日赴吴淞参观日巡洋舰"北上号"，日人招待得很周。欢笑一堂，初无国际的分别。同文同种之人，本该如此。后参观舰中各部，枪炮凛然！乐声方罢，骤见杀人利器，顿起不良感触。时引导者犹盛夸该舰之坚固和槌炮之灵利，坚固灵利的结果怎样呀！

（1924 年 3 月 28 日《民国日报》，作者：沈雁冰，署名：冰）

"反共产中国国民军大同盟万岁"

这是陈炯明在广东所发反共产印刷品上面的一句口号。这句口号确实响亮，只可惜"反共产中国国民军"要去"大同盟"有点为难。像奉天张督办（奉系军阀张作霖）所部与汉口吴子玉（直系军阀吴佩孚）先生所部，实在可算得"反共产中国国民军"了。但是何从"大同盟"呢？（1925 年 12 月 5 日《政治周报》第 1 期，作者：毛泽东，署名：润）

这是什么意思

蒋介石下野之前，忽然放出三个武人做省政府主席，这是什么意思？

中国全国民政几乎全掌握在武人手里，其中稍微侥幸一点的只

有江苏与浙江。现在当局忽下顾祝同长苏、鲁涤平长浙之命,从此
全国便成了清一色武人的天下。

武人的责任在保国而不在治民。今中国武人放弃保国之天职,
越俎代庖来治民,这是什么意思?

(原载 1931 年 12 月 19 日《申报·自由谈》,作者:陶行知)

当然,还有篇幅更长的。但这种篇幅短小、结构简单、针对时事的评论,
作为 20 世纪初期非常流行的新闻评论形式,不仅是新闻评论最简易的表达
形式,而且也是我们今天学习新闻评论最简易的"入门方法"。它让我们着眼
于那种往往只在一句话中就说出要点来的判断力。而新闻评论不过是这种判
断力的表达而已。

"时评"所体现出来的新闻评论特性,并不仅是"中国新闻评论的特性",
而且是新闻评论的普遍性质。只不过中国的近代新闻事业因为稍迟于欧美而
重演了共同的历史过程而已。我们可以从马克思写于 19 世纪中期的新闻评
论中找到完全相同的形式特征。

柏林的危机

科伦 11 月 8 日。情况看起来很混乱,其实很简单。

正如"新普鲁士报"正确指出的,国王有"继承的天赋"权利的
"雄厚基础"。

而国民议会却没有任何基础。它唯有建立基础才行。

两个元首!

他们之间的中间环节是康普豪森,是协商论。

只要两个元首不能或者不想协商,他们就会变成两个互相敌对
的元首。国王有权向国民议会挑战,国民议会也有权向国王挑战。
谁的力量大,谁的权利就大。力量要受到斗争的考验,斗争要受到
胜利的考验。两种势力只有用胜利才能证明自己的权利,失败只能
证明自己没有权利。

国王直到现在还不是宪制国王。他是一个专制君主,要不要立
宪制度,由他决定。

国民议会直到现在还不是宪制议会,而是制宪议会。它一直在
努力建立宪制。放弃不放弃自己的努力,由它决定。

两方面,国王方面和国民议会方面,暂时还只是容忍立宪的
仪式。

国王不顾议会的大多数而要求成立合他心意的勃兰登堡内阁,

这个要求是专制国王的要求。

议会要求直接通过代表团禁止国王成立勃兰登堡内阁，这个要求是专制议会的要求。

不论是国王还是国民议会，都违背了立宪协议。

不论是国王还是国民议会，都回到了自己最初的立场，不过国王是有意识的，而议会是无意识的。

优势在国王方面。

权利在力量方面。

没有力量的方面只是空谈权利。

洛贝尔图斯内阁会等于零，因为一正一负正好抵消。①

你还记得吗？我们在上面说过，胡适曾以"用简短的词句，用冷隽明利的口吻，几乎逐句分段，使读者一目了然"这样一句话来形容 20 世纪初上海《时报》创造的"时评"文体。而马克思这篇作于 1848 年的评论已完全具有同样的形式特征。

在《马克思恩格斯全集》中，除了大量的哲学、政治学、经济学、史学著作之外，有很大一部分是新闻评论。据统计，从 1851 年 8 月到 1862 年 3 月，马克思恩格斯应邀为《纽约论坛报》写评论 500 余篇。实际上，这期间他们还为德国《新奥得报》、英国《人民报》、奥地利的《新闻报》等报纸写文章。这些都是纯粹的新闻评论作品，有着纯粹的新闻要素和形式。比如，多在文头写明写作地点和日期。而写于 1853 年 8 月 2 日星期二的《在下院中——报刊论东方问题——沙皇宣言——丹麦》一文中的时间因素，从"上星期六"、"星期五"到"昨天"、"昨天晚上"。即使是一篇像《东印度公司，它的历史与结果》这样以历史知识为主要内容的文章，也是新闻评论，因为它的由头是时间性特别强的这样一段新闻：

斯坦利勋爵关于暂缓为印度立法的提案，被延期到今天晚上开始讨论。印度问题成为英国政府的问题，从 1783 年以来还是第一次，这是为什么呢？

这些都说明，新闻评论的形式发展，尤其是在它体现着传播效率的形式特征方面，有着普遍性。这些同时也说明，我们今天学习新闻评论，有着非常丰富的文本资源。

---

① 1848 年 11 月 9 日《新莱茵报》，《马克思恩格斯全集》第 6 卷 5～6 页，人民出版社，1961 年版。

第二章　新闻评论中的观点

本章要点

● 掌握在评论的阅读练习中辨识论点的方法。

● 以论点为核心，学会辨识新闻评论中判断、叙事等不同要素的性质、层次和关系。

● 掌握事实判断、价值判断、普遍性判断、假言判断的不同特征。

写作新闻评论的起点，人们一般认为是"选题"——那些值得评论的新闻事件或社会问题。但是，学习新闻评论的适当起点，则是阅读他人完成了的作品，看看一篇新闻评论中包含哪些内容。新闻评论是表达人的观点的。在新闻评论中，除了叙事性的内容，基本上都是观点性的内容。因此，就静态的成分来说，作为议论文的新闻评论，有这样基本的两个成分：观点与事实。但实际上，还存在着一个动态的成分，就是人们以事实来论证观点。议论文历来讲"三要素"：论点、论据、论证，就是这三个基本的成分。以前也有人以"见解、资料、生花笔"来概括新闻评论的成分，[①]用的是更浅显的概念，其实也对应着上述三个成分。

第一节　论　点

一、论点的辨识

观点是普遍性的概念。它密集地、多样性地存在于新闻评论中，具有不同的作用和地位。研究议论文的专家方武认为：议论文中的观点分四种类型：一是只被论证而不对别的观点起论证作用的观点；二是不被论证而只对别的观点起论证作用的观点；三是既被论证又对别的观点起论证作用的观

---

① 程仲文：《新闻评论学》，33 页，力生文化出版公司，1947 年版。

点；四是既不被论证又不对别的观点起论证作用的观点。

那么，在一篇评论的许多观点中，哪些观点可以被认为是论点呢？方武认为：只被论证而不对别的观点起论证作用的观点，肯定是论点，它就是议论文中被分析阐释所环绕的作者的观点和主张；不被论证而只对别的观点起论证作用的观点，肯定不是论点，它就是议论文中对作者的观点和主张进行分析阐释的构成部分；既被论证又对别的观点起论证作用的观点，由于具备了"被论证"的特征，也应当被看做论点，它实际上就是通常所谓在中心论点统率之下的分论点。① 显然，不同的观点性材料在作品中的相互关系，在这里成为辨识论点的标准，具体而言，第一是被论证，第二是不对别的观点起论证作用。因此他把第四种"既不被论证又不对别的观点起论证作用的观点"也当作论点——"从作者对其关注的程度而言，只是一种非常次要的论点"。②

本书认为，这种在众多观点中辨识论点、以观点在论证中的相互关系作为确认论点的标准，是有道理的。但是，如果论点太多太泛，以至于把那种"既不被论证又不对别的观点起论证作用的观点"也当作论点，至少是不适合新闻评论的，它们与其说是论点，不如说是赘言。新闻评论作为一种有效率的观点体系，应该更为集中，其论证关系应该更为紧密。

还要说明的是，那种"不被论证而只对别的观点起论证作用的观点"，其实是论据的一种，即观点性论据——人们常用别人的权威观点来支持自己的论点。

我们以2004年8月31日《新京报》社论《国家的体育，我们的身体》为例来辨识一下论点和论据：

奥运已闭幕，人们却无法从兴奋中超脱。32枚金牌跃居金牌榜第二位、田径项目的突破、20年后女排重登奥运冠军宝座……17天，中国体育代表团以骄人战绩感动了中国，打动了世界。

没有人会怀疑中国队的成绩和国力增强之间的联系，经济的发展为竞技体育提供了充足的资金支持，日益开放的价值观念和精神状态为竞技体育的成长奠定了厚实的土壤。

和往届不同，此次盛会，有一个鲜明的特点：当国人夜里挑灯观赛，为中国争得每一枚奖牌而欢呼时，从民间到媒体再到上层，

① 方武：《议论文体新论》，83～85页，安徽大学出版社，2003年版。
② 同上书87页。

似乎都少了一点冲动，多了一点快乐；少了几分狂热，多了几分清醒。

在雅典奥运会新闻中心新闻发布会上，国家体育总局局长袁伟民说："我们金牌不少，我认为已经是竞技体育强国了；我也希望我们成为体育强国，但是，现在还有差距，比较大的差距。"

袁伟民的回答是冷静的。作为国家体育部门的最高行政长官，他代表的是对"国家的体育"的态度。国家的体育，目标不仅仅在于以世界比赛奖牌数为标志的竞技体育，更在于致力于实现全民健康的大众体育。大众体育发达之时，才是体育强国实现之日。

中国与体育强国"有比较大的差距"在哪里？一个例子是，"在中国人群健康检测报告中，有7成以上的被检测者，处于亚健康和患病状态"（近日新华社报道）。

有句"老"话叫"发展体育运动，增强人民体质"，这句常写在学校操场、体育场馆的标语，准确地解答了"国家体育"与"人民身体"的关系——"国家体育"要"发展体育运动"，目的是"增强人民体质"，这里指的是全体人民的体质，当然不仅仅是运动员的体质。

也正因此，我们来看目前北京奥运会场馆的"瘦身"，除了"节俭"的意义，在我们看来，更是对大众体育的重视——一个超前的、奢华的比赛场馆，毕竟只能风光一时一地——只有让普通大众运动起来，一个民族才会健康。

人们还记得，2000年悉尼奥运会后大量体育场馆闲置；日本建设了11个可开启屋顶的体育场（全世界共有19个），可有的体育场由于屋顶开启耗资甚大，场馆建成后只象征性地在开赛当日开启了一次。前车之鉴，后事之师。中国的"鸟巢"取消可开启屋顶，雅典的游泳馆也罕见地去掉了屋顶。人们发现，没有屋顶的游泳比赛依然出色。

其实，包括奥运会官员在内的体育界对奥运会的理解也正回归于体育本身。今年初，面对雅典如老爷车般速度的场馆建设，国际奥委会主席罗格表示，奥运的绿色计划等都可放弃，因为这些"与比赛没有太大关系"。

罗格的话让人感到，在某种意义上，奥运会不过是一场17天的体育比赛而已。

尽管竞技体育是体育的一个重要方面，但国家体育的本质是增强人民的身体素质，我们应该为金牌的大丰收而庆贺，但作为政府的体育管理部门，一定要有清醒的认识。在全球竞争的时代，还有一个更广大的各国国力的"赛场"，那里进行着各国国民身体素质的竞赛，如果能在那里拿到奖牌，其"含金量"才是最高的。（本报评论员：艾君）

在这篇评论中，袁伟民关于中国还不是体育强国的观点、罗格关于奥运的绿色计划等都可放弃的观点，都没有被论证，而是用来论证别的观点，因此它们不是论点，而是论据。

同样，"没有人会怀疑中国队的成绩和国力增强之间的联系，经济的发展为竞技体育提供了充足的资金支持，日益开放的价值观念和精神状态为竞技体育的成长奠定了厚实的土壤"一句，虽然看着像是主观意见，但它没有被论证，只用来论证别的观点，它也不是论点。

接下来，"和往届不同，此次盛会，有一个鲜明的特点：当国人夜里挑灯观赛，为中国争得每一枚奖牌而欢呼时，从民间到媒体再到上层，似乎都少了一点冲动，多了一点快乐；少了几分狂热，多了几分清醒"一句，虽然是一个判断句，但它没有被论证，因此也不是论点。实际上，它是概括性地叙事。

那么，被论证的观点是什么呢？就是国家体育的目标，应着眼于增强全民体质。所有的主观、客观材料都向着它，是为它服务的。因此这是评论的论点。

以上是从阅读的角度来辨识论点的方法。从写作的角度来说，因为新闻评论就是表达对新闻事件的认识，所以论点就是整个认识的结果。因此，可以说，如果你写出了对新闻事件最终的认识，这就是你的论点，不管你把它放在评论的什么位置。

实际上，就写作要达到的效果而言，一篇新闻评论的论点，应该是显明的，而不应该是让人难于辨识的。人们常常把它直接放在标题上，或者放在叙事之后的第一段，也正是为此。比如，近代评论名篇《大乱者救中国之妙药也》，论点就在标题上。再比如，1941 年 6 月 29 日刊发的《解放日报》社论《苏必胜，德必败》。这样的评论非常普遍。

当然，论点往往并不仅仅或直接体现于标题或文中具体的一句话，而可能是通过开头、中间、结尾多句话来共同体现：体现论点的话出现在开头，是为了开门见山，一下子吸引住受众；出现在结尾，是为了给人留下深刻的记忆；出现在中间，可能是因为作者通过层层推论，在推理的高潮中一下子说破论点。是不是能够一下子就能在标题或评论的开头揭破论点，也要看问题与推理的复杂程度，特别是要看受众可能的接受程度。一个需要层层分析才可能使人接受的论点，一下子在开头或标题中打出来，就可能使人感到突兀而不是自然、水到渠成。但从另一方面看，一味把论点都留在评论的结尾揭示，则可能使受众失去耐心，从而丧失了传播的机会。在这个问题上，要根据具体情况，平衡考虑作出选择。

例如，在毛泽东《评蒋介石在双十节的演说》这篇新闻评论中，开头的一句话是：

空洞无物，没有答复人民所关切的任何一个问题，是蒋介石双十演说的特色之一。

而结尾一段的开头则是：

蒋介石的演说在积极方面空洞无物，他没有替中国人民所热望的改善抗日阵线找出任何答案。在消极方面，这篇演说却充满了危险性。

应该说，这开头与结尾的两段话都是体现论点的。只不过开头的更为概括，结尾的话更为详细，因为到结尾已经经过了差不多全篇的论证过程。

最后应该说明的是，除了从评论的内部关系来辨识论点之外，还有一个方法，那就是以新闻评论之外的社会公众（特别是新闻评论的读者）一般认识水平作为标准：一篇评论的论点，总是在这个水平线之上增添的新的认识。这一点，我们在后面还要详细说明。因为，新闻评论作为意见传播的现代工具，就是要贡献新的认识。

二、论点的要求

曾任《人民日报》总编辑的邵华泽对论点提出了这样几个要求：[①]

科学性

有新意

鲜明

全面

深刻

上述要求，在我国比较具有代表性，表达甚明，不必解释。需要说明的是，其中科学性、全面、深刻，是很高的要求，学习新闻评论写作，一时难以达到。这个阶段，在形式上掌握明确地表达（鲜明）、在内容上掌握有新意，

---

① 邵华泽：《同研究生谈新闻评论》，46～135 页，人民日报出版社，1999 年版。

就可以了。

两位美国学者 Edward S. Inch 和 Barbarrw Warnick 在《批判性思维与交流：论说中的推理应用》一书中针对论点提出了如下四点要求，与上述要求有同有异，我们可以融会贯通：

> 争议性（controversiality）
>
> 明确性（clarity）
>
> 平衡性（balance ）
>
> 挑战性（challenge）

他们这样解释论点的争议性：

> 如果你的论点都是人们普遍同意的，那为什么还要论？ 实际上，没有争议性的表达，起到的是论据的作用。人们没有必要论证像地球是圆的、谋杀是错的这样的"论点"。

实际上，"是否有争议"是区别论据与论点的一个标准：论据是可以被读者接受或读者已经接受的、没有争议的；论点是读者尚未接受的、存在争议的。

他们这样解释论点的明确性：

> 在一个有争议的话题中，一个人是否应该明确地表达自己的结论？ 一些研究者通过对那些明确表达的结论和那些暗示或未明确表达的结论进行比较发现：那些明确表达的结论一般来说更为有效。一位研究者推测说：当论点没有得到明确表达的时候，受众通常就用他们自己的观点来填充那些留出的空白，而这些观点常常是与论者想要表达的观点相反的。在这种情况下，论者就可能失去对议论的控制。如果受众是聪明的，论者的议论又组织得很清楚的话，即使结论并未表达出来，受众仍然会顺利地接受其影响。否则，论者由于没有明确地表达出其论点，也许失去受众的合作。

他们这样解释论点应有的挑战性：

> 评论的特性在于影响他人。论点的挑战性意味着论者要直面受众既有的价值观、信仰与行为方式。总体来讲，论者提出有新意的论点，就是表达与流行的观点和状态不同的见解。

第二节　论点的表现形式：判断

一、判断的思维特征

在新闻评论中，作者明确表达的论点是对新闻事实的一个判断。

新闻评论的功能，人们总结有阐发、宣传、表态、解释、辩驳等数种，这些其实都是对不同评论作品具体动机、外在效果的归纳。但是，要实现这些功能，一个不可或缺的基础是什么呢？就是判断。因为新闻评论的本质是一种对新闻的认识活动，而认识结果的表达形式就是判断。判断是新闻评论教学中的核心概念。抓住判断，是接近和掌握新闻评论的简单方法。

我国著名作家叶绍均（叶圣陶）曾这样论述议论文中的判断：

> 议论的总旨在于表示作者的见解。所谓见解，包括对于事物的主张或评论以及驳斥别人的主张而申述自己的主张。凡欲达到这些目标，必须自己有一个判断，或说"这是这样的"，或说"这不是这样的"。既有一个判断，它就充当了中心，种种的企图才有所着力。所以，如果没有判断，也就无所谓见解，也就没有言论这回事了。①

前辈新闻学家郭步陶认为，判断，"这是评论文中最重要的部分。作者的学识经验，都可从这里看见一二"。② 我国学者王民写道：

> 在大部分情况下，新闻评论所讨论的问题，不外是真或伪的问题，是或非的问题，利或害的问题，善或恶的问题。而这些问题，实际上就是一个判断问题。③

判断是人类理性思维的基本形态。普通逻辑学告诉我们：

> 判断是对思维对象有所断定的一种思维形式。
> 判断是对思维对象有所肯定或否定的思想。这也就是说，对思维对象有所肯定或否定乃是一切判断最显著的特征和标志。④

在本书中之所以特别强调判断，是因为它与人类认识的基本能力相连，这种基本能力，也是新闻评论的基本能力。我们知道，大多数新闻评论都有

---

① 叶绍均：《作文论》，商务印书馆，1924年版。引自张寿康主编《现代文章学资料汇编》204页，教育出版社，1991年版。
② 郭步陶：《评论作法》，53页，《申报函授学校讲义》之五，1935年上海申报馆印。
③ 王民：《新闻评论写作》，73页，台湾联合报社，1981年版。
④ 《普通逻辑》，54页，上海人民出版社，1979年版。

推理的内容，往往经过推理论证达到结论。为什么单独强调判断呢？因为，"推理是从一个或几个已知判断中推出一个新判断的思维形式"，①显然，构成推理的核心仍然是判断。

判断用在新闻评论中就是：事物（这里是新闻事件）究竟是什么？怎么回事？它怎么来的？受什么影响？与什么发生关系？将向什么方向发展？这些还只是关于事实的判断。还有关于价值的判断：它具有什么意义？好还是坏，美还是丑？

对于一篇新闻评论来说，认识的水平和境界是高和低的问题；而判断首先是有和没有的问题。有的人写评论根本就没有判断，有的只是一般的情感表达，这就是新闻评论写作的误区。判断固然是一种表达，但表达的东西不见得就是判断。新闻评论不是用来做一般的情感表达的。判断是表达的内容中那种比较清晰、比较理性的内容。

从写作机制来看，判断也有非常重要的地位。我国写作学专家马正平认为：

> 写作行为过程实际上是写作动机的直觉灵感这种行为胚胎（生长元）的生长、展开、放大、尺度变换——分形。
>
> 文章胚胎即最先使作者产生写作冲动的情节、形象、感受，它浓缩了后来文章整体的主要信息。②

那么，对于新闻评论而言，那"浓缩了后来文章整体的主要信息"的"胚胎"是什么呢？它其实就是对新闻的判断。整篇评论文章就是对这个判断的论证和展开而已。如果那个"浓缩了后来文章整体的主要信息"的"胚胎"不是一个近于明确的判断，实际上不足以使作者产生写作的冲动。一些同学说，他们在写作新闻评论时往往先产生"标题"。而当老师问其"标题"的内容是什么时，他们的回答，往往都是后来文章中的核心判断。实际上，许多评论的标题就是该文的核心判断。他们可能从一开始就已经朦胧地产生了。写作过程就是确认并论证这个判断的过程。

二、辨识判断的标准与判断的分层

一篇新闻评论中，可能满眼皆为判断句，什么才是作者真正的判断？这是不能仅仅以句子的形式来辨别的。因为所谓判断，在句型上都是陈述句。

---

① 《普通逻辑》，54 页，上海人民出版社，1979 年版。

② 马正平：《高等写作学引论》，40～41 页，中国人民大学出版社，2002 年版。

在逻辑学中，作为推理前提的，也被称为判断。我们这里所使用的判断，就是指确实是由评论的作者自己提出的，作为他的观点的判断。

辨别判断的真正标准，是作者与他的读者之间实际的知识经验水平。比如，"现在正在下雨"、"地球是圆的"，这是说话者与读者共有的知识经验，而且无需证明。而"明天可能会下雨"则可能是说话者凭着自己独有的知识经验作出的判断，明天很可能不是这样。"地球是圆的"对于我们今天来说，是一个客观事实；而对于公元 240 年前后的埃及天文学家埃拉托色尼来说，则是通过自己的天文观测所得出的一个判断。[1] 所以判断是随着人们知识经验的进步的"水平线"逐步抬升的。评论中的判断，应该高于读者一般的知识经验"水平线"，至少不能在这个"水平线"以下。辨识评论中的判断，实际上就是辨识评论的价值之所在。

判断是有难易差别的。判断的难易水平的辨别，也是判别一篇新闻评论价值的标准。

黑格尔说：

各种不同的判断不能看做罗列在同一水平，具有同等价值。

至于判断具有价值的区别，甚至在通常意识里也一直可以找到。譬如，对于一个常常喜欢提出"这墙是绿色的"、"这火炉是热的"一类判断的人，我们决不迟疑地说他的判断力异常薄弱。反之，一个人所下的判断多涉及某一艺术品是否美，某一行为是否善等等问题，则我们就会说他真正地知道如何去下判断。

我们决不会说一个人有判断力，如果他只知道作肯定的或否定的判断如：这玫瑰花是红的，这幅画是红的、绿的、陈旧的等等。

一种主词与谓词完全不相干的判断，这就是所谓无限的判断。无限判断的例子，有如"精神不是象"，"狮子不是桌子"等等。类似这种命题错的，但正和同一性的命题一样毫无意义，如："一个狮子是一个狮子"、"精神是精神"。这些命题虽然是直接的或所谓质的判断的真理性，但一般来讲，他们并不是判断。[2]

在这里，被黑格尔认为过于容易的判断，实际上近于对事实的陈述。如果新闻评论中充满了这种近于陈述的句子，而没有一定难度（因而也有风险）的判断，就不能说它是一篇好的新闻评论。有学者列举评论的毛病有"以叙

---

① 封毓昌：《辩证逻辑——认识史的总结》，137 页，中国社会科学出版社，1990 年版。
② 黑格尔：《小逻辑》，344、354、347 页，商务印书馆，2004 年版。

代论"①之说——实际上就是以陈述代替判断。

在一篇评论中,同学们可能会看到许多判断句——从句型上看都是判断句,但它们在一篇评论中所起的作用不同。比如,即使是叙事中的概括,往往也具有判断句的形式。但是,从整篇评论所面对的认识对象来说,这些判断句仍然具有叙事的功能,而不是作者本身对事物提出的新的判断。以《经济观察报》2003 年 3 月 3 日社论《欢迎职业政治家》为例:

一项未被官方披露的有关全国人大常委会组成人员的变革计划,在两会召开之前成了半公开的秘密。这项必须经过新一届全国人大的法定选举程序方能确定结果的计划,因为一些必要的人事安排,以及办公地点的设立而早早地露出了风声。依照这项计划,将有 20 位在政府各部门任职的司局级干部成为新一届人大常委会专职委员。这 20 位候选常委平均年龄为 40 岁,平均学历高且工作富有成效。在即将召开的两会上,如果他们顺利当选的话,将会完全放弃其他工作,在新的办公室内办公,并享受副部级待遇。

这一不同寻常的安排和先前出现的各省省委书记兼任地方人大主任现象一样,首先被认为是一种"加强人大"的强烈信号,立即在社会上引起了众多猜测和联想。20 位"特殊"常委的出现更是拨动了很多关注中国政治走向的人们那根最为敏感的心弦。历年来关于改革和完善全国人民代表大会制度的种种议论一时间又被广泛地提起。

我们认为,国家最高权力机关这一小小的人事变动或许预示着新一轮中国政治体制改革会在更高层面上渐次展开。尽管我们不能在时间上对改革的步骤妄加推断,但是仍然相信中国出现职业政治家的时代或许会比较快地到来。

全国人民代表大会制度是当代中国最根本的政治制度,也是中国政治的最高舞台。依据中华人民共和国宪法而成为中国最高权力机关的全国人民代表大会及其常设机构的一举一动都会引起所有中国人的热切关注。但是毋庸讳言,这一制度目前还存在着诸多需要改善的地方,与新中国成立之初的国家制度设计的要求还存在着距离,在某些方面也阻碍了它在中国政治生活中应起到的决定性作用。

---

① 范荣康:《新闻评论学》,241 页,人民日报出版社,1988 年版。

　　和很多学者一样，我们也认识到人大代表的组成结构存在一些问题，代表的参政能力参差不齐。通过间接选举产生3000名左右的全国人大代表的办法，在实际中并没有广泛地使所有的有见识的政治精英步入这一神圣的国家议事殿堂。我们认为，缺乏职业化的政治家在这一最高舞台上的充分表现是一种遗憾。

　　就像看病要找专门的医生一样，对于国家政治这一最为复杂的事项，我们同样也希望通过科学而有效的程序来发掘一些有才能的、专门的政治家来为我们处理和解决难题。这些人并不仅简单地等同于政府部门任职的官员，或者是以行业来划分的人群的代表。我们所希望的政治家不光是某一个群体的代言人，而且还要了解其他群体的利益所在，并且有能力在这种重要场合下通过辩论和妥协的手段在各种群体之间的利益冲突当中寻找平衡，从而达到我们理想的社会正义。为此我们愿意给他们创造尽可能好的条件来发挥他们的才智，甚至于乐于花钱供养他们，使他们可以专心致志地为国家和全体人民服务。

　　全国人民代表大会常委会新近的变动，正是因为让人联想到这种理想的状况，才使很多人感到特别兴奋。

　　当然，显见的问题已经被注意到了，那就是这20位专职常委候选人的产生过程大多数人并不清楚，人们也并不确定这20人就一定会成为我们所希望的那种德才兼备的职业政治家。但是如同其他任何的改革一样，我们不可能要求所有事情都尽善尽美，或者是按部就班。这只是一个开始，我们相信，所有的进步都是在各种各样的变化中产生的，没有变化就不可能有任何进步。

在这篇文章中，第一段是叙事，不仅"依照这项计划，将有20位在政府各部门任职的司局级干部成为新一届人大常委会专职委员"这样一句像是"预测"的话是叙事，而且，"在即将召开的两会上，如果他们顺利当选的话，将会完全放弃其他工作，在新的办公室内办公，并享受副部级待遇"这样一句形式上的"假言判断"仍是叙事，因为它们在文中都属评论的对象范围，属于评论主体之外的客观事实——尽管这些事实并未完全确定。

第二段仍是叙事。不仅"这一不同寻常的安排和先前出现的各省省委书记兼任地方人大主任现象一样，首先被认为是一种'加强人大'的强烈信号，立即在社会上引起了众多猜测和联想"一句是叙事，而且，"20位'特殊'常委的出现更是拨动了很多关注中国政治走向的人们那根最为敏感的心弦"一句仍是叙事,因为两者都是对客观存在的社会舆论倾向的概括。

只有到了第三段,"我们认为,国家最高权力机关这一小小的人事变动或许预示着新一轮中国政治体制改革会在更高层面上渐次展开"这一句,才是这篇评论真正的判断。

对不同句子的地位与作用的理解,要从对整篇评论的完整理解中产生;而对整篇作品的完整理解,应该从理解什么是其最重要的判断中产生。新闻评论专业教学中的阅读练习就是这样一个循环往复的认识过程。而学会怎样辨析别人的评论这个过程,就是评论写作训练的基础。

在一篇评论中,判断是分层的。判断的分层,实际上是与文章的结构相关。

我国著名作家叶绍均(叶圣陶)曾这样论述议论文中的判断与判断的多层次性:

> 议论一件事物只能有一个判断。这里所谓一个,是指浑凝美满,像我们前此取为譬喻的圆球而言。在一回议论里固然不妨有好几个判断,但它们总是彼此一致、互相密接的。团结起来,就成为一个圆球似的总判断。因此,他们都是总判断的一个部分,各自为总判断而存在。如其说有两个或两个以上的判断,一定有些部分与这个判断不相关涉,或竟相互矛盾;彼此团结不成一个圆球,所以必须另外分立。不相关涉的,何必要它?互相矛盾的,又何能要它?势必完全割舍,方可免枝蔓、含糊的弊病。因而议论一件事物只有而且只能有一个判断了。[①]

这也是人们常说到的"总论点"与"分论点"的关系。揭示不同层次的判断,有利于我们掌握新闻评论的内部结构关系。

第三节　论点的分类

既然论点的具体表现形式是判断,那么也可以用不同方面的判断来给论点分类。

一、事实判断与价值判断

我国台湾学者林大椿在《新闻评论学》中谈及新闻评论中的多种判断:

---

① 叶绍均:《作文论》,商务印书馆,1924 年版。引自张寿康主编《现代文章学资料汇编》,教育出版社,1991 年版。

第一是人情世故的常识判断，第二是事实真相的判断，第三是来龙去脉的原因判断，第四是谁是谁非的真理判断，第五是谁善谁恶的道德判断，第六是预测将来的结果判断。

这实际上是列举性质的，比较接近我们的实际的直接经验，比较容易辨识。但是，列举也有其弱点，就是列举不全。因此，作为分类的标准就不大合适。

另一位学者王民则认为："新闻评论所讨论的问题，或属于事实判断，或属于价值判断。"①这是在人类认识这样一个角度上，以社会生活的基本方面作为界线的，具有较高的抽象性和较广的涵盖性。人类生活纷繁复杂，但从认识层面上看，无非涉及事实的与涉及价值的两个方面。事实与价值，既是人的生活内容，也是人的认识对象。两位美国学者 Edward S. Inch 和 Barbarrw Warnick 在《批判性思维与交流：论说中的推理应用》中也将人们的普遍的论说活动分为涉及事实的、涉及价值的和涉及政策的这样三个方面。这从另一个方面，也反映了这种分类方法的普遍适用性。简单地说，事实判断就是对事实本身进行的判断；价值判断就是对事实对于人的价值进行判断。

但这种分类也有难点，因为我们的实际生活中事实问题与价值问题是相互缠绕在一起的，人们的直接经验不习惯作这样抽象层面的区分。有人会有疑问：这种区分有意义吗？人们阅读新闻评论，谁会这样区分呢？

这种分类的意义在于，使学习新闻评论写作的人，超越一般性阅读的经验层面，更为理性地把握新闻评论的内在结构。从阅读的辨识练习开始，我们会看到，新闻评论中的事实判断与价值判断是普遍存在的。毛泽东曾讲过这样一句话："感觉到了的东西，我们不能立即理解它，只有理解了的东西才能更深刻地感觉它。"②我们学习新闻评论写作，就是要在更深更细的层面上理解新闻评论的内在结构，从而看出普通人的阅读所"感觉"不到的东西——这就是"自觉"的阅读与"不自觉"的阅读之间的差距。

从写作方面看，也是这样，价值与事实是人类生活的两个方面，也是人们的基本认识层面的分界，因此，它是我们对新闻事件发表看法的两大领域。它们有不同的特点、规则，表现出不同的方式，也有不同的要求。虽然可能融会在同一篇作品之中，但必须有清醒的区分意识。如果对这个界线区分不清，就可能导致方法和态度的不适合，导致论说的无效或低效。

---

① 王民：《新闻评论写作》，75 页，台湾联合报社，1981 年版。
② 《毛泽东选集》，263 页，人民出版社，1968 年版。

当然，也有的新闻评论教材认为"新闻评论从宏观上看，可以归结为两大类。一类是务虚的，另一类是务实的"。① 大致可以认为，所谓"务虚的"一类，对应着的是价值判断；而"务实的"一类，对应着的是事实判断。"务虚的"、"务实的"与"价值判断"、"事实判断"是对评论类别作同一个方向、不同层次的界定。"务虚的"与"务实的"，比较容易与外部的感性经验相通；价值判断与事实判断反映的则是判断的性质。

事实判断就是判断事实本身，判断客观事实之间的关系。比如，说事情是"怎么样"的，"会怎么样"，"为什么会这样"，就都是事实判断。

1911 年 2 月 1 日，邵飘萍为清军将领联名电奏请清帝退位而写的时评，其中最关键的一句判断是："清帝退位而后祸中国者，必袁世凯其人矣。"②这是事实判断，数年后果然应验。

1853 年 6 月 14 日，马克思在《纽约每日论坛报》发表社论《中国革命和欧洲革命》，其中说道：

> 欧洲各国人民的下一次的起义，他们下一阶段争取共和自由和争取比较廉洁的政体的斗争，在更大程度上取决于天朝帝国（欧洲的直接对立面）目前所发生的事件。

> 可以大胆预言，中国革命将把火星抛到现代工业体系即将爆炸的地雷上，使酝酿已久的普遍危机爆发，这个普遍危机一旦扩展到国外，直接随之而来的将是欧洲大陆的政治革命。③

这个事实判断，揭示了相隔万里之遥的两个事物之间的关系：中国当时爆发的太平天国革命有可能通过一系列因果链条导致欧洲爆发革命。马克思对这个判断的论证，主要是通过下面这样一个事物因果关系的链环实现的：1840 年鸦片战争之后，中国成为欧洲资本主义国家的工业品倾销地和财政来源——中国革命导致的包括欧洲棉毛制品在内的市场缩小——中国市场缩小导致的欧洲商品危机和财政危机——"欧洲 18 世纪初没有一次严重的革命事先没有商业和财政危机"。显然，一个事实判断的根据，应该包含事实之间的确定性关系。事实判断的根据，都应该是事实。

再看另一篇：

---

① 胡文龙、秦珪、涂光晋：《新闻评论教程》，136 页，中国人民大学出版社，1998 年版。
② 方汉奇主编：《邵飘萍选集》下册，272 页，中国人民大学出版社，1988 年版。
③ 《马克思恩格斯全集》，第 9 卷 109 页，人民出版社，1965 年版。

中国决不会作西班牙

恽逸群

自西安事变发生后，一部分舆论颇有以将演西班牙内战惨剧为忧的。我们认为这种忧虑，实在是过虑。我们从各方面的情形来观察，可以负责任地对国人说：中国决不会变成西班牙第二。

西安事变并不是什么严重问题，我们在昨天已经讲过。根据昨晚所得消息，我们愈觉得这个观察不错。

在中国，今天只有对外问题而没有对内问题。在对外问题上，全国军民已早有一致的认识与要求，如果有人违反这个要求，必然会引起全国军民的反对。如果有人要利用这个对外要求而掀起对内的争端，更必为全国军民所共弃。在对外一致（就是有人要不一致，事实上也决无此可能）的条件下，什么问题都可以迅速解决，如西南事件中陈济棠的出走和广西的和平解决，就是最好的先例。

又此次西安事变，并无国际背景，可从苏联报纸一致斥责张学良破坏国府抗敌统一战线一点上，明白看出。

这两个最明白的例证，可以看出，与西班牙的完全为了对内问题，和叛军显受外国指使的情形完全不同。何况全国的军心民心，决不允许任何人在强敌入寇的时候掀起内战，又哪里会变成西班牙第二呢？[①]（上海《立报》1936 年 12 月 16 日）

这是前辈优秀新闻评论家恽逸群同志在 1936 年西安事变爆发后在复杂、纷乱的政治、军事形势中非常及时地作出的事实判断。这个判断从事后看是非常准确的，而当时则有各种各样的预测，包括中国将会发生内战的预测。同学们可以自己归纳一下作者作出"中国决不会变成西班牙第二"这个判断的根据种类及其性质。

事实判断的风险。进行事实判断是有风险的。这一方面是由于我们掌握的事实性论据、前提不尽准确，不尽完备；另一方面也是由于客观事实的发展运动本身由于多元因素的影响，有着复杂的机制，带有一定的偶然性。比如，2002 年 10 月 31 日，作为搜狐网特约评论员的《北京青年报》评论员张天蔚在搜狐网站评论栏目中发表评论《保护"私产"可能入宪？》，他根据自己掌握的各种信息，预测："已经被呼吁了许久的保护'私产'入宪，很可能在'十六大'之后的十届人大上实现。"还说："如果保护'私产'入宪的原则能够在

---

① 引自恽逸群：《时政评论选》，新华出版社，1986 年版。

'十六大'期间获得通过，那么从现在着手到明年三月人大召开，三四个月的舆论造势恰好合适。"但是，在2003年3月的十届人大第一次会议上，并没有提出关于修宪的议案。这个事实判断就算"落空"了。而到了2004年3月的全国人大会议上，保护私有财产的原则，才终于被写入宪法。这样的判断"失准"，应属事实判断的正常情况。如果完全为了避免判断失准的风险而回避事实判断，那就只有等到事实已经发生了——就不是评论而是报道了。

尽管事实判断有可以理解的"合理风险"，但评论者应该清醒地意识到，自己掌握的事实前提与"事实结论"之间有多大的距离，是否足以得出结论。事实判断的风险，并不意味着评论者可以无根据地妄断事实。比如，2002年3月18日，《中国青年报》"冰点时评"栏目发表了一篇评论《张海迪的座位在哪里？》：

张海迪是全国政协委员，同时也是一名残疾人。由于小时候的一场疾病，使得她再也不能同普通人一样行走，不得不终日与轮椅为伴。张海迪来到北京参加全国政协会议的时候，我从新华网上见到一张她参加开幕式的照片。

照片上的张海迪看上去十分清瘦，正聚精会神地聆听主席台上的报告。和以前一样，她坐在轮椅上，轮椅停在大会堂的过道上，下面是殷红的地毯。因为没有固定座位，张海迪不得不和坐在过道边上的一位女同志共用一张写字台。轮椅紧挨着那位女同志的座位，显得很局促，两个人挤在了一起。

就是这样一张照片，使我感到诧异：人民大会堂怎么没有残疾人的专用座位呢？

中国有6000万残疾人。这是一个弱势群体，他们渴望得到社会的关心，渴望与他人获得平等的权利和待遇。然而，他们要得到这些，需要付出比别人多得多的汗水，甚至泪水。张海迪可以说是中国6000万残疾人自强不息的代表，她能成为全国政协委员，靠的是自身的努力，也是靠广大残障人士的支持与信任。她作为中国残疾人的代表，在政协会上应当有一个专用的座位。

长期以来，我们呼吁关心弱势群体，改善他们的生活条件。应该说，有关部门有这方面的义务，这也是他们的责任。很多城市做了一些工作，铺设无障碍通道、出版盲文读物、兴办特殊教育等。但是，仅有这些就够了吗？

中国残疾人的绝对数和相对数都不小，6000万，占到全国总人口的二十分之一。但他们所能利用的服务设施和普通人相比，相差悬殊。残疾人在公共场所的待遇，应该是有关部门工作的重心、落实的重点。比如，为肢残人士提供合适的座椅、提供残疾人专用的盥洗设施，提供残疾人专用的电话等。这些，有关部门做到了吗？

起码，在这次政协会上，我看到张海迪女士就没有一个专用的座位。她和其他委员的身份是平等的，然而却没有正式的座位，只能孤零零地坐在过道的轮椅上，和他人合用一张写字台。

按理说，制作、安装一个残疾人专用座位不是巨额投入，关键在于有关部门有没有这个心思，想没想到。

国家早有相关规定，在公共场所要按一定比例配备残疾人专用设施。我希望下次再见到张海迪参加全国政协大会时，她不再坐在轮椅上。

这篇评论写得不错，视野很开阔，资料很丰富。但是，它的一个事实判断却根据不足：它判断了人民大会堂没有残疾人设施。根据是什么呢？是一张张海迪坐在轮椅上开会的照片，这张照片，其实只能证明张海迪自己没有坐在残疾人专用座椅上，而不足以证明人民大会堂没有残疾人座椅。后者需有另外更多的根据。结果，两天之后，该报发表了人民大会堂管理办公室的来信《人民大会堂设有残疾人设施》。这种事实判断的失准，是应该避免也是可以避免的。

2001 年 9 月 26 日《中国青年报》"青年话题"版发表一篇评论《为什么"组织"不支持"苏代表"?》，作者根据一篇题为《人大代表揪出国企蛀虫》的报道，推断："在这位至今不敢公开姓名的老人与腐败斗争时，似乎没哪一级组织大力支持他。"它的根据是否充足呢？让我们来看这一段：

老人是人大代表，负有监督职责，人大应该支持人大代表行使监督权力。但从报道上看，没发现当地人大机关在两年多举报过程中，给予"苏代表"什么支持帮助鼓励。

显然，作者并不能把"从报道中没有发现"作为当地人大"没有支持"的充分依据。果然，这篇文章登出来后，所涉及的北京海淀区人大常委会不干了，写信给报社说明曾多少次给予苏代表以支持，批评报纸没有根据妄加推测。苏代表也很被动。结果报纸不得不刊登海淀区人大常委会对报纸编辑的批评，这个编辑就是本书作者。

上述两个事实判断的错误，都是以不充分的报道作为依据的。这并不意味着评论者不能通过报道判断事实。新闻评论的作者不可能事事独立调查，难免要使用报道作为论据。关键在于，要充分意识到其根据是否足以得出判断，同时也要为各种可能性留出空间。请看这篇评论：《公务员见死不救的规则原因》。

《新京报》1月11日报道：在吉林省蛟河市白石山镇，一名流浪人员因病饿生命垂危，镇政府民政办公室工作人员知情不救，导致流浪者最终死亡。不久前，蛟河市法院开庭对这一案件进行了审理，并以玩忽职守罪对这名公务员作出有罪判决。

《中华人民共和国刑法》第三百九十七条规定："国家机关工作人员滥用职权或者玩忽职守，致使公共财产、国家和人民利益遭受重大损失的，处三年以下有期徒刑或者拘役；情节特别严重的，处三年以上七年以下有期徒刑。本法另有规定的，依照规定。"在我国，地方民政部门负责城乡社会救济，在公民遇到困难时负有依法救助的职责。作为一名在民政部门工作的国家公务员，漠视公民的生命安全，在公民处于险境时不及时采取恰当措施进行救济，导致公民丧失生命，确实不仅应该受到道德的谴责，也应该受到法律的追究。

但是，本案还有一个值得我们注意的地方：被宣判有罪的公务员孟庆富，在获知该流浪人员生命垂危的信息之后，并非完全无动于衷。他先请示了自己的主管领导——镇民政助理，又请示市民政局领导，随后再次请示自己的主管领导如何救助。换言之，这些民政部门的领导对于流浪人员生命垂危一事也是知情的。诚然，从新闻报道的有限情况里，我们不能断定这些领导在本案中究竟负有多大责任，但是，孟庆富一再向这些领导请示的行为却值得分析：从救人的角度来看，孟庆富的行为无疑会拖延时间贻误时机，是不应该的。但是，从现实角度来考量，孟庆富的行为却反映出一种规则上的弊病：作为一名普通科员，孟庆富掌握的行政资源其实非常有限，他无权调动救助一个流浪汉所必需的人力物力财力资源。据报道，他要求二道河村先把人送到医院，但该村村支书却明确表态没钱不给送。显然，如果孟庆富有权调动足够的人力物力财力，他自然可以立即答应该村村支书钱财上的要求，先救人再说。但是，由于他没有这个权力，所以只好一再请示领导，导致时机延误，流浪人员不治身亡。显然，如果孟庆富不请示领导，而自己先花钱把人送到医院里去实施救助，如果事后领导因为他没有请示，而拒绝给付他事先垫付的费用，他就有可能需要自己承担所有的经济损失，这显然不能不让他产生顾虑。

　　我们并不想在缺乏足够事实根据的情形下为孟庆富开脱。但是，剖析孟庆富尴尬处境的目的在于，这确实可以揭示出某些规则方面的弊病。显然，如果我们有这样一种体制：作为普通公务员的孟庆富，尽管在政府民政部门内并不担负要职，但是，当出现流浪人员生命垂危这样的紧急情况后，他能够直接获得制度性的授权，即有制度规定他在这种情况下可以不需要请示领导就有权自主调动必要的人力和物力等行政资源，那么，他就可以立即把流浪人员送到医院，悲剧或许就不会发生。因此，本案给我们的启示，不应该仅仅是宣判一个公务员有罪，更应该反思规则上的弊端，从而探索建立起更加合理的社会救济管理体制。(2005 年 1 月 13 日《中国青年报》，作者 邓伐檀)

　　这篇评论既有限地利用了报道中提供的事实得出有限的结论，又为报道没有提供的事实留出可能性，可以说，态度是审慎的。

　　价值判断是从自己的价值观、情感、原则和道德、审美标准对事实进行判断。论辩要求明确表达自己的价值观、情感、原则和道德、审美标准，并且这些标准应该是统一的、既适用于这个对象，也可以适用于另一个对象。价值判断，充分表达即可。对不同的价值观、情感、原则和道德、审美标准可以明确表达自己的看法，但不可乱扣帽子、乱贴标签。同时应该尊重价值多元化的共存关系。比如说，什么重要、什么应该、什么好、什么坏是价值判断，因为它们都涉及一个判断的主体——人，也涉及不同事物对于人的价值秩序。拿同一件事比较一下："明天会下雨"是事实判断；"明天下雨是好事"则为价值判断。

　　那么，我们回过头来看，什么是价值呢？价值是一个普遍的概念，它几乎充满着我们的人类生活。价值也是一个抽象的概念，它不像许多事实那样直接可以感触。它实际上与事实交融，弥散地存在于我们的社会生活之中。价值是主观的概念，它依人(人类)而存在。它是事实对于人的一种属性。假若没有人，那么还有事实(除了"人"这个事实和人类活动产生的事实)。比如，宇宙、星球等，但是价值就不存在了。

　　马克思认为："'价值'这个普遍的概念是从人们对待满足他们需要的外界物的关系中产生的。"①它"表示物的对人的有用或使人愉快等的属性"，价值"实际上表示物为人而存在"。②《中国大百科全书·哲学卷》中认为：价值

---

① 《马克思恩格斯全集》，第 19 卷，第 406 页，人民出版社，1965 年版。
② 同上书第 26 卷，第 139、326 页，人民出版社，1974 年版。

"是现实的人同满足其某种需要的客体的属性之间的关系。价值同人们的需要有关，但它不是由人的需要决定的，价值有其客观基础，这种客观基础就是各种物质的、精神的现象所固有的属性，但价值不单纯是这种属性的反映，而是标志着这种属性对个人、阶级和社会的一定的积极意义，即满足人们对某种属性的需要，成为人们的兴趣、目的所追求的对象"。

从这个层面上理解价值，对于新闻评论来说，是不是太抽象了呢？不是。新闻评论就是人的思想认识的表达，就是有着不同价值观和价值标准的人们的思想观念的交流。因此，新闻评论不可避免地经常涉及价值问题。只是许多人习焉不察，没有意识到而已。

价值首先体现在思想和认识（判断）的个体之中。人类的思想单位是个体的人；个体的人是思想的主体。每个人因为情感、知识、利益和历史阶段的不同对事物具有不同的价值判断。同一事物，对于不同的人也具有不同的价值。这是价值主观性和相对性的体现。

但是，虽然每个人的价值标准不同、对价值的判断不同，但一事、一物、一种思想观念的价值，对于社会的总体影响，不是个体认为有就有，个体认为没有就没有的。这也是为什么价值问题成为社会讨论的基础。正是由于人们的社会活动和社会交流，一个社会就形成公认的基本价值和不同事物的价值排列等级。比如，客观性优于主观性、目的大于手段、长远利益大于眼前利益、民主优于专制、法治优于人治。它们往往是人的生活经验，也是社会进步的经验。人类社会有这样共同的价值等级，一个国家、一个民族、一种社会制度也都各自有这样的价值等级。这些是价值客观性和社会性的体现。

> 观点：
>
> 一切价值永远是只关涉主体，它是相对的。世界上要是没有快乐和痛苦，也就不存在价值，一切就都微不足道了。
>
> 各种价值是在任何意义上表现其相对性，价值的存在依赖于人的存在和感受。
>
> 客体在当下对主体有唯一的价值或没有价值，这完全是一个客观的事实，无论是主体自身还是漠不关心的旁观者都不能挑剔地说是别的什么，它完全是像"绝对"价值的存在一样存在的客观事实。
>
> ——德国哲学家石里克《伦理学问题》

就新闻评论而言，人们在价值判断层面上争论的基础，是价值的社会客观性，因为这些价值争论总是发生在社会的公共领域，涉及公共资源。比如，2004 年在中国企业界及经济学界引起很大争论的"郎咸平风波"，在学者康晓光看来，这是一场关于国企产权改革方向的价值判断：

> 这场争论有什么意义？我认为至少它可以在道德层面明辨是
> 非。有人说，这有什么实质性差别吗？我说有！同样一种现实，我
> 们是无可奈何地接受并且批判它，还是心安理得地接受并且赞美
> 它，绝对是不一样的。什么叫一个有道德的社会？并不是说，有道
> 德的社会就不存在不道德的事情，而是有道德的社会在价值上否定
> 那些不道德的事情。而不道德的社会则不认为不道德的事情是
> 坏的。①

从另一方面看，价值的客观性、社会性也是价值判断的可交流性与可论
证性的基础。否则，如果价值的问题完全是个人的事，那么人们在新闻评论
中表达、交流价值，以自己的价值说服对方，就是不可能的、没有意义的
事了。

价值判断也是遵循论证的一般规则，由人们已经接受的论据推演出论者
希望人们接受的结论；由人们已经有的价值观念，推导出论者希望人们接受
的价值判断。比如一些公认的价值比较（如民主优于专制、法治优于人治）往
往可以直接作为论据和前提。

我们来作一个具体的辨识。2003 年 11 月 13 日《新京报》社论《大学生竞
选人大代表的启蒙意义》，就是一个主要作价值判断的评论。为什么呢？因
为"大学生竞选人大代表"虽是一个事实，但是其"启蒙意义"却不是与这个
事实发生关系的另一个事实，它也不能对应或"简化"为一个事实，只能看做
是一个事实中蕴含的价值。

从根本上说，价值与价值判断之所以有重要意义，就是因为人的行为、
国家与社会的选择，不仅受着事实的影响，而且受着价值的影响。新闻评论
中的价值判断，就是要揭示人们生活和行为中的这种影响。比如，2004 年，
全国接连发生了几起幼儿园内的恶性案件，幼儿园的安全问题引起了社会高
度重视。一位孩子家长在接受电视采访时说了这样一句话："平时去银行也
好，去写字楼也好，哪儿没有成群的保安、先进的安全防控系统？可为什么
偏偏是孩子们聚集的幼儿园最薄弱呢？难道孩子们还不如银行重要吗？"这
就是社会的价值判断问题。北京电视台的评论栏目《今日话题》为此作了一
期节目，题目就叫做"钱重要还是孩子重要"。2005 年 2 月，由北京市公安局
等 11 个部门重新制定的《北京市单位内部重点防范部位安全保卫规定》把幼

---

① 见《读书》，2005 年，第 1 期，24 页。

儿园、大中型商(市)场收银台、地铁公交售票处、高速公路收费站等首次列入北京市单位内部重点防范部位，就体现了这种价值判断。我们再来看一篇新闻评论中揭示出的价值判断。

一个判决中的价值判断

　　成都市新都区法院上周以玩忽职守罪分别判处两名警察王新和黄小兵有期徒刑3年和2年。就是这两个人在去年6月4日下午羁押吸毒女李桂芳的过程中疏忽大意，未通知到相关人员照顾李桂芳的3岁幼女李思怡，结果造成李思怡十几天无人照管，活活饿死。当时社会反应非常强烈。

　　对照法律就可以知道，这个判决是合适的。我国现行刑法第三百九十七条"国家机关工作人员滥用职权或者玩忽职守，致使公共财产、国家和人民利益遭受重大损失的，处三年以下有期徒刑或者拘役；情节特别严重的，处三年以上七年以下有期徒刑"就是这个判决的依据。人民警察作为国家机关工作人员，就是这项罪名的适当主体。而死了人，就是人民利益的重大损失。人民利益的损失没有比人民自己的生命损失更重大的了。

　　再来看两名警察玩忽职守的具体情节。据媒体报道，法庭认定的事实是：这两名警察曾经三次打过电话，通知过相关人员照顾李桂芳的被反锁在家中的3岁幼女李思怡，只是因为各种原因而没有"通知到"：一次是在用警车将李桂芳送往成都市强制戒毒所的途中，王新让同行的警察用手机打到李的姐姐家，无人接听；又打到李桂芳户籍所在地和现居住地的青白江公安分局团结村派出所，请该所通知李的姐姐将李思怡带回家中或由派出所直接将李思怡接出交给李的姐姐；第三次是第二天王新再次让黄小兵联系此事。据黄称，自己给团结村派出所打了电话，对方的回答是"知道了"。此后，这两名警察所在的城郊派出所就再无人过问此事，也未按法律规定给李桂芳的家属、所在单位和户籍所在地派出所送达《强制戒毒通知书》。从这些情节来看，第一，法院没有适用"情节特别严重的"的量刑标准，是考虑到他们有几次打电话通知的行为的。第二，"未通知到"的结果虽有偶然的原因和其他民警的原因（如回答"知道了"的团结村派出所），但法院仍然把刑事责任分配给王新、黄小兵这两名民警，是因为法庭不能满足于一名警察"通知的责任"，否则大家都尽到了"通知的责任"，警察真正对人民生命安全所负的实际责任就不见了。至关重要的责任，必须有具体的人来承担。王、黄两警察是直接承办这个案件的人，他们的责任不能为其他人的责任所代替。

这个"玩忽职守罪"的判决，对于深刻理解人民警察"职守"的含义也具有很重要的意义。人民警察工作中有着各种各样的具体的任务、目标和具体的责任，要打击各种各样的犯罪，经常是压力很大、工作很繁重。但是，一个基本的价值标准不能在具体的目标中迷失，那就是：人民的生命价值，也就是任何一个公民的生命价值，都大于你目前压在头顶上的任何任务和目标。因为前者是目的，后者只是手段。在这个意义上，两名民警在特定情境中对被反锁在家中无人照顾的3岁幼女李思怡生命的职业责任，大于他们对这个孩子的母亲吸毒女李桂芳实施强制戒毒的职业责任，从社会价值的层面来说也是如此，因为一个孩子活着并健康成长的社会价值，当然大于她的母亲戒毒的社会价值。

价值的判断与衡量是人的基本理性能力，也是通常我们所说的常识。但可惜人们不是总能保持它。不是人民警察特别容易失去这种理性能力，而是人民警察如果失去这种能力的话，结果就会特别危险，因为他们的行为经常具有法律所赋予的强制力。正是因为这种强制力，正是因为他们所肩负的保护人民生命安全的法律责任，所以他们可能比一般人更需要基本的价值判断能力。如果这种价值判断能力还不是很容易被具体公务中的民警所理解和掌握的话，那么，成都市新都区法院对王、黄两名警察的判决，就是对这种基本的价值判断的一个通俗易懂的解说。（2004年8月24日《法制日报》）

价值判断的"应然"特征。

如果说，事实判断总是涉及事物已经发生了的"已然"和将要发生的"必然"，那么，价值判断则涉及的是"应然"：就是按照人的信仰、希望、道德伦理等价值标准，事物应当是什么样的。

我羡慕成功者，也羡慕快乐者。我和大多数人一样贪婪：鱼与熊掌都想要。但是，在逻辑上，我却不得不承认：成功只能属于少数人，但快乐却应该像阳光一样为大多数人享有。否则这个难得有人的星球就太悲惨了，人生就太悲惨了。因此，在逻辑上不能否认"平庸的快乐"，尽管大家都愿意快乐并加上成功。总之，快乐不应

该太稀缺，不应该对它限定太苛刻的条件。（2002 年 4 月 16 日《中国青年报》评论《成功者在文化中垄断了快乐》）

　　甘愿默默无闻奉献，固然是高风亮节；做出了成绩不愿默默无闻，也无害于他人。倒是我们应该反过来想一想：社会为什么、是不是特别需要那些有贡献者的默默无闻？社会能够从中得到多少好处？为了这些好处，是不是一定需要贬抑人们那些基本的欲望？

　　一个社会，只要人的欲望无害于人（当然也应该无害于己），就应该各从所欲。因想"树碑立传"而被人诈骗，并不说明"树碑立传"的欲望和骗子一样可耻。（2002 年 5 月 14 日《中国青年报》评论《"树碑"的欲望有什么可笑》）

价值判断的"比较"特征。

　　一般来说，价值判断总是在不同的价值之间、不同事物的价值之间进行比较。因此，它具有比较的特征。这也是我们在新闻评论阅读中辨识价值判断的一个标志，是在新闻评论写作中自觉地进行价值判断的一个着眼点。

　　比如：胡适在《努力周报》1922 年 7 月 17 日至 23 日的时评栏目"这一周"里这样写道："这一周中国的大事，并不是董康（当时的财政总长）的被打，也不是内阁的总辞职，也不是四川的大战，乃是十七日北京地质调查所的博物馆与图书馆的开幕。"

　　再如：

挑战极限应在生命的红线前止步

　　由于天气原因，7 日下午北京南苑机场的法国特技飞行表演被迫取消，中国跳伞大队的表演也一并取消。南苑机场今天的能见度很差，据说只有 1.5 公里左右。据悉，现场能见度过低是此次表演被迫取消的直接原因。

　　取消原定的飞行表演首先是会让观众感到失望。据报道，取消表演前现场观众约有 5 万人，当听到表演取消的消息时，"观众发出一声声叹息，显得非常遗憾"。同样感到遗憾的肯定还有许多的电视观众。另外，作为法国总统访华前的一个助兴节目，活动主办者及中法两国人民肯定都认为飞行表演如能如期举行会更加圆满。取消表演还会造成巨大的经济损失，比如观众退票、现场广告撤展、电视广告取消等等。

　　但是，如果不顾天气状况按期举行表演的话，那将要面临极大的风险。这表明举办者将飞行员生命看得比经济效益甚至"政治影响"更重，体现出了一种人的生命至上意识。

但并不是所有活动的组织者都能将人的生命摆在首位的。中国陵川2004年户外运动邀请赛，10月2日就发生了参赛选手两死五伤的伤亡事故。事故发生在从未开发过、无任何防护措施的苍龙峡。此前活动安全值班领导组一位副组长曾提出景区存在重大安全隐患却不被重视。9月30日，重庆万州一对年仅五岁的孪生姐妹横渡长江。据悉，这对孪生姐妹两个月前才开始学习游泳。这不能不令人为万一横渡失败可能产生的后果感到担忧。

挑战极限的户外运动是近年来兴起的一项运动。开展此项运动能够激发人的潜能，彰显人类挑战自我的勇气。这样的活动如果是个人自发的，那就应该在力所能及和尽可能规避风险的前提下进行。如果是一种公共活动，作为活动的举办方，一方面它不能为追求比赛的刺激程度和商业效果，盲目追求比赛的挑战性；另一方面，它必须做好风险评估和硬件保障等工作，确保不出纰漏和事故。人应当要有敢于挑战自我及征服自然的勇气，但人同时也要认识到自身的局限性，在大自然与人类极限前保有一分必要的敬畏。

勇敢是令人敬佩、值得人们赞赏、也是人类取得进步所需要的，但再大的勇气也应以保有生命为界，在生命的"红线"前止步。对于以牺牲生命为代价的"勇敢"行为的无原则赞美，背后隐藏着的其实是对人的生命的漠视与轻贱。真正人文的社会、人性化的公众舆论，对在特殊情形下为保护生命而不得已作出的行为，应给予宽容。那种只讴歌"勇气"却从不论及生命的言辞，归根结底在于视生命为达到目的的手段。生命本身就应该是最高目的，特技飞行队表演取消值得更多的重大活动借鉴。（《新京报》2004年10月8日社论 特约评论员魏文彪）

这篇评论，要作出的判断是"是否应该因天气不良取消特技飞行与跳伞"。这个判断是价值判断，实际上，作者是通过把两种正面的价值——人类勇敢的价值与人类生命的价值——进行比较来作出这个价值判断的。生命的价值大于勇敢的价值，因此，活动应该取消。

再看下面一篇：

安全套的"恶"性判断

"当我第一次遇到枫的时候，我并不想知道他过去是否有过其他女朋友，而且他也从没有问过我相同的问题。我很高兴不需要解释太多，因为我明白，防护和安全非常重要。"——这是中央电视台近日一则安全套广告的旁白。我没看到这广告，但《北京娱乐信报》把这事当作新闻来发了，其新闻性在于："这是我国中央级电视媒体上第一次出现涉及安全套及生殖健康的公益广告。"

安全套广告"试探性犯禁"的事，近年来不断发生。央视的这个"第一次"有没有犯禁呢？看来没有。因为，据新华社11月16日的一则报道，"去年，有关部门在落实《中国遏制与防治艾滋病行动计划》的会议上形成了'关于大力推广安全套使用的意见'，明确规定：允许安全套品牌在指定的媒体上进行公益广告宣传"。央视这则安全套广告在"中国人口"这个特定栏目播出，而且是公益性的，正是适用了这条规定。因此不能认为央视是明目张胆带头犯禁。

一头是"大力推广"，一头是限制在公益性和"指定媒体"（《中国青年报》11月7日的一篇报道说）的范围，结果就把安全套广告挤到"中国人口"栏目里了。其实大家都明白，尽管安全套这种东西最初确实是为了节制生育，但它目前迫在眉睫的重要性在于防止艾滋病；而安全套广告的困境和道德敏感性在于性——特别是非婚的性。央视这一则广告的旁白内容，明显暗示是非婚的性——与"人口"关系并不大的性生活。因为艾滋病在这些人的性关系中最有可能传播。这样的人是否会看这个人口栏目？这个广告的公益效果有多大，都值得怀疑。

因此，央视登出安全套广告这件事，虽然在世界艾滋病日到来之前具有一定的意义，表达了中国实力最雄大的电视媒体的一种价值判断，但"突破"的意义并不大。关于安全套广告的争议并没有结束，禁令也没有完全解除。

但我想借这个机会，再次探寻为安全套广告设禁的考虑。

我看到的报道中，记者往往直接就说"我国广告法规定：性用品不能做广告"。其实《广告法》对安全套并无明文禁止。其第七条"广告不得有下列情形"之下，安全套乃至性用品，都不在其中。可以适用在安全套上的，我看也就是开口子最大的第九款："法律、行政法规规定禁止的其他情形。"不可能是第五款"妨碍社会公共秩序和违背社会良好风尚"，因为无论是为了控制超生人口，还是出于防止艾滋病，使用安全套，都是"社会良好风尚"，而不是相反。也不应该是第六款"含有淫秽、迷信、恐怖、暴力、丑恶的内容"，因为安全套本身并不淫秽，就像每天都在良善公民家里发生的性生活本身并不淫秽一样，尽管淫秽的性生活也在淫秽的地方发生着——有没有安全套都一样发生。

从《广告法》第七条可以看出，法律所禁的广告内容，除了第九款，都具体列出了对象的性质，但安全套却并不在这些性质之中。安全套的性质是什么呢？安全套的性质就是安全——无论是人口控制的安全，还是生命健康的安全。我考虑第七条第九款之所以张着一张大网，"法律、行政法规规定禁止的其他情形"，其针对的也无非是前列八款禁止性对象的性质，而不可能在这些性质之外还有更大的"恶"，否则法律就应该明示这些"恶"了。安全套也好，普通人的性生活也好，都不是前列八款之恶，也不是这八款之外比这八款更大的恶。

性和安全套并没有恶性，就像切菜刀没有恶性一样。在厨房里的刀是没有恶性的，拿这把刀出去杀人才有恶性。性在黄色不正当的关系中才有恶性，在良善居民家里就没有恶性。而安全套呢，在良善居民家里没有恶性，在黄色的地方还是没有恶性——因为它至少可以防止艾滋病传播。所以我国一些地方政府实施的安全套干预计划，包括向高危人群（吸毒、卖淫、嫖娼等）发放安全套，宾馆是其中的一个重要地点。这实际上就包含着一种价值判断：不安全的性比不道德的性恶性更大。而安全套在这里既不会使这种性关系变得更道德，也不会使这种性关系变得更不道德，而只是使它更安全罢了。这种安全，既是对当事者的，也是对别人的。

近日消息，截至2002年底，我国艾滋病患者和艾滋病病毒携带者人数已超过百万；即使保守地估计，至2010年，我国艾滋病病毒感染者亦将超过千万。随着艾滋病的阴影逐渐临近和扩大，我们现在许多人都将意识到，为《广告法》所禁的八款"恶"之中，大多数都不比艾滋病更"恶"——当然，还有不可比性。现在，我只是觉得，我们许多人，包括反对安全套广告的许多良善公民，都太爱惜自己的"眼睛"了，而不是那么重视自己的和他人的生命。（2003年12月2日《法制日报》）

这篇评论的方法，就是把对具体对象复杂的争议，简化为不同价值（实际上是在两种负面的价值"不安全的性"与"不道德的性"）之间的比较，在当代中国与世界面临的特定情境——艾滋病的威胁面前，人民的安全问题与人民的道德问题,哪个更重要。这实际上是一个价值排序的问题。

实际上,任何一个社会,都有着公认的价值序列。《批判性思维与交流：论说中的推理应用》一书作者引述了学者 Schwartz 和 Sagie 对美国文化中 10种核心价值的列表,还有学者 Rokeach 对 1968 年至 1981 年间美国人心中世界和平、家庭安全、自由、生活舒适、幸福、自尊、实现感、智慧、平等、国家安全、真正的友谊、救助、内在和谐、成熟之爱、美丽的世界、社会承认、高兴和激动人心的一生等 18 种价值进行等级排列的考察列表,并在此基础上指出："当我们处于价值冲突的情境时,我们自己的价值序列可以指导我们作出选择。"[①]我们中国社会也肯定存在与此可能不同的价值序列,需要发现。这些"价值知识"对于人们具体地判断事物,具体地说服他人,增强论证效力,具有更好的说服力。

下面这一段论证就是根据人们公认的价值序列进行推导的：

> 法律对自杀的惩罚是没收动产。本法案免除了对它的没收财产之惩罚。自杀对国家的损害比带着财产离开国家的人要小。如果后者不惩罚,则前者也不应该受惩罚。至于其树立的榜样,我们不必害怕它的影响。人们太爱惜生命了,不会经常去剥夺自己的生命。无论如何,没收财产这种貌似惩罚的惩罚不会防止自杀。因为如果发现一个人能这样冷静地决定放弃生命,是那样厌倦了此世的生活,以至于宁肯去作死的实验,我们能假定处于这种心理状态的他会担心没收财产对他的家庭造成的损失吗?[②]

这是美国早期政治家、《独立宣言》的起草者杰斐逊在其为弗吉尼亚州所作的立法草案"罪刑相称法案"的条文注释中对法律修改的解释。我们注意到,这一段论证的结论是事实判断(认为决定自杀的人不会顾及没收财产的惩罚),但是它的根据,则是普遍的价值判断,即人们普遍认为生命重于财产。所以,价值判断与事实判断往往互为根据、相互缠绕。上述论证虽属立法论证,但它的论证方法完全适用于新闻评论。事实上,立法中的价值权衡与事实判断已经成为当代中国新闻评论的一个重要主题了。

二、具体判断与普遍性判断

除了事实判断与价值判断这一对针对判断的分类方法以外,新闻评论中

---

① *CRITICAL THINKING AND COMMUNICATION*：*The use of Reason in Argument*,Allyn and Bacon,258 页,2002 年第四版。

② 《杰斐逊集》上,381 页,三联书店,1993 年版。

的判断，还可以分为具体的判断与普遍性的判断。

具体判断：即所谓就事论事，对新闻事件的具体的原因、性质、发展作出判断；普遍性判断：即对一般情况进行判断，具有普遍的形式和普遍的适用性。

农工商矿四科并于一学堂

江南格致书院现改为农工实业格致学堂。课程分为农工商矿四科，并拓堂外荒地百余亩为农事试验场。教习则拟聘日本人教农工商，而留原有西文算学教习，专教矿学。经费每年约二万金。夫东西各国实业学堂，断无合并农工商矿四大专科于一堂者，今经费不过二万金，而欲包括四大专门实业之学，其终极必至无一科可以收效而后已。（1904 年第四期《东方杂志》"时评"栏目）

这是一篇具体判断的评论，它判断了农工实业格致学堂将农工商矿四科并于一学堂可能产生的具体的后果。

权贵们的圈内游戏

"李容湖事件"至今看不到结局。其实情况到底如何，何以在朗朗乾坤之下能够发生此等不可理喻的腐败丑闻，还有，这样的国家真的称得上真正的国家吗？我们的社会充斥着叹息、无奈和失望。

李容湖事件明白无误地向人们展示了本该在法律秩序的维护下保障公众的安宁与幸福的社会基本体系没有能够正常运行，而且其内部存在着致命的缺陷。此次李容湖事件实际上向人们说明了这样一个事实：这一基本体系与腐败犯罪分子沆瀣一气，至少也是一种互相依赖和共生的关系。

相互以老乡、哥们、挚友、校友的关系联结在一起，秘密缔结生死之交的腐朽的关系主义的肆虐就是使李容湖事件成为可能的病态土壤，这已是不容置疑的事实。正是由于这种土壤的存在，使上至政界的某某权贵、总统的三亲六故的大名，下至暴力组织的某大腕，哥们义气交织在一起，使前所未闻的事件"隆重登场"。

如果这种关系主义高于我们社会的公共制度和体系，且这种原始体系长期存在下去，则执政者无论如何鼓吹改革、标榜平等，我们都很难奢望会有何等的造就。如果不早日澄清此事件的真相，我们的社会就无法前进。（韩国《朝鲜日报》2001 年 9 月的一篇社论）

这篇评论很短，但几乎每一句都不是就事论事只谈"李容湖事件"，而是对韩国社会的普遍状况进行判断。

实际上，普遍性判断是新闻评论基本的思维方式，它直接显示着作者的判断力水平，反映着作者认识事物的广度和深度。我们来看美国著名政治专栏作者李普曼 1957 年针对苏联第一颗人造地球卫星发射成功而写的评论。

月亮的启示

迄今为止，只有少数人被获准理解、并能够理解已经发生的事情。他们认为，苏联发射了这样大的一颗人造卫星，表明在发展用火箭推进的导弹方面，它已大大走在我国前面。苏联之所以获得了如此巨大的领先地位，决非凭灵机一动。可以肯定，参与这次工作的是一支由苏联科学家、工程师和生产工人组成的庞大的队伍，此外还存在着一整套管理完善、配合默契、资金雄厚、门类齐全的专门工业体系。

简言之，我们在卫星发射的竞赛中失败了，表明我们在弹道导弹的生产方面已居下游。这也表明，美国以及整个西方世界在科学、技术的发展方面已经落后。

形势是严峻的，至少在我看来是严峻的。我并不认为，形势之所以严峻，是因为苏联在军备竞赛中大大领先，以至于早晚有一天我们会成为苏联的禁脔。我绝没有这样的想法。我认为形势之所以严峻，是因为任何一个社会都不能够停滞不前。如果一个社会失去了前进的势头，它就会消极、后退，就会迷失方向，丧失自信。（略）①

在这篇文章的第一段，可以看出只是一个具体的事实判断。而到了第二段第二句话，就已是超出具体事件的普遍性判断。第三段最后的判断更为开阔：美国社会可能已经失去了前进的势头。

燃油税改革难在何处

国家税务总局局长谢旭人 1 月 11 日表示，关于燃油税改革的方案，经过几年的研究，已经有了一个初步的意见，但需要有一个比较合适的时间推出。（据新华社北京 2005 年 1 月 11 日电）

这说明众人企盼的燃油税改革还需慢慢等待。其实，在经过了长达 10 年的税收增长幅度高于 GDP 增长幅度之后，2005 年中国的许多税制改革方案都可能会慢慢调整。这一方面是因为经济发展有自身的规律，税收增长和税制改革必须随着经济发展规律而作出调

---

① 引自程世寿主编：《典范新闻评论选析》，华中理工大学出版社，1988 年版。

整；另一方面也说明，税收关系错综复杂，在整个社会利益的调整时期，国家税收政策的改变必然会加剧经济利益调整的不稳定性。

所以，人们不能期望在一夜之间建立一套更加合理的税收法律体系。

但燃油税的改革有所不同。早在20世纪，就有人提出要实行燃油税改革，将现在普遍征收的养路费和其他费用合并组成燃油税，通过法律的形式调整各部门之间的利益分配关系，并最大限度地节省能源和基础设施开支。由于这项改革涉及方方面面的问题，所以在公路法等一些重要的法律草案讨论过程中，争论激烈。中央政府考虑到当前的监管能力和实际情况，没有要求立法部门强行通过有关燃油税改革的方案。但现在看来，随着中国社会各阶层利益的不断分化，有关改革将会面临更大的困难。

从法律上来说，税收的征管应当基于社会契约，应当在宪法和法律的范围内进行调整。但是在我国，税收法律关系的行政色彩非常浓厚，每一次税收制度的改革，并没有在宪法和法律的范围内广泛征求社会各界的意见。在整个社会利益主体分化不明显、税收负担相对较轻的情况下，这样的税制改革不会遇到太大的阻力。但是，当税收负担调整将会影响到一部分人切身利益的时候，税收制度的改革必将会引起社会的广泛关注，必然会受到一些阻力。问题的关键就在于，有关部门看到了税制改革的大方向，但是，仍然没有调整原来的改革思路，没有通过宪法和法律的程序广泛征求社会各界的意见。这不是制度中的权利义务内容出现了问题，而是改革的程序不太到位。

具体到燃油税改革而言，牵涉到能源、运输、汽车消费等许多行业，涉及公路养护、能源开发、交通工具管理等多个行政部门。所以，由国家税务总局出台燃油税方案，可能会导致许多非议。如果国家税务总局将有关方案上报国务院，并且由国务院颁布有关的部门规章强制执行，那么，虽然可以在行政机关内部协调立场，但未必会得到广大消费者的认可。总之，在改革程序尚需讨论的前提下，每一项改革措施都将会引起社会的广泛讨论。

现在我们面临的问题是，决策部门是否要将这些讨论提前到燃油税改革方案出台之前？是否需要通过合法的渠道譬如通过立法渠道将不同意见转化为妥协性的法律规范？是否需要委托中立的机构对有关方案进行广泛论证？如果事后引起强烈反弹，或者在方案出台之后不断修修补补，那么，燃油税改革方案的生命力就值得人们怀疑。我们希望有关决策部门在税收制度改革方面能够三思而后行。

截止到2004年，中国的税收收入完成了25718亿元，税收实现了连续3年的高速增长。这样的情况在任何国家都不可能会长久持续下去。从各国市场经济的发育情况来看，正是由于税收制度改革催生了各国的宪政革命，产生了新的生产关系。我国的税收改革正在朝着这个方向发展。所以，今后每一次税收改革都可能会动一发而牵全身。只有意识到税收改革的重要性，才不会贸然行事。

今后，中国的税收制度改革必须克服3大弊端：首先，必须克服改革随意性的问题，将税收制度改革进行系统化操作，然后提出一揽子的改革方案；其次，税收制度的改革必须提交全国人大讨论，必须在宪法和法律规定的框架内，广泛征求社会各界的意见；最后，税收制度的改革必须坚持轻税原则，必须在调整税收体系结构的基础上，尽可能地让利于民。（2005年1月14日《新京报》，作者：乔新生）

这篇新闻评论的结论，并不局限于对燃油税改革方案的具体判断，而是对整个中国税制改革的问题进行了普遍性的判断。

普遍性判断是一篇评论中可以超越具体对象普遍适用的判断，它往往是一篇评论中具体判断必须经过的一个认识过程，必须获得的一个认识结果，心须达到的一个认识高度。同时它也是具体判断的一个根据与前提。这种思维层次，在一篇评论的认识过程中是非常自然地出现的，这正是认识活动的特点。

不是英雄，也有权利

大庆市两级法院对"未能与歹徒进行殊死搏斗"的建行职员姚丽作出恢复公职的判决。这一个判例对于中国的法治和道德文明，都是具有重要意义的。我们应该看到，人们所期待于法院的判决的，根本就不是要"判"一个人是英雄还是狗熊，而是要判这一个人在生命受到威胁之下的选择中有什么权利和义务，应不应该受到责罚；而我们现在所关注的焦点，也不是建行出了一个英雄还是出了一个狗熊，而是社会把一个人的生命和另外一些人的财产看得哪一个更重。

这实在不是一个银行职员的职责问题，而是社会的价值尺度问题。今天的社会，一个进步了的、文明化了的中国社会，可以使我们认认真真地面对、思考和回答这个问题。

在一个法治社会里，人的职务责任，是应该有清晰的法律界定的。银行职员只是一种工作，没有什么特殊的，除了银行的金钱总是招惹贪婪之徒的狂想这一点以外。但是，后者绝不意味着银行职员比其他职业者在以生命冒险方面有着更多的义务。他们应该有的，银行内部可以做出规定的，只应该是一些职业规范而已，比如遭遇歹徒抢劫及时拨打报警电话什么的。银行职员是一个普通的职业，不是公安，也不是战士，一个普通的职业不能规定公民必须有付出生命的义务。

当然，社会提倡为了保护他人、集体、国家财产而见义勇为，这对于银行职员和其他公民都一样。但是，见义勇为是更高的道德标准，不是法定的义务，也不是职业的道德义务，更不是劳动用工制度上能不能保住饭碗的义务。姚丽的问题，不是见义勇为的问题，而是一个生命权利和劳动权利问题，不是一个高限问题，而是一个低限问题。

与人的生命相比，财物本身没有什么更神圣的意义，无论它们属于私人、集体，还是国家。把财物看得重于生命，是价值评价尺度的扭曲。中国古代就不缺少道德，但却缺少对生命的珍视。在最讲"道德"的"理学时代"，就有"饿死事小，失节事大"这样轻贱生命的道德律令。胡适曾说："道学风气已成之后，人情更冷酷了，责人更严厉了。然而八百年的道学，竟无人觉得妇人裹脚是不人道，是不道德。"实际上，文明进步就包含着道德更新，其中就必然包含着尊重生命的命题。没有把人的生命看得高于一切的道德，就没有道德。在为新的社会而奋斗的历程中，我们出了许多英雄人物，他们作出的牺牲决不意味着否定他们自己的生命价值，也决不意味着否定其他任何人的生命价值。金训华为抢救一根木头而牺牲，决不意味着金训华的生命价值贱于一根木头。认为财物重于生命，不仅是对普通人的苛责，而且是对英雄的亵渎。

这里面还有一个良心的问题。那就是：即使自己愿意付出生命，也不能将付出生命的尺度强加给他人；一个强壮的男人可以作出的抗争，不能将这种抗争强加于弱小的妇女；一个没有处于险境中的人没有做的事,不能责难一个身处险境中的人必须去做。这不是一个苛刻的标准,而只是为了我们这个社会能有更多真的东西:真的选择,真的行动,而不是假的道德尺度。如果说,姚丽的选择是应该受到谴责的,那么至少真的能够在她那一刻付出生命的人,才有资格谴责她。一个社会的良心、宽容,只有这样才能生长,否则就只有严酷和虚伪。

很少人会面临一个银行职员才能面对的危险,但是,如果没有文明公正的法律和公正的社会评价,所有的人都会在不期然中被置于权利和义务说不清的"险境"中。在今天,我们应该承认,不是英雄,也有权利。这个权利不是一个银行职员的特定权利,而是普通人在临难时刻保住自己生命的权利。姚丽需要的不是表彰,而只是公正。(2000年3月24日《中国青年报》)

这是一篇着眼于价值判断的文章。这篇评论的具体判断对象是银行职员姚丽的具体行为。但是,要对这个行为作出判断,不可能在这个具体的层面上实现,必须在人类文明进步和人类基本价值观的进步这样一个普遍意义的层面上解决认识问题。文中加重的画线部分,就是普遍性判断。它们是在得出具体判断之前必须获得并阐明的认识。它们也可以看做是具体判断的前提和根据。

三、一种常用的具体判断——假言判断

具体判断的方法,在逻辑学中有多种,我们这里介绍在新闻评论中最常使用的方法——假言判断。

老一代新闻学者郭步陶在20世纪30年代为《申报》函授学院所写的讲义《评论作法》中说:

评论中的判断有时是确定的,有时是非确定的。在非确定的判断中,又有属于形式和属于意境之分:前者是意义已可判定,而形式上仍不立即作肯定或否定的结论;后者形式上似乎是判断的词句,但在意境上须有大前提的假定的,方能办到,是为有条件的肯定或否定。

"有条件的肯定或否定",在逻辑学上就叫做假言判断。

逻辑学认为:"这种判断的主要逻辑特点在于:它不是对事物情况作出无条件的断定,而是反映某一事物情况是另一事物情况存在的条件。所以我们可以说假言判断是断定某一事物情况是另一事物情况条件的判断。或者

说，假言判断是有条件地断定某事物存在的判断。"①

在新闻评论中假言判断是经常要使用的判断，这是因为评论者一般总是在事件发展过程中进行判断的，所得到的新闻事实不可能完备。如果等待事实完备了，恐怕也会丧失了评论的时机。实际上，往往就在事件发展过程中，事实信息还不完备的时候，人们对新闻评论的期待最为强烈。

1919 年 5 月 5 日，也就是五四运动的第二天，邵飘萍在《京报》上发表《外交失败第一幕》。他写道：

> 昨晚东京来电：欧和会中之我国山东问题，已依日本主张而解决。日人所传未必可信，即有其事我国代表当不至于签字。如果签字，则国内将有弥天之风潮，此吾人在职务上不得不预告政府者。

> 虽然时至今日殆已甚难，中国国民之觉悟与日本当局之野心成正比例俱进，山东问题日本坚持其主张，一旦主张胜利，日人即露其踌躇满志之喜气，而东亚未来之危机，中日国家之不幸乃如病入膏肓，不可以救药矣。故山东问题万一果如东报所传之结果，吾人不能不问政府何以竟食坚持到底之前言。同时吾更为东亚危，为中日国交危，日本亦决非可喜之事也。②

虽然在当时的信息条件下具体情况无法判断，但他把影响具体情势发展的客观条件——大势摆清楚了，一个新闻评论员就算尽到责任了。

2001 年 3 月，中美两国发生飞机相撞事件，一时形势大为紧张和复杂。新加坡《联合早报》发表一篇社论《中美应慎防擦枪走火》，其中就有这样一段：

> 从现有情况看来，军机相撞事件的发展将是考验中美两国关系的重要指标，如果两国都不准备把关系搞砸，事件虽难免有颠簸起伏，最终还是要在理性的相互妥协下得到解决。如果双方关系已到了一触即发的临界点，那么，这件事将可能产生灾难性的结局。最后一种状况，则是两国之中，已有一方想要借机寻事，那么，这件事将会没完没了。

在这一段中，作者设定了三种条件，作了三个不同的判断。结果，后来的事实发展，证实了他的第一种判断，也就是："事件虽难免有颠簸起伏，最

---

① 《普通逻辑》，上海人民出版社，94 页，1979 年版。

② 《外交失败第一幕》，引自方汉奇主编：《邵飘萍选集》下册，331 页，中国人民大学出版社，1988 年版。

终是要在理性的相互妥协下得到解决。"

思考练习题

1. 对于论点，邵华泽《同研究生谈新闻评论》一书，提出了科学性、有新意、鲜明、全面、深刻几个要求；而两位美国学者 Edward S. Inch 和 Barbarrw Warnick 在《批判性思维与交流：论说中的推理应用》中则提出了争议性、明确性、平衡性、挑战性等几个要求。想一想，后者为什么没有提出科学性、全面性、深刻性的要求？

2. 请同学们自己选择一篇新闻评论，划出其中判断、叙述的部分；选出两三个最关键的判断来，并说明这些判断的层次关系。

3. 请同学们在一篇或数篇新闻评论中分别找出事实判断、价值判断、普遍性判断和假言判断来。

4. 选择一篇新闻评论，确认它是以价值判断为主的还是以事实判断为主的，并作出说明。

5. 分析下面这篇短评分别作了几个层次的事实判断：

英法协商

英法协商一案，可谓近年来英国外交之一奇现象也。盖英法两国积年以来，互相猜忌，各不相能，今忽有此举，而英人又复欢迎之，以为外交上之一成功，此何故耶？及探此事之起因，实为中国南部划定利益界限起见。呜呼！彼欧人以各相猜忌之国，有事则合而谋我。由此以观，吾恐今日全世界之重要外交事件，殆无一而非为中国也。（《东方杂志》1904 年第四期"时评"栏目）

第三章　新闻评论中的事实

本章要点

● 辨识新闻评论中引用事实的不同作用以及它们所对应的评论结构。

● 论据的要求：相关、可靠、新鲜、一致、接近、具体。

● 拓展知识面以增强自己对新闻的判断力。

● 掌握在新闻评论中有效率的叙事方法。

第一节　评论中新闻事实的不同作用

一篇新闻评论中除了观点，就是事实，包括新闻事实，也可能包括历史。但是，这些事实的地位、作用都很不相同，对于事实的不同地位、作用的理解，有益于同学们细化理解新闻评论的构成，理解新闻评论的思路与结构，也有益于在写作中自觉地运用。

新闻评论中的事实，有这样三种作用：第一，作为由头；第二，作为判断的对象；第三，作为论据。

由头是放在新闻评论开头的部分，用于挑开话题引出议论的材料。

范荣康在《新闻评论学》一书中说："多数新闻评论，不过是拿新闻作'由头'，从新闻生发开去议论带有普遍性的问题，这类问题仅仅有一个新闻由头并不足以证明，仍然需要用论据，特别是事实论据加以证明。"

这一段话实际上指出了新闻事实在评论中的两种不同的角色和作用：由头与论据不同。由头是新闻评论的事实起点，它对应着的是"就事说理"的思考路径及相应的结构。作为论据的事实是在论证过程中根据需要随时插入的事实材料。

但实际上，在由头与论据之外，新闻评论中还有一种地位更重要的事实，那就是等待分析与判断的新闻事实，它是新闻评论的对象。作为评论对象的新闻事实有着由头所不可替代的地位。因为作为由头的新闻事实的作用只是为了挑开话题，并不一定要对由头本身进行深入判断。而作为评论对象的新闻事实，却要求作者必须进行判断。辨识新闻事实在一篇新闻评论中是作为由头还是作为评论对象，实际上是在辨别新闻评论的不同类型、不同结构、不同思考方式。以新闻事实作由头的评论，往往是从这个新闻事实出发（实际上最终离开了这个新闻事实），展开思考，得出一个一般性的结论。而以新闻事实作对象的新闻评论，则把思想始终集中在新闻事实本身，即使引述其他新闻事实也是为了说明这个新闻事实，最终得出一个关于这个新闻事实的具体的判断。

"由头"带出的新闻评论，是为了说一个道理；"对象"带出的新闻评论，就是为了判断新闻本身。前一种新闻评论在过去很多年里是主流，后一种新闻评论，则在当代迎和了读者更迫切的需求。

至于作为判断对象的新闻事实之所以不同于作为论据的新闻事实，就更容易理解了：一个有待于认识的事实本身，不可以作为自己的论据。

通常说，新闻评论要"摆事实，讲道理"。这是不是新闻评论的特殊方法呢？不是。这是论说文的一般方法。新闻评论的特殊性，不仅体现在评论中有作为新闻的事实，而且体现在这些新闻本身就是需要进行认识、判断的对象，而不是作为说明道理的例证。

下面是两个新闻事实在评论中作由头的例子。

输球文章也要做

伊德

人们常说，输球的文章不好做。不久前，徐寅生带队去新加坡参加奥运会足球预选赛，在关键的一战，我队负于新加坡队，失去了决赛资格。徐寅生的《写在输球以后》做的就是输球的文章。他分析了输球的原因，承担了领导的责任，同时指出"输了未必什么都不好"，通过比赛经受了一次很好的锻炼，比平时学到了更多的东西。

喜欢做"赢球"的文章，不愿做"输球"的文章，这类事至今还是不少的。例如：农业丰收了，大作文章，减产了，一声不吭；市场上蔬菜充足，大谈经验，闹了菜荒，说不出一二三；工作总结，成绩讲得具体、详尽，缺点只是干巴巴的几根筋……

事物都是一分为二的。有好的一面，顺利的一面；也有不好的一面，困难的一面。我们应当充分肯定成绩，鼓舞士气，又要指出缺点，分析困难，把情况原原本本地告诉人民。工作没有干好，是什么原因？出了事故、毛病，有什么教训？发生了挫折、困难，怎样去克服？通过适当的方式，包括利用报纸，向群众作个"交代"以便取得群众的监督和帮助，只有好处，没有坏处。（1980年5月7日《人民日报·今日谈》）

从哀悼张伯伦说到英国传统外交政策

恽逸群

英国前外相奥斯丁·张伯伦前晚逝世，英法两国政界都表示哀悼。以奥斯丁·张伯伦的致力于国际和平，毅然使英国负担国际义务，在国际风云紧张的今天，失去这样一个人，不仅英法政界要哀悼，欧洲及全世界的人士，也都要表示惋惜的。

奥斯丁·张伯伦是典型的英国政治家，但他除有一般"英国绅士"的优点以外，在国际关系的了解程度上，比一般"英国绅士"要更能把握现实。传统的英国对外政策，是"怕事"和"取巧"。奥斯丁·张伯伦在一九二五年签订洛加诺公约时，敢不顾英国国内的攻击而接受保障的义务，这就是他的见解高于一般"英国绅士"的地方。

英国的"怕事"政策所产生的必然结果，是事件发生得愈多而愈益扩大；"取巧"政策的结果，是"弄巧成拙"。在远东方面是如此，在地中海方面也是如此。英国的绅士们似乎在饱经教训之后已有一些觉悟了，但是觉悟的程度是有限的。在远东和地中海问题上，事实所表现的，并没有改变传统的"怕事和取巧"政策的本质，其差异不过是程度的不同而已。而这种小部分的改变，必然并不会得到什么好结果。

我们虽然指出英国传统政策的弱点，但并不希望英国绅士会马上作极大的转变。因此，我们不得不时常警惕着不要过分相信传统政策下的"贿赂品"——牺牲一部分以满足侵略者的欲望的"贿赂品"。而贿赂的结果，必须非牺牲全部不可。（1937年3月18日《立报》）

在上面两篇评论中，无论是徐寅生带队出征失利后所作《写在输球以后》，还是英国外相张伯伦之死或张伯伦本人，都不是评论要判断的对象。他们只是作者为了阐发一般性的认识的一个由头。

与上述由张伯伦之死带出的评论不同，下面这篇名人之死的评论，新闻事实却有着不同的地位。

马加罗甫死

呜呼！马加罗甫死，而俄国极东之运命尽矣。自仁川旅顺之屡挫，固已奄奄一息矣。马氏至而军容复振，所作海军战术论，日本学校以为教科书。日人方惴惴焉，为逢蒙不能杀羿之虑。而孰意其自沉以死耶。马氏论战，重精神，轻物质。故到旅顺后，并不以残舰自馁，常欲奋死出港，以为联合海参崴舰队之计。乃竟以其旗舰触击于自设之水雷而轰毙。希则，物质诚有未可忽者耶？俄廷以阿列可塞夫骄疏而取败，且取败于区区一岛国，视为奇耻大仇，不报复不已。于陆军之苦氏，海军之马氏，皆军事界第一人，如车两轮，如鸟两翼，全国之视线皆集于兹。今也，忽弱其一个，以马氏偏重精神之理推之，其军气之摧陷，民心之动摇，当达极点。是岂非夺俄之魄而为极东一败涂地之先征与？旅顺残舰，不日消灭；海参崴亦将被日本探囊而取，而黑海、波罗的海舰队，又决不能东赴。于是，俄国极东无海军。日本陆军既战胜于韩境，而满洲又可以择地而上陆，乘俄军人心震栗，与夫胡匪之乘机而内扰以夹击其腹背。彼苦氏者亦将有一不能支厦之惧。于是，俄国极东之势力尽。呜呼！马氏之死，其影响于俄者大矣。（摘自 1904 年第一期《东方杂志》"时评"栏目）

显然，1904 年日俄战争期间俄国海军前线统帅马加罗甫之死这个新闻事实在这篇评论中是作为判断对象出现的：评论就是要回答马加罗甫之死所带来的重要影响。

第二节　论据的要求

论据作为证明论点的依据，一般分为两种：一种是可以直接观察、感觉的客观事实；另一种是总体上可以被受众接受为真的信念或前提。也有学者把它们简单称为事实性论据与理论性论据。前者是基本的论据，包括新闻事件、历史事实、规范事实（如法律条文）。理论性论据依其社会接受和解释客观事物的普遍性、普适性程度，往往也有很强的论证效力。在本书中，我们把新闻事实之外的论据材料，统称为知识，在后面专门加以说明。

就事实论据的来源而言，它可以是间接的文献来源，如媒体报道、政府公报、司法判决；也可以是直接的采访调查。新闻评论追求独到的见解和深入的认识，从这一点来说，应该鼓励评论作者通过亲身调查，尽可能掌握某些第一手事实论据。但调查采访是一项需要专业能力和较大成本的工作，一般评论者难以做到。而且，评论作者亲身调查的事实可靠性如何，媒体和读者都难以直接判断。所以，个人的评论作品，应主要以已经得到广泛传播的、比较可靠的"公共事实"作为论据为宜。

台湾学者林大椿在《新闻评论学》中对论据提出了两点要求：一为"必须与中心观念有关"，二为可靠。这两个要求可简化为"相关"与"可靠"。这是论据的两个基本要求。不相关的论据不仅没有力量，而且等于浪费。比如，根据下面的一条短消息，中国人民大学新闻学院的两位同学各写出一篇评论。

新闻事实：据新华社 2004 年 11 月 17 日北京电，为从根本上解决安全投入不足问题，国家出台了煤炭生产企业税前提取生产安全费用的政策措施。根据不同类型的煤矿，根据生产规模和地质灾害情况，在吨煤生产成本中提取 2 至 10 元的安全费用，专项用于安全设施的更新改造。三部门联合下发的文件规定，提取的安全费用专门用于煤炭生产安全设施投入。

习作一

……这无疑是一件积极有益的事。可是还远远不够，安全生产是一个链条，设施、规章、意识、管理，每个环节都不能断。

著名的"泰坦尼克"号有当时世界上最先进的安全设施，仍难以逃脱沉没的厄运，正是由于安全管理接连出现漏洞，一天之内接连 5 次连续失误而造成的。实际上，无论是船长、经理，还是报务员、电报员，都曾接到过"前面有冰山"的预警，然而，这些人或者是"与女士继续散步"，或者"忙于盘帐，未记电文"，这才导致事故的发生。

当一环又一环的监督防范机制被一日复一日的平安无事所遮掩时，环环相扣变成环环松动，事故就不可避免地发生了。屋毁桥塌、沉船翻车、煤矿透水……每一起事故的背后，无不隐藏着令人痛心疾首的"可抗"祸因。

着力加强安全设施的更新改造，无疑是强化了安全生产链条中的重要一环，可一旦其他环节断了，不是也白搭了吗？

上面这篇习作没有寻找到有关煤矿安全的论据以说明煤矿安全问题的新鲜、具体和现实的状况，却找到了"泰坦尼克"这样一个陈旧例子，这个论据材料就使评论的思考局限在一般的粗心大意的层面上，它与新闻事件的关联度很小。

习作二

……看到这则消息，心里不禁为那些正在采煤第一线艰苦、危险条件中工作的采煤工人，稍稍松了一口气，也为那些在接二连三的事故中丧生的工人们感到了一丝的慰藉。

煤矿安全问题真是个老大难。

记得今年 3 月，国务院安全生产委员会副主任华建敏到河南省平顶山市，调研煤炭安全生产时指出，煤矿企业是安全生产的责任主体，要按照"安全第一，预防为主"的方针，正确处理好增产与安全生产的关系……

言犹在耳，7 个月后，就在这个省内的一家国有煤炭（郑煤集团大平煤矿）却发生了今年中国最严重的安全生产事故！

煤矿安全问题一再地强调，却又一再地发生煤矿事故，这不是政府不重视，不是社会没有认识到，而是的确有许多的困难，有我国的国情。

这里有一个悖论：把工人的生命安全置之度外的企业，在社会主义的大家庭中是遭到人们的唾弃的，这也是政府不得不管的问题。然而在市场经济下，成本成为企业竞争的重要因素之一，追求利润最大化也是企业生存之道。要求企业讲求"人性化"，"主动"提高安全成本的投入，这无疑又是不现实的。

政府作为宏观调控的主体，面临社会急需解决的各种各样的问题，而财政收入相对并不富裕的情况下，对矿工安全问题的核心——安全费用的来源问题，也就只能是处于"视之燃眉之急，却又无从下手"的窘况，这是困难之一。

困难之二在于，非法违规存在的小煤窑，给国家大的煤矿企业的生存和发展，在某种意义上造成了压力。试想，正规的国有大企业，"自动"提高了安全成本，而小煤窑违规操作降低成本，但它们又不得不在市场上，面对统一的煤炭价格。这样就存在一个"不公平"的问题。

困难之三在于，国家安全生产监管局只有预测、检查、事后处理等职能，无权管理煤矿，这是个大问题。因为世界产煤大国都有管理能源的政府机构，但中国没有。

面对这些看似无法解决的困难，新政策的出台，无疑是"黑暗中的一盏明灯"。

"不同类型的煤矿，根据生产规模和地质灾害情况，在吨煤生产成本中提取2至10元的安全费用，专项用于安全设施的更新改造"。它的意义在于，将一个"道德问题"，以制度化的方式，以量化的手段予以解决，这就将一个重要的、却大而空的问题，化为一个具体的、可操作的问题。

更为重要的是，这样一个问题对于小企业同样适用，从某种意义上来说，又是一个"公平"的解决途径，和一个有效扼制"非法违规"的小企业的"自然选择、淘汰的机制"。因为，一些小型企业用煤成本升高，而出于缺乏足够的应对资金和之前没有安全设施的积累等的缘故，可能会导致这些企业处于亏损的边缘。

一项政策的出台，除了有"激励因素"（激励企业向生产的安全方面加大投入），还应该考虑到它的"保健因素"。即对于因为成本的提升，仍能保持大企业原有的生存和发展能力的考虑。

从规范的大企业的角度来讲，由于企业本身固有的安全、维修及材料等开支已占成本比重的20%~25%左右，因此，"两费"的增加不会给原有的规范的企业造成明显的成本的增加，使得竞争能力下降。因此，这一政策的出台是能够取得预期的效果的、是可操作的。

而从长远来说，煤炭企业所面临的困难还很多，由于技术的原因，安全问题也不会就从此消之殆尽。除了企业要改进技术，提升产业化水平之外，国家建立专门的管理能源的政府机构，也是值得放在议程之中的一件事。

后面这篇文章始终围绕着"煤炭安全费"这个作为判断对象的新闻事件展开论证，引入的论据相关程度高，实际上是将"煤炭安全费"这个具体的认识对象置于我国煤炭安全问题的特殊结构之中，作出自己的判断。正是因为作者掌握了相关度高的论据，所以评论的层面比较具体，也能够比较充分地展开。后一种做法是应该肯定的。

关于事实论据的可靠，我们在第二章曾列举一篇评论《张海迪的座位在哪里？》，作者判断了人民大会堂没有残疾人设施。而论据只是一张张海迪坐在轮椅上开会的照片，这就是论据不可靠。而在另外一篇评论《为什么"组织"不支持"苏代表"？》中，作者判断地方人大没有支持苏代表，其论据只是报道中没有写到人大支持苏代表。这其实是不能作为论据的。

在《批判性思维与交流：论说中的推理应用》一书中，两位作者 Edward S. Inch 和 Barbarrw Warnick 对论据提出了如下要求：

- 可靠（Reliability）
- 专业（expertise）
- 客观（objectivity）
- 一致（consistence）
- 新鲜（recency）
- 相关（relevance）
- 接近（access）

论据为什么要"新鲜"呢？

其一，从接受的角度说，作者独立积累或搜集的事实材料，本身具有评论"附加值"的作用，可增加评论本身的新闻性、新鲜感，使读者爱读；

其二，论据要"新鲜"，还因为存在着这样一种普遍的接受效应：

> 你要提供更新的事实或信息作为论据，而不要依赖那些受众已经熟知的信息。当人们最初遇到一个论据的时候，总是被它触动，并试图消化、顺应它，使他与自己的知识结构保持和谐。一旦这个论据进入了他的知识结构，当他再遇到它时，便很难再受到那么大的触动。对论据效果的研究表明，正是由于这个原因，人们总是更多地被那些新的信息所影响，而不是那些已经听说过的信息。[①]

其三，从写作的角度说，只有充分的、高质量的事实材料，才可能充分触动作者自己的思考，把思考抬升到一个较高、较为开阔的层面上去，作出更高质量的判断。

请看中国人民大学新闻学院 2002 级喻剑同学就新华社一篇短消息所做的课堂评论作业。

"多睡会"的背后

> 据新华社 10 月 5 日电，继广州、上海等地的小学之后，"为学生的健康着想"，杭州的天长小学在当地首推"朝九晚五"的作息时间，在保证原有课时量的前提下，上午第一节课推后至 9 点开始。
>
> 众人看来，这似乎是一项迟来的"福利"：于是褒之扬之者有之，称该制度人性化者有之，赞该小学合潮流者有之——以管窥之，这种褒扬确实不为过。然而笔者看来，它不仅仅是一次迟来的

---

① *CRITICAL THINKING AND COMMUNICATION：The use of Reason in Argument*，87 页。

关怀。它的背后，反映出我国现今教育制度的种种忧患。

美国是路人皆知的世界教育大国。我们不妨看看大洋彼岸美国小学生的课程安排：

美国小学生每日在校约 8 小时（包括午餐时间），课堂教学仅占约一半时间；

知识传授水平低，时间迟，教材涉及的面宽；

校内活动丰富、生动。除算术、英语、科学等课程外，其他课程均以"玩"的形式进行；

教学管理气氛轻松，众多教学科目教师只负责组织，具体的由孩子凭想像去干；

课外作业量少，但有趣。作业形式大都符合孩子的心理，使其乐于完成；

……

（节选自中国驻美芝加哥总领馆教育组《对美国初等教育的观察与思考》）

我们暂不论中美初等教育孰优孰劣，但我们不难发现，比起美国孩子来，中国的"花朵"们在学习上可谓久经考验的沙场老将，他们被屡屡推入教室和考场，在昏昏欲睡中接受单调超时的灌输；他们的童年失去了大半的玩乐，却要早早地承担起为未来竞争做准备的责任。这对于不谙世事、缺乏协调能力的小学生来说，不啻为"不可承受之重"。

暑假回家我看望上小学的表弟，得知他所在的市重点小学，为保证"小考"优秀率和达标率，从小学三年级起，文艺、体育、思政课分别由原来的每周各三节压缩至每周各一节。语、数、英在其余时间轮番上阵。刚上小学三年级的小表弟，因为适应不了学习节奏和压力，每天耷拉着头被妈妈催逼着出门，放完学无精打采地赶功课，而一年前的他活蹦乱跳，还是班上的文艺体育优等生。

这与十多年前我的小学经历何其相似！唯一不同的是，当时还未普及义务教育，我们还有考初中的压力。

然而漫长的十多年后，在早已普及九年义务教育的今天，我们却还要为一条调整小学生作息时间的消息欢呼雀跃。

而在孩子们率先"多睡会"的广州，两年之后，一个个调查结果却颇让大人们连连吃惊：因为缺乏体育锻炼，超过四成的广州小学生营养不良；由于功课繁重、父母期望太大等原因，"活着真累"、"活得好没意思"等话语竟成了广州小学生的流行口头禅；11 岁的广州女孩吴琼更是写就减负调查，呼吁给同龄人自由天空。

由此看来，调整作息更多的只是"换汤"，而是否"换药"尚待进一步考证。"为学生健康计"的杭州小学，当引广州之例以为鉴。

减负的呼声一浪高过一浪，我们却还只能为"多睡会"之类的消息而莫名激动片刻。事实上，对"成都某校要求小学生上晚自习"，"南京某小学违规超时，每天上课 9 小时"之类的新闻，我们似乎已经习以为常。而前不久上海教科院的调查结果显示：三分之一的小学生在双休日也得不到充分休息，平均每天的学习时间达到或超过四个小时；62％的小学生经常为学习成绩烦恼，这一比例在小学五年级已达到 77％；与年龄不相称的学习负担，让一些孩子处于心理过度焦虑、情绪不稳定、易紧张、激动等"心理亚健康"状态——这已经让我们再也找不到视而不见的理由了。

真的该让孩子们多睡会了！

在这篇评论习作中，作者引用了来自国外文献、国内报道和自己亲眼所见的 4 个论据材料，在量上就远远多于要评论的报道本身，这不仅使评论显得充实、可信，而且给读者一个开阔的认识视野。

论据的"一致"又是什么意思呢？它是指作者所提供的一个论据应与他的其他论据一致，否则会出现自相矛盾的致命弱点。

而论据的"接近"，则指评论者与论据的距离要"接近"——不能是转了好几手的材料，因为距离越远，可靠性越低。比如，一件作为论据的新闻事实，是"据某报转自某报"，但实际上，评论作者可能不知道，在那家标明被转的报纸上才能发现，这个消息实际上最初来自一个不可信的网站。因此，除了直接的、权威的论据来源，转载的消息，只有沿着转载的方向上溯彻底查清其来源是否可靠，方可放心使用。

另外，在论据的选择中，还应注意，要具体不要抽象。

请看一位同学写的评论：

怀孕大学生回家复读，学校的理由说是她道德败坏。不知道四川那个学校关于道德的标准是什么，如果说女大学生是因为怀孕而道德败坏，那么，说出这个理由的校方是不是蔑视人类生存、繁衍的"自然之道"？至于德，古人的理解是宽容，所谓厚德载物，以这个为标准，怀孕的女大学生似乎并没有和谁过不去，也没有伤害谁，倒是自己的受社会保护的身份权受到了损害——被学校开除，而开除她的学校又是在这个怀孕大学生没有违法的情况下把她开除的，这样看来，不宽容的是做出决定的学校领导。

这段评论所依据的道理就太大了、太高了，而且一开始就很高，连人类生存繁衍的"自然之道"都用上了，这样的"高端致胜"的论辩方法，让人一看就是求胜心切的人，而不是要坐下来认真讨论问题的人。高端的道理不是不要讲，但掌握起来，似乎应该有一个节奏：由低到高的节奏。不要一开始就"高"，那样就让人没法讨论了。比较好的做法是：应该先看看学校这样处罚有没有依据？学校的处罚依据与相关法律、法规是否抵触？这都需要比较具体的论据。之所以要求同学们尽可能掌握比较具体的论据，就是要防止新闻评论中那种凌虚蹈空的空谈之风。

第三节　新闻评论中知识的运用

除了新闻事实材料的论据之外，新闻评论中经常要用到的是知识论据。在一定意义上可以说，新闻评论表现的是作者的判断力，而判断力不是抽象虚悬的，它的来源就是知识。实际上，当我们面对一条新闻，打算进行评论的时候，我们头脑的活动首先就是调动自己的知识。"新闻评论的写作，实际上也是各方面知识的综合运用"。[①]

> **观点：**
> "写作能力是一个'虚无'，它粘着于写作动机、写作意志、知识信息、智能、人格、文化上面，这几种因素是形成写作能力的原因、前提，又是写作能力本身，不存在抽象的写作能力。"
> ——马正平《高等写作学引论》

知识是判断的依据。人的判断力是靠知识支撑的。判断是冰山露出的一角，而知识则是海水下的冰山基座。没有知识，无从判断，没有这方面的知识，就无从进行这方面的判断，没有那方面的知识就无从进行那方面的判断。没有经济学知识，就无法对经济现象进行判断；没有法学知识，就没法对案子进行判断。比判断力，从一定意义上讲就是比知识，比知识的运用，知识涵养判断力。新闻评论员的知识不像新闻记者，一般不能在采访过程中

---

① 胡文龙、秦珪、涂光晋：《新闻评论教程》，24 页，中国人民大学出版社，1998 年版。

从采访对象那里被动地获得，而是要更主动地获取——多积累与多读书。

比如，梁启超写于 1910 年的新闻评论《新军滋事感言》中有这样一段话：

> 各国革命之举往往起于军队，即数年来俄罗斯、希腊，皆其最近最显之殷。吾岂敢谓现在中国之革命党不煽动于军队，吾又岂敢谓中国将来之军队，决不被煽动于革命党……

这一段话，实际上归结为一个非常准确的判断：晚清革命将起源于革命在新军中的宣传鼓动——辛亥革命恰恰如此。但是，其根据，就是近年以来"各国革命之举往往起于军队"这样一个国际政治的知识，以及"数年来俄罗斯、希腊"的新闻。

观点：

　　"认识某物就是将其归入我们以前已知的某物，并通过以前有的知识将其区分开。要是缺乏这样的参考（物），那我们只能面对一个谜，全新的事物是无从认识的。"

　　　　　　　　　　　　　　　　——欧文·拉斯洛《系统、结构和经验》

知识的体系与分类，说法很多，有的学者分为专业知识与非专业知识、方法知识与规范知识、事实知识与价值知识。英国哲学家赖尔曾把知识区分成命题性知识、技能性知识、倾向性知识。对于新闻评论而言，用于论据的知识则可以简单地分为两层：常识与专科知识。那么，什么是常识呢？

梁启超在《国风报叙例》一文中提出，舆论有"五本"，其一就是常识：

> 常识者谓普通学识，人人所必当知者也。夫非谓一物不知一物不知而引以为耻也；又非谓穷学理之邃奥析同异于豪芒也。然而自然界社会界之重要现象，其原理原则，已经前人发挥尽致，为各国中流社会以上之人所尽能道者，皆须略知之，又本国及世界历史上之重大事实，与夫目前陆续发生之大问题，其因果相属之大概，皆须略知之，然后其持论乃有所凭藉。自为不可胜以待敌之可胜。而不然者，则其质至脆而易破，苟利害之数，本以较然甚明，无复辩难之余地；而欲陈无根之义以张其军，则人或折以共信之学理，或驳以反对之事例，斯顷刻成虀粉矣，此坐常识之不足也。

郭步陶在《评论作法》中这样认为：

> 评论是要就当前新发生的事件作题目的，这些题目，或经济、或属外交、兵事以及其他一切科学，都没有一定……现在所说的常识基础，并不是要作评论的人以一身而备百科之所长，只是在常识范围内，识得门径，知道可以致力的方向，遇有新事件发生，可以

拿来作自己观察一切问题的标准。①

在这个关于评论应用的常识中，又多了一个要素，就是"识得门径"——了解其他相关学科的"门径"（体系、结构、分类、目录），以备写作需要时查找。比如，我们不必是一个民事法律专家，但是当一件新闻出现以后，法律的基本知识告诉我们，这可能是一个由民法规范的问题，我们知道了民法的体系，就知道这一类问题应该由民法的哪一部单行法律作出规范。

那么依靠常识能否作出精彩的判断呢？我们来看这样一段文章：

> 成文法 21. Jac. I. c. 27 和法令 Ass. 1170. c. 12 规定，母亲隐瞒一名私生子的死亡被定为谋杀罪。据说其理由是：耻辱这种情感对人心的影响是如此强烈，以致时常推动私生子的母亲谋杀亲生子女借以掩盖她的耻辱。所以，隐瞒私生子死亡的行为证明她受了耻辱的影响，并由此得出一个假定：她谋杀了孩子。那么，这一法律的效果是从本质上仅仅是假定的谋杀的证据得出谋杀的结论。对于这一点我的回答是：1. 婴儿出生前或出生后不久的死亡率很高，因此如果假定任何已死亡的婴儿都是被谋杀的，那么这个假定会在更多的情况下把我们引到错误的结论，结果，会流更多的血，而不是少流血。2. 如果孩子生下来就死了，母亲宁愿隐瞒不报，希望以此可以在邻里间保持一个好的品德。所以隐瞒的行为远远不能证明母亲犯有谋杀罪。3. 如果耻辱心是影响人心的一种情感，难道父母之爱就不是这样一种情感吗？难道它不是人所周知的最强烈的情感吗？难道它不比自我保护的情感更强烈吗？在我们从人心的一种情感——耻辱心得出不利于囚犯的生命的假定的时候，难道我们不应该从父亲之爱这一至少同样强烈的情感得出有利于生命的假定吗？②

这是美国早期政治家、《独立宣言》的起草者杰斐逊在其为弗吉尼亚州所作的立法草案"罪刑相称法案"的条文注释中对一个旧有法律条文的批判。他所使用的，也不是什么专业知识，而是父母之爱、舐犊情深这样一种普遍存在的情感知识。

我们下面来举一篇新闻评论的例子：

---

① 郭步陶：《评论作法》，151～152 页，申报函授学校讲义之五，1935 年上海申报馆印。
② 《杰斐逊集》上，378 页，三联书店，1993 年版。

北京户口调查之报告
梁启超

民政部顷奏报调查北京户口竣事。其结果则得户数十三万八千五百七十户；人口七十六万四千六百五十七人。内男五十万八千十九人，女二十五万六千六百三十八人云。吾对此报告，窃有所感。

第一，前此各国人所著地志，大率称北京人口有二百万以上，虽不知其何所据，然以今兹调查之结果，乃仅得其三分之一强，其稀少实出意外。前此中国人口通称四万万。而美人洛克希尔（前任中国公使）、日人根岸结等，立种种证据谓其数不能过二万万五千万以上。吾常诧其说之不伦。今若以此调查者比例推之，恐彼等之说非无因。而以欧美日本诸国人口增加之速率与我比较，不能不令人瞿然失惊。我国凡百不如人，惟人口蕃殖力谓足以自豪于他国。而今竟何如者？

第二，据统计学之原则，在一国或一地方其间男女之数恒相若。今此次调查结果，女子仅得男子半数，实太不合情理。其在新开之工业矿业地，单身之劳动力麇集，时或不免有此种现象（如十年前美国西部各州），然相悬已不能如此远。今北京为千年来徐徐发之大都会，居民什九皆有家室，此现象从何而来？况其地为官吏阀阅之渊薮，此辈皆广置姬妾，多蓄奴婢，平均一户中女多于男，决无可疑。而今者报告之结果，乃正相反。然此次调查之不足征信亦明矣。夫调查之业，非有完备之机关与专门之技术，决不能奏效。我国今日官吏则安往而能举综核名实之政者，兹事虽小，可以喻大也。①

这篇新闻评论对于当时公布的北京户口调查报告的可信度进行了否定性的判断。我们来看他的论据：一是"据统计学之原则，在一国或一地方其间男女之数恒相若"这样的相关学科的基础知识，二是"今北京为千年来徐徐发之大都会，居民什九皆有家室"这样一个经验知识，两者都属常识层面的知识。

以常识作为论据，论证效果往往特别好，因为对于读者来说，它们特别容易理解，一点就透。

下面说说专业知识。

---

① 1911年作，引自《饮冰室合集》第四册，商务印书馆，1994年版。

　　我们要学作评论，除了高等普通的各科常识都已具备外，还要选择自己生平所长和习性间最感兴趣的一二门科学，认作自己一生的基本功课。这是专家造成的起点，也是学作评论的最要紧的第一步工作。①

　　这是长远打造自己新闻评论判断力的一种安排，其实不能说是"第一步"。"第一步"，还是要用常识层面的知识，然后逐步由常识进入专业知识领域。这当然是随着对一类问题长久地观察、积累和长期的学习、思考而完成的。有条件的同学，也可以根据自己的需要和条件，完整地修完一个专门学科的课程。

　　梁启超就是一个通过拓展学习，由常识判断进入到专业判断的新闻评论家。他有一篇新闻评论《亘古未闻之预算案》，运用财政学的知识对1910年清政府的预算案进行了批评：

　　　　今政府居然提出预算案于资政院矣。资政院居然审查修正而将付诸议决矣。立宪国最望要之政治手段，俨然移植于我国。政界一线光明岂不在是？乃吾观于今兹之预算案，而不禁废书而叹也。

　　　　今兹之预算案，其实质上、其形式上，卤莽灭裂，千疮百孔，不遑惮述，而其最奇怪不可思议者，则收支不适合是也。夫预算非他，实一国行政之鹄也。无论何种政务，行之必须政费。而立宪国之所以有预算者，则除预算表岁入项下尊依法律所收诸税则外，行政官不得滥有所征索；除预算表岁出项下所列诸款项外，行政官不得滥有所支销。此立宪国之通义也。故无论采量入为出主义，采量出为入主义，要之其第一著必须期于收支适合。量入为出者，以所收既不能增，则设法减所支以期合于收。量出为入者，则以所支既不能减，则设法增所收以期合于支。既名为预算不尊此道者也。今次提出于资政院之预算案原文，吾虽未之获见，据其所已知者，则入不敷出之额，约五千万两。或云合讲得各项预备金不敷七千余万两……

　　　　今既俨然称为预算案，而收支差额七千万两，此可谓决算案耳，不能谓之预算案；此可谓之岁费概算书耳，不能谓之预算案；此可谓之财政报告书耳，不能谓之预算案……②

①　郭步陶：《评论作法》，154页申报出授学校讲义，1935年上海申报馆印。
②　1910年作，引自《饮冰室合集》第三册商务印书馆，1994年版。

这篇评论其实运用的还是财政学的基本常识，但对于大众而言，应该算是专业知识层次的判断。其实，新闻评论不是学术论文，即使运用专业知识，也都是针对公共事件，在基本的、大的是非层面进行判断。只不过因为有专业知识的背景，所以作这样的判断会更有信心，也更能令人信服罢了。而下面这一篇，则是他纯熟地运用英国亚当·斯密的自由市场经济理论和中国古代经济学思想来评论当代中国经济新闻的范例。

米禁危言
梁启超

近日各省纷纷禁米出境，经湘乱后而益甚。江苏浙江安徽江西行之，湖南湖北行之。最近则河南山东行之，奉天吉林行之，各殆以此为自卫唯一之政策。官吏有然。即人民亦有然。呜呼！此实速乱之阶梯，而取亡之心理也。彼禁米出境者，岂非欲藉此以维持境内之米价，勿使腾涨哉，夫近年以来，米价飞涨，月异而岁不同。诚可以蹙吾民于死地。其亟思补救之宜也。虽然，欲治病者，必当先审病之所由起。苟不尔者，未审症而妄下药，必至杀人而已。今吾吏民亦知国中米价果以何因缘而飞涨耶？其一，则以货币购买力之比例而见为涨也。畴昔有钱若干可以易米一斗者，今则倍之或两倍之而仅易一斗。故命之曰米贵也。其二，则以人民所得之比例而见为涨也。畴昔各人一岁之所入，仅以其二十分之一购米足者，今则以其十分之一购米而犹惧不足。故命之曰米贵也。由前之说，则米贵之故，由于政府滥发恶币，以扰乱市面，而括取吾民之膏脂。以今日米价与畴昔米价比较，其翔踊之一部分，即其见蚀于铜元余利官局钞币余利者也。由后之说，则米贵之故，由于国民生计，全体萎悴，一国劳力，供过于求，一国职业求过于供。坐是庸率日微，而人人不足以为自养。以今日米价与畴昔米价比较，其翔踊之一部分，则其见蚀于外国人之手者也。合此两大原因，而米贵之恶果，胜败日迁流而不知所届。今欲平米价而不能至力于此二者，以为拔本塞源之计。吾恐怕虽日戮一人，而价之腾犹不能止也。

吾先哲之训，遏粜为大戒。而西方学者亦有恒言，曰生计无国界。夫遏邻之粜，犹曰不仁，而况于同在一国者耶。生计界凡百之物。皆无国界。而况于生民日用所必须品耶。夫物恒趋于价贵之处，若水就下。此生计学之公例也。斯何故欤？盖同一物也，而甲地之价，贵于乙地，则必甲地之求此物者过于供，而乙地供此物者

过于求也。是故以此物供之于甲地则得利丰。而以供之于乙地则得
利啬。懋迁之民。必舍啬而趋丰。此不学而能者也。而坐是之故。
物价已不期平而自即于平。故欲平物价，惟听物之自己。太史公所
谓善者因之，其次利导之，而斯密亚丹所倡生计自由主义，全世界
至今受其赐者。胥是道也。苟欲强而制焉，则如水然，搏而跃之，
激而行之，拂逆其性，终必横决而已。是故生计现象，万不容以国
为界。强界以国，则立此界以图自利者，其究也，害必余于所利。
界以国犹且不可，矧乃更于国中而为之界耶，畴昔吾国禁米出境外
之举，屡见不一见，识者犹以为非计。今乃于此道施于各省？其愚
真不可及也。（略）①

其实，对于新闻评论来说，常识与专业知识之间并没有一道鸿沟。

1998 年夏，我国发生特大洪灾后，《中国青年报》"冰点时评"发表郭光
东的文章《国旗为谁而降》，提出了应当为洪灾中丧生的 3656 名公民降半旗
致哀，引起了强烈的反响，从此使这一认识深入人心。这是一条知识成就一
篇好评论的例子。作者之所以能够写出这篇影响很大的文章，固然是因为他
有非常强烈的现代公民意识和平等意识，也是因为他所掌握的一个虽然简
单，却为许多人并不了解的知识：1990 年颁布的《中华人民共和国国旗法》第
十四条第二款规定："发生特别重大伤亡的不幸事件或者严重自然灾害造成
重大伤亡时，可以下半旗致哀。"这个法律条文是适用于 1998 年洪灾的。

这个法律条文的知识算是专业知识还是算常识呢？应该这样看，它是由
专业知识，通过新闻评论的大众传播而普及为公民常识的。作者郭光东当时
的确是学习法律的硕士研究生，他比一般人的确有更强的法律意识。一般来
看，法律学界的人士的确比普通人更多地了解法律。但是，法律本身并不是
专业书，它们从颁布实施的第一天起，就通过大众传播媒介公布于众了，是
每个公民都可以方便地查阅的。而即使是法学界内人士，也由于法律的浩
繁、专业的不同，不可能读遍所有的法律、记得每一个法律条文——他们往
往也是需要时才查，只不过他们更清楚到哪里查。对于普通公民而言，如果
说，国旗法第十四条第二款的具体规定也许勉强可以算是专业知识的话，那
么，知道有《国旗法》就不应该是专业知识，而应当算是常识。对于有志于写
新闻评论的人来说，每一个单行法律如果勉强算是专业知识的话，知道有这
些法律，并且能够在需要时查阅，就应该算是常识。如果说，某一个具体法

律条文的规定算是专业知识的话，那么"罪刑法定"、"法无明文不为罪"、下位法服从上位法等基本的法律原则和法理，不应该算是专业知识，而应该算作常识——因为它们不仅应该是写新闻评论的人的常识，而且本来就应该是现代社会的公民的常识。

"冠生园"事件也是"公地的悲剧"

9月7日《天府早报》报道：此番南京冠生园黑幕曝光，"冠生园"整个品牌月饼都遭连累。据悉，百年老店上海冠生园（中国冠生园）下属有30多家冠生园公司，而80年代获冠生园授权的企业有10多家。

上海中国冠生园西南片区余经理说，上海冠生园在西南片区的销售受到一定程度的影响。而上海冠生园办公室主任史志称，上海冠生园与南京冠生园无任何关系。"南冠"给他们造成的事实损失已无法估计，各地均传来消息，商场要求撤下所有冠生园产品，上海冠生园将保留追究损害"冠生园"声誉单位的权利。新都冠生园涂总也诉苦不已，新冠目前订货量比去年同期降低十几个百分点，许多人皆称不敢吃"冠生园"食品。涂总说，上冠、武冠、新冠等都是各自独立的实体，并无任何联系。

这些"连累"现象说明什么呢？

说明"冠生园"品牌已经发生了"公地的悲剧"。

西方经济学产权理论有一个著名的理论模型，就是1968年哈丁教授在《公地的悲剧》一文中讲述了对所有人开放的公共牧场必然会遭到过度放牧的故事。"杰弗森教授认为并非只有自然资源才能成为'公地'，公地的本质特征在于决定资产使用方式的产权结构。如果某种资产的产权安排决定了很多人都能不同程度地使用这种资产，那么这种资产就具有公地的特性"。[摘自《公地经济：金融危机的产权解释》，北京大学中国经济研究中心简报2000年第35期（总第167期）2000年05月24日]"冠生园"事件是企业传统品牌的"公地悲剧"。

冠生园品牌1918年在上海创立，不知倾注了多少代人的心血。据曾在冠生园当过9年厂长的南京食品工业公司副总经理孙学钰介绍，冠生园品牌几年前估价就达1000万元。问题是，前人留下的品牌，你说它值1000万也好，2000万也好，无形资产实际上成了"无主资产"，没有人为这笔资产负责。中国饮食行业的老字号，差不多都经过一个产权公有化的过程，又有许多都像冠生园一样多家使用同一品牌的情况。白来的东西不珍惜，老字号这笔无形资产，前人多少血汗，后人继承都等于白来的。因此，要真正保护好老字号这笔无形资产，将其真正当作有价资产来监督、管理，不仅是一个要切实落实财产权的问题，而且是一个确立产权人和收益人的问题。我就不信，这"冠生园"要真是"谁"的，谁肯容忍他像使用陈年旧馅一样这么糟践。

南京冠生园月饼使用隔年陈馅的事情被媒体曝光后，随着政府部门进一步深入调查，各媒体继续报道了南京冠生园更多的黑幕。其中有：一位老师傅透露，自1993年冠生园合资后就用冬瓜假冒凤梨。

让我留意的就是"合资后"这一句话。

这是什么意思？大可玩味。看来，"合资"只是增强了这个老字号企业的利润冲动，却反而使他淡漠了对品牌的珍惜，淡漠了传统中华企业优秀的企业伦理，而并没有因为资本的多元化形成企业决策、监督和约束的多元化结构。仿佛资本多元化了，倒谁也不爱惜老字号了。这是为什么？仍然是"公地悲剧"。

无形资产都是前人"无形注入"的结果。这种"无形注入"，既是严格的质量管理，也是看得见的物力成本。冠生园月饼事件，是老字号的悲剧，这悲剧的本质是：有人摘果，无人栽树。它不仅可能导致一个老字号的毁灭，而且威胁着所有中华老字号的信誉。它不能不使社会公众留心审视老字号的生存状态，看看它们是不是"倚老卖老"，透支着积年攒下的那笔无形资产。（2001年9月11日《中国青年报》）

这篇评论的思考过程和运用知识的过程是这样的：

2001年中秋节前，中央电视台揭出一个大新闻：南京冠生园月饼使用的是存了一年的陈馅。这条新闻出了之后，大家在媒体上口诛笔伐，月饼市场就乱作一团。各月饼厂家，甭管叫不叫冠生园的，都纷纷向消费者表明自己的无辜清白。其他媒体进一步揭露月饼黑幕。除了批评厂家欺骗消费者，提醒经营者要汲取教训、珍重信誉之外，还有什么可评论的呢？这时候作者看到一条上海、重庆等地好多家叫"冠生园"的食品企业都受到南京冠生园连累的消息，还有的要告南京冠生园，原来有30多个厂子都用这个老字号呢！作者由此想到西方经济学上有一个著名的理论模型，就是1968年哈丁教授在

《公地的悲剧》一文中讲述了对所有人开放的公共牧场必然会遭到过度放牧的故事,感到"冠生园"品牌本身就是一个被过度"放牧"的"公地"。于是,在网上搜索"公地的悲剧",看到好多引述和解释"公地的悲剧"的文章,其中有一条北京大学中国经济研究中心 2000 年第 35 期简报《公地经济:金融危机的产权解释》,是美国一位大学教授的演讲:"杰弗森教授认为并非只有自然资源才能成为'公地',公地的本质特征在于决定资产使用方式的产权结构。如果某种资产的产权安排决定了很多人都能不同程度地使用这种资产,那么这种资产就具有公地的特性。"这坚定了作者对冠生园事件是"公地的悲剧"的判断。从而得出:中国的传统品牌都面临"公地的悲剧"的危险的普遍判断。这篇评论,由于有经济学知识的支撑,就超出了对冠生园事件一般的情感反应、道德反应的限度,而为人们增加了一分认识性价值。

"公地的悲剧"是一个经济学专业的理论模型,而此文的作者并非是一个专业人士。只是因为平时对经济学的一般知识有粗浅的涉猎,遇到新闻时才会产生这样的敏感。

第四节   新闻评论中对新闻事实的处理方法

新闻评论的功能不是要传播事实信息的,而是要传播观点信息的。但即使如此,也还会遇到对事实信息的处理问题。因为在谈观点的时候,不大可能脱离事实;人们在接受观点的时候,也不大可能接受没有事实依据的观点。写新闻评论,肯定要遇到如何处理新闻事实的问题。

对新闻事实的处理与表达观点一样,要符合效率原则。因为新闻评论的写作主要是为了表达观点,新闻评论的阅读主要是为了了解作者的观点,而不是为了了解事实。所以,如何处理事实的问题,实际上就是如何更好、更有效率地表明观点的问题。很简单:如果事实叙事过长、过于冗杂,观点自然就会出现得过晚。从读者的角度说,如果他看了三行还看不出你要评的事是什么,看了五行还看不出你的观点是什么,他也许就不往下看了。接到稿子的编辑也会有这种倾向。这应该成为写作者的心理压力。有的作者写评论的时候,写头几行压力特别大:他们心里想的就是要赶快把事说完,把观点赶紧说出来,因为他们感到编辑或读者的眼光可能很快就从自己的稿子上移开。等到进入到论述阶段时,心情才感到舒缓一些。这样一种表现在文面上的空间约束,实际上体现了时间约束——读者的时间。

叙事的处理,也涉及文章结构的均衡。如果一位评论作者叙事过长,那么，有限的篇幅内，评论的空间就会被压缩得过小。范荣康曾举出新闻评论论证中的几种常见病，包括以叙代论、以引代论、以例代论。① 这几种毛病，除了作者思想能力不足之外，往往可能是作者没有能力用精练的文字概括出要评论的事情，光说事，就把篇幅用完了。

叙事尽可能地精简，就需要作者有概括的能力。概括的过程肯定会丢失一些事实信息，但是这个过程也会使作者重新审视哪些内容才是评论必不可少的。这样一个压缩和概括引述内容的过程，是对事件与评论关系再审视的过程，是一个清理思想的过程。在做这件事的时候，你的评论思路事实可能已经形成了，不妨先简单记在一旁，反复琢磨如何简述事实。叙事的过程与未成型的评论思路并非无关，在叙事的过程中，实际上是在考虑所概括的对象与评论论点的对应关系。因此叙事的考虑有利于后面评论的最终成型。这有点类似于消息中的导语写作。美国哥伦比亚大学教授麦尔文·曼切尔在《新闻报道与写作》一书中说："导语写作使得他的精力高度集中，迫使他作出决断，这条消息里面什么东西重要、应该强调什么。"②

评论中对事实的概括也伴随着类似的思维过程。

下面以叙事在文章中的位置来区分，介绍几种叙事的方法。

第一种，文头叙事。

新闻评论在开头部分叙事比较普遍。人们一般总是要先了解你要评论的事情，然后再看你的观点是什么。所以，早在 20 世纪之初就被译入中国的美国休曼所著的《实用新闻学》说："凡一论说，宜将所论之事，简括言之，不伤于繁碎，而后随加评议。"③

程仲文在《新闻评论学》一书中写道："每篇新闻评论，都必须有一段释题的文字，冠于每篇首段，这就是以评论记者所认明的事实，给读者简略介绍。"

文头叙事，并不简单。我们来看梁启超写于 1910 年的新闻评论《新军滋事感言》的第一段：

> 入春十日，而各省新军滋事三告矣：一为广州，二为苏州，三
> 为清江浦。广州之役，则发难于一兵丁与刻字店争价也，而遂至省

---

① 范荣康：《新闻评论学》，241 页。

② 麦尔文·曼切尔：《新闻报道与写作》，第 88 页，艾丰等编译，中国广播电视出版社，1981 年版。

③ 引自《新闻文存》，209 页，中国新闻出版社，1987 年版。

治戒严，屠杀千人，数年所练新军，尽覆焉。苏州之役，则发难于
兵丁观剧争半价，遂至开衅友邦，赔款了事。今兹清江浦之役，其
发难所自，尚非吾之所能知也。虽然，国家之养兵，其意非欲以维
持一国之治安耶？乃今也一国之治安，反由国家所养之兵扰之，且
不两月而扰至于三焉。中外诡异之现象，未或过此矣。吾于军事上
之智识，毫无蕴蓄，岂敢妄有所论。顾俯仰事变，有不得已于言者，
辄述所感，以资当局一反省焉。①

这一段叙事中的新闻事件，最近的一件是清江浦兵变，这是新闻。但是
作者没有把它看做孤立事件单独进行评论，而是把它作为一系列相同事件中
的一件，归并起来评论，这样，评论的价值就要大得多，而且也更有说服力。
虽然涉及细节，但细节也都是归纳与概括。这种归纳与概括正是为了后面在
文中的判断树立判断的对象。这一段的效率性还表现在它不仅是叙事，还有
对这一类事件的初步思考，以及对其评论价值的判断。

文头叙事除了一般的概括精简之外，要依据受众的接受语境来尽可能节
省地叙述事实。任何信息的接受都是在现实语境中的接受。这个语境，就是
"受众已经知道了什么"，或者换句话就是什么是"众所周知"。新闻评论中
所涉及的事实有三种来源：

1. 新闻报道。

2. 虽然未见报道，但已为公众周知。

3. 评论者独自提供的事实。

前两种都会存在一个"众所周知"的语境。

比如，梁启超 1909 年写的《评一万万元之新外债》，第一段是：

吾所为《外债评议》方始脱稿，而政府向美国借一万万元新外债
之议，据道路传言，则契约已彼此画诺矣，是故吾欲有所评。②

然后，就进入评论的主体部分，分"评一"、"评二"、"评三"，分别从政
治、法律、外交三个方面进行评论。文头的叙事，非常之短，这就是利用了
"众所周知"的语境。因为这件事已经是"道路传言"了。

顺便说说，也有根本不用在文中叙事的评论，那就是所谓"配评论"了，
因为作为叙事的报道，就在同一版的评论旁边，自然不用评论来承担。

第二种，文中叙事。

---

① 引自《饮冰室文集》之二十五。

② 1910 年作，《饮冰室合集》，第三册。

叙事不在文头，而在文中，这往往也是有着效率的考虑的。因为事件的叙述可能过长，都压在文头，就会使受众不能及时看到作者的观点。这种方法，往往对应着的是把一个判断置于文头，比如：毛泽东《评蒋介石在双十节的演说》第一句：

> 空洞无物，没有答复人民所关切的任何一个问题，是蒋介石双十演说的特色之一。

毛泽东《丢掉幻想，准备斗争》的第一段是：

> 美国国务院关于中美关系的白皮书以及艾奇逊国务卿给杜鲁门总统的信，在现在这个时候发表，不是偶然的。这些文件的发表，反映了中国人民的胜利和帝国主义的失败，反映了整个帝国主义世界制度的衰落。帝国主义制度内部的矛盾重重，无法克服，使帝国主义者陷入了极大的苦闷中。

这第一段是连续的几个判断，一下子打出了观点，争取了主动，然后再在文中根据需要从容叙事。

在前面曾经列举的 1904 年日俄战争期间中国媒体《东方杂志》上的时评《马加罗甫死》一文中，叙事的成分较多，但是其劈头第一句话"呜呼！马加罗甫死，而俄国极东之运命尽矣"则是体现观点的判断句，而不是叙事。这也是为了一下子抓住读者，而不使读者迷失在叙事之中。

第三种，文头、文中分散叙事。

这往往是因为叙事的内容或层次较多，为了不使叙事部分过长过重而分散开来的办法，实际上是在叙事中及时插入判断，变成叙事与判断交替推进的节奏。请看《中国青年报》一篇"冰点时评"的处理：

> 香港税务局局长黄河生不久前因违反公务员申报条例被"即时革除职务"，让我们都看到了公务员申报制度的力度到底该是个什么样。
>
> 黄河生所以丢官砸了饭碗，仅仅因为他曾处理 7 宗由其妻开设的税务公司提交的税务个案，虽然未有证据证实公共财产因此而受损失，或他已涉及刑事责任，但他却违反了三项利益申报条例及守则，没有"公信力"再做税务局这样的敏感部门首长。
>
> 一名公务员不合格的理由不用许多，无"信"足矣，因为政府要有"信"。公务员无"信"，何事不可为？政府无"信"，何事不可为？如此，老百姓能放心吗？这就是我们应该从黄河生申报不实被免职的事件中得到的启示。（略）

　　在第一段，只是简略地提到了新闻事实，就作了一个概括性判断；第二段才提到了事情到底是怎么回事，第三段又作了一个更进一步的判断。这样的处理使叙事与议论有机结合，步步深入，避免了叙事的呆板。

　　第四种，文尾叙事。

　　这一般仅用于篇幅非常短小的评论。先阐明自己的一般观点，然后把新闻事实叙出。因为短小，所以读者很快就看到了针对的事实。因此即使叙事放在文尾，也不会显得过虚。例如：

是否应映自杀影片

　　自杀是一种懦弱的表示，因为一个人缺乏勇气，觉得什么事都无法战胜，于是就走这最后的一条路。

　　但，一条命去牺牲，似乎总要牺牲得有代价，如果自己轻轻自杀，还要强迫妻子和自己同死，其不应该如此。

　　无锡储礼耕因忧时自杀，我们只能怜其志，不应赞成其手段。昨日有自署名凌有志者投函本报，希望影戏公司拍此事影片，我以为此举近乎奖励畏怯的自杀，似无提倡之必要罢！① （1924 年 5 月 25 日《民国日报》。作者沈雁冰，署名：冰）

思考练习题

　　1. "实践是检验真理的唯一标准"这句话是否可以在评论中作为论据？

　　2. 请同学们分别找一篇以新闻事实作为"由头"和新闻事实作为判断对象的评论，并对该新闻事实在评论逻辑结构中的地位进行分析。

　　3. 评论中作为判断对象的新闻事实是否可以同时作为论据材料？为什么？

　　4. 在什么情况下，不需要在新闻评论中叙述事实？

---

　　① 引自《茅盾全集》第 15 卷，123 页，人民文学出版社，1987 年版。

第四章　　新闻评论中的论证

本章要点

● 在阅读练习中辨识评论的前提与结论。

● 掌握演绎论证、归纳论证和类比论证的基本特征与方法以及可能出现的论证错误。

● 掌握分析的基本方法。

● 认识问题、解决争议可能在于辨析概念。

● 掌握反驳的基本方法。

第一节　　论证的性质与方法

在议论文的论点、论据、论证这三个基本要素中，如果把论据、论点分别看成是静态的起点和终点的话，那么，论证则是一个由起点走向终点的动态的过程，即用论据来证明论点的过程。

> **概念：**
> 　　论证就是用一个（或一些）真实判断确定另一判断真实性的思维过程。
>
> 　　　　　　　　　　　　　　　　　　　　　　　　——《普通逻辑》

论证过程都是由前提到结论的。前提与结论是逻辑学的概念，它们分别对应着议论文写作的论据与论点。即使你在文章中先说出了结论（论点），你在后面真正的论证过程仍然要从前提（论据）开始。

　　美国的白皮书，选择在司徒雷登业已离开南京、快到华盛顿、但是尚未到达的日子——八月五日发表，是可以理解的，因为他是美国侵略政策彻底失败的象征。司徒雷登是一个在中国出生的美国人，在中国有相当广泛的社会联系，在中国办过多年的教会学校，在抗日时期坐过日本人的监狱，平素装着爱美国也爱中国，颇能迷

惑一部分中国人，因此被马歇尔看中，做了驻华大使，成为马歇尔
系统中的风云人物之一。在马歇尔系统看来，他只有一个缺点，就
是在他代表马歇尔系统的政策在中国当大使的整个时期，恰恰就是
这个政策彻底地被中国人民打败了的时期，这个责任可不小。以脱
卸责任为目的的白皮书，当然应该在司徒雷登将到未到的日子发表
为适宜。

这是毛泽东 1949 年为新华社写的评论《别了，司徒雷登》的第一段。这
一段的第一句，实为本段的结论。而本段后面的大部分内容，则是对这一结
论的论证。这样的结构在新闻评论中常见。

在《批判性思维与交流：论说中的推理应用》一书中，作者这样描述论证
的地位和作用：

论证是论据与论点之间的理性连接。当议论者把论据与某一论
点连接起来的时候，论证统御着其间的步骤。当我们在论证的时
候，我们就是在连接，在区分，在预言。我们用那些对我们来说是
熟悉的东西来达到一个人们还不知道、不熟悉的结论。

论证属于人的逻辑思维，论证所依据的方法和规则是逻辑学的方法和规
则。"不管新闻评论有什么特殊性，作为一种议论文体，它的论证过程，也就
是逻辑推理过程。"[1]

许多新闻评论学教材都会在关于论证的一章提到逻辑问题；但只有少数
教材以专章或专节真正具体介绍新闻评论采用的逻辑推理形式。[2] 这恐怕主
要是因为逻辑学的确是一门独立的公共课程，它往往被看做是新闻评论写作
者已经掌握了的基础知识，不能由新闻评论课来承担。但其实，新闻学本科
生往往没有学过逻辑学；而即使是公共的形式逻辑学课程，又不会顾及新闻
评论现象和特殊问题。因此新闻评论课要讲的逻辑，主要是新闻评论可能涉
及的一些逻辑问题，主要是逻辑的适用性问题。

对于形式逻辑在实用论说活动中的适用性问题，学术界是有一些疑问
的。比如，在美国，20 世纪五六十年代就有这样的争议：形式逻辑是完全按
照代数式一般的统一、严格的形式来表达的，不适于实际生活中的说理论
证。比如有一位学者 Stephen Toumin，在他的 *The Uses of Argument* 一书中就
指出：日常生活中的论说行为很难适用三段论那样的逻辑推演。因为后者是

---

① 范荣康：《新闻评论学》，229 页，人民日报出版社，1988 年版。
② 如丁法章主编：《新闻评论学》第二版，复旦大学出版社。

用 A、B、C 这样的符号，已经剥离了日常生活语义中的含糊与多义。如果这样教的话，那么会误导学生以为议论中的词语含义总是清晰的、从不发生变化的。Toumin 还说，真正的日常论说比三段论有着更多的功能。①

尽管如此，我们应该承认，逻辑思维是普遍的，如果它在新闻评论这样的认识与说理中不存在，那么它恐怕在任何一个地方都不存在了。掌握逻辑不在于生硬地套用形式逻辑的三段论或其他式子，而在于从阅读辨识练习开始，掌握新闻评论的基本思路和论证方法。

逻辑方法普遍地运用在千百年来人类的意见传播——说服活动之中，也当然存在于新闻评论之中。我们先来看一些有意思的例子：

古希腊的哲学家伊壁鸠鲁对于上帝存在，就有过这样一番诘难：

或者是上帝想阻止坏事而阻止不了，

或者是他阻止得了而不想阻止，

或者是他既阻止不了也不想阻止，

或者是他既想阻止而又阻止得了。

要是他想阻止而又阻止不了，那么他是不中用的；

要是他阻止得了而不想阻止，那么他是坏心眼的；

要是他既阻止不了又不想阻止，那么他是既不中用又坏心眼的；

要是他既想阻止而又阻止得了，那么他干嘛不阻止?!

法国小说家法朗士在《诸神渴了》这部反映法国大革命时期社会生活的小说中，还把这一段诘难用在一位世俗主义者与一位神父的争论之中。我们的同学即使不一定明白它使用的究竟是哪一种逻辑方法（这其实是逻辑学中"二难推理"的复杂形式），也会为这一段诘难中反映的人类思辩能力的精致而击节赞叹。这就是逻辑的力量啊！

我们再看一段逻辑方法在新闻评论中的精彩运用：

马克思 1842 年 10 月为《莱茵报》写过一篇新闻评论《第六届莱茵省议会的辩论（第三篇论文）》，评论的是当时莱茵省议会关于林木盗窃法的讨论，马克思在此文中为穷苦人民在地主土地上捡枯枝的权利进行辩护，就充满了机智生动的逻辑辩难，读来十分有趣：

辩论一开始，就有一位城市代表反对法案的标题，因为这个标题把普通违反林木管理条例的行为也归入"盗窃"这一范畴。

---

① *CRITICAL THINKING AND COMMUNICATION*: *The use of Reason in Argument*, 192～193 页。

一位骑士等级的代表回答说："正因为偷拿林木不算盗窃，所以这种行为才经常发生。"

（马克思对此评论道）照这样推论下去，同一个立法者还应该得出这样的结论：正因为打耳光不算杀人，所以打耳光才成为如此常见的现象。因此应当决定：打耳光就是杀人。①

这里使用的就是逻辑学中的归谬法。

第二节　逻辑方法在新闻评论中的应用

掌握新闻评论中的逻辑，关键在于辨清新闻评论论证的前提与结论。论证都是从前提到结论，基本的逻辑论证方法表现为前提与结论的三种关系：

演绎的：由一般原理推出特殊情况下的结论。

归纳的：从个别知识的前提推出一般知识的结论。

类比的：根据两个或两类事物在一系列属性上的相同或相似，推出它们在其他属性上也相同或相似。这是"从个别到个别"。

从作品阅读中的辨识练习开始，掌握新闻评论中的演绎逻辑有一个基本的着眼点：辨识一段论证中什么是前提，什么是结论。如果前提是一个"一般"的道理，而结论是一个"个别的判断"，那么这基本上可以看做是通过演绎逻辑来完成的论证。如果前提是具体、个别的判断，而结论是"一般"的判断，则为归纳的论证方式。为什么由一般能够推出个别？因为个别就包含在一般之中。为什么能够由个别推出一般呢？因为人类的认识经验告诉我们较多相同的个别情况，有可能反映了事物的一般情况。

一些同学在阅读中可能把结论错当成前提，把前提当成结论，这就会造成理解乃至写作的表达混乱，说到底是逻辑混乱。辨识前提与结论，主要着眼于两点：一方面在文章之内，是文意的关系——由什么到什么；另一方面则在文章之外，是这篇评论实际的社会语境——读者的知识经验水平。前提对于读者来说，应该是无争议的，而结论则是有争议的。

演绎推理是以一般原理作为前提的。这个"一般原理"，在论说实践中常常为"公理"或一个社会普遍接受的价值知识与科学知识。新闻评论诉诸一般原理作为前提和论据，常常有比较好的、简洁有力的论证效果。因此，运用演绎论证，要有"公理"意识，要充分意识到哪些知识和认识可以成为无需

---

① 《马克思恩格斯全集》第 1 卷,241 页,人民出版社,1995 年第二版。

论证的"公理"，并选择它们作为前提和论据。

所谓"公理"，是指人们普遍认可的、共许的、因而其正确性无需证明的观点。①

美国早期著名的政论家汉密尔顿这样表达公理在论说中的特殊作用：

在各种讨论中，都有一定的基本真理或首要原理，它们必然作为以后推论的根据。这种真理含有一种内在的证据，它能先于一切思考或组合得到人们的赞同。在产生并非这种结果的地方，必然由于知觉器官的某些缺点或失常，或者由于某些强烈的兴趣、情感或偏见的影响。几何学原理就有这种性质："整体大于部分，等于同一事物的东西彼此相等，两条直线不能围成一个平面，凡是直角彼此都相等。"论理学和政治学的其他原理也具有这样的性质，例如：没有原因就不能有结果，手段应当与目的相称，每种权力应当与其对象相称，注定要影响一种自身不能进行限制的目的的权利，也应不受限制。后两门学科中还有其他的真理，如果它们不能自称属于公理之列，仍然是公理的直接推理，本身又是如此明了，而且如此符合常识的自然而纯朴的支配，以至于它们以几乎同样不可抗拒的力量和信念唤起健全而无偏见的人们的同意。②

请看邵飘萍的一篇时评：

总统非皇帝。

孙总统有辞去总统之权，无以总统让与他人之权。

袁世凯可要求孙总统辞职，不能要求以总统与己。

乃议和半月所议之要点，竟不在人民政体，而在总统之授受。

其与共和真谛之相去抑何远耶！

夫和平解决，固吾人之所甚愿。然苟欲保目前之和平，即授总统于袁以了事，是总统为皇帝之变名，前日革命之功归于乌有，将来革命之祸且起不旋踵矣。盖总统非皇帝，诚不可以一二人预为授受者也。（原载1912年1月28日《汉民日报》，引自方汉奇主编《邵飘萍选集》）

在这篇评论中，"总统非皇帝"就是作为"一般原理"的前提，也可以说，就是现代民主政治的"公理"，由此推出孙中山与袁世凯之间关于总统职位的

---

① 方武：《议论文体新论》，30页，安徽大学出版社，2003年版。
② 《联邦党人文集》，150页，商务印书馆，1995年版。

谈判不合法理的判断。

我们再来看张季鸾的一篇《大公报》社评《蒋介石之人生观》。

离妻再娶，弃妾新婚，皆社会中所偶见，独蒋介石事，诟者最多，以其地位故也。然蒋氏犹不谨，前日特发表一文，一则谓深信人生若无美满姻缘，一切皆无意味。再则谓确信自今日结婚后，革命工作必有进步。反翘其浅陋无识之言以眩社会。吾人至此，为国民道德计，诚不能不加以相当之批评，俾天下青年知蒋氏人生观之谬误。

男女，人之大欲也。其事属于本能的发动，动物皆然，不止人类。人生得真正恋爱，固属幸事，然其事不可必。且恋爱对象变动不常，灵魂肉欲其事难分。自生民以来，所谓有美满之姻缘者鲜矣。然恋爱者，人生之一部分耳。若谓恋爱不成，则人生一切无意义，是乃专崇拜本能，而抹杀人类文明进步后之一切高尚观念。或者非洲生番如此，中国不如此也。夫文明人所认为之人生意义，一言蔽之，曰利他而已。盖人生至短，忽忽数十春秋，与草木同腐。以视宇宙之悠久，不啻白驹之过隙。然而犹值得生存者，则以个人虽死，大众不死故。所以古今志士仁人之所奋斗者，唯在如何用有涯之生，作利人之事，而前仆后继，世代相承，以为建筑文明改善人类环境尽力。行此义者，为人的生活；不然，为动物生活。得恋爱与否，与人生意义无关也。或曰，此言固是。然得恋爱始能工作，失恋爱则意志颓然，蒋氏之意仅在是耳。然此亦大误。盖在有道德观念知人生意义之人，其所以结构一生者，途径甚多，不关恋爱。……且蒋氏之言若即此而止，犹可不论。盖人各有志，而恋爱万能之说，中外皆有一部分人持之。蒋氏如此，亦不足责。然吾人所万不能缄默者，则蒋氏谓有美满姻缘始能为革命工作。夫何谓革命？牺牲一己以救社会之谓也。命且不惜，何论妇人！十八世纪以来之革命潮流，其根本由于博爱而起，派别虽多，皆为救世。故虽牺牲其最宝爱之生命而不辞者，为救恶制度恶政治之下之大众，使其享平安愉快之生活故也。一己之恋爱如何，与"革命"有何关联哉。呜呼！尝忆蒋氏演说有云："出兵以来，死伤者不下五万人。"为问蒋氏，此辈所谓武装同志，皆有美满姻缘乎，抑无之乎？其有之耶，何以拆散其姻缘？其无之耶，岂不虚生了一世？累累河边之骨，凄凄梦里之人；兵士殉生，将帅谈爱；人生不平，至此极矣。呜呼！革命者，悲剧也。革命者之人生意义，即应在悲剧中求之。乃蒋介石者，以曾为南军领袖之人，乃大发其欢乐神圣之教。夫以俗浅的眼光论，人生本为行乐，蒋氏为之，亦所不禁。然则埋头行乐已耳，又何必哓哓于革命？夫云裳其衣，摩托其车，钻石其戒，珍珠其花；居则洋场华屋，行则西湖山水；良辰美景，赏心乐事；斯亦人生之大快，且为世俗所恒有；然奈何更发此种堕落文明之陋论，并国民正当之人生观而欲淆惑之？此吾人批评之所以不得已也。不然宁政府军队尚有数十万，国民党党员亦当有数十万，蒋氏能否一一与谋美满之姻缘，俾加紧所谓革命工作？而十数省战区人民，因兵匪战乱，并黄面婆而不能保者，蒋氏又何以使其得知有意义之人生？甚矣，不学无术之为害，吾人所为蒋氏惜也。或曰天下滔滔，何严责蒋氏？曰，果蒋氏自承为军阀、为官僚，则一字不论，其事也不载。而蒋氏若自此销声匿迹于恋爱神圣之乡，亦将不加以任何公开之批评。今之不得不论者，以蒋氏尚言革命之故耳。吾人诚不能埋没古今天下志士仁人之人生观，而任令一国民党要人，既自误而复误青年耳。岂有他哉。（1927年12月2日《大公报》社评，作者：张季鸾）

在这篇汪洋恣肆，挥洒淋漓的长文中，我们能够辨认得出来作为"一般原理"的前提吗？从这些前提又分别得出了什么样的结论呢？

在这篇文章中"男女，人之大欲也。其事属于本能的发动，动物皆然，不止人类"应该是一个普遍性的一般前提，因为它判断的范围最大，而且这个判断也为人们普遍接受，不需论证。

那么，由这个一般性的前提得出了什么呢？

"若谓恋爱不成，则人生一切无意义，是乃专崇拜本能，而抹杀人类文明进步后之一切高尚观念。"这是针对蒋介石错误言论"人生若无美满姻缘，一切皆无意味"的一个具体判断。

但是，可以由刚才那个大前提直接得出这个结论吗？恐怕不能。

这里，文中还有一个"小前提"，即"然恋爱者，人生之一部分耳"。

从大前提，经过小前提，再到结论，这是演绎逻辑的一种普遍论证方法，它也被称作"三段论"。

文章对蒋的另一个错误观点"确信自今日结婚后，革命工作必有进步"的批驳，也是通过类似的三段论完成的：

大前提："夫何谓革命？牺牲一己以救社会之谓也。"

小前提："命且不惜，何论妇人！"[恋爱]

结论："一己之恋爱如何，与'革命'有何关联哉。"

简单地把文中的原句按照三段论的形式排列起来也许不大容易看清楚。我们试着改造一下原句就会清楚得多：

大前提：革命，就是为了救社会而不惜牺牲自己的全部生活。

小前提：恋爱是人的一部分生活。

结论：恋爱当然可以被牺牲掉。

（因此不能说"恋爱可以促进革命"。）

当然，在新闻评论的实际写作中，很少会严格地按演绎逻辑的三段论格式来写作。但是判断的大小与包容关系，则肯定是普遍存在的。

请看下面这段新闻评论中的演绎关系：

作为人类的一种重要的情感，爱情对于孩子们不可能是封闭的，因为社会和人生对于他们不可能是封闭的。实际上，古今中外的历史证明，封闭知识——包括人类的情感知识，几乎是不可能的。当孩子们在今天开放的信息环境里毫无障碍地接触到比较物质化的两性情感信息的时候，那些古今中外最纯洁、最美好的人类两性情感——真正可以称为爱情的东西，难道却要对他们封闭吗？人的物质欲望，包括性欲，都属本能，它们随着人类的身体一起生长。但是爱情不是这样，它是人类文明的一个成果，是善的意志、美的追求的一个成果。这样的成果，没有教育是不能自动传承的。而古今中外关于爱情的文学艺术，就是人类爱情教育的媒介。这样的情感知识不大可能通过教科书的形式来分析和生理卫生课的形式来图解。（节选自《新京报》2004年9月1日社论《爱情教育不应该成为青春禁忌》）

在这一篇评论中，"社会和人生对于他们不可能是封闭的"这个判断的范围最大，而且无需论证，因此它是大前提。"封闭知识——包括人类的情感知识，几乎是不可能的"是小前提。结论就是："作为人类的一种重要的情感，爱情对于孩子们不可能是封闭的。"这是因为，这个关于爱情的结论，既包容在大前提"社会人生"之中，也包容在小前提"知识，包括人类的情感知识"之中。实际上，古今中外文学作品中的爱情描写（这是该评论的对象）就是人类的一种情感知识。

演绎推理有一种实用的反驳形式就是归谬法：把对方的观点暂时接受为前提，并以此推演下去，直到推出荒谬的结论，以证明这个观点的错误。比如，在《第六届莱茵省议会的辩论（第一篇论文）》这篇为出版自由而辩护的新闻评论中，马克思这样批判议会辩论人以新闻出版自由不完善为理由取消新闻出版自由的观点：

> 人，无论作为单个人还是群众中的一分子，就其本性而言都是不完善的。原则是不容置辩的。就算是这样吧！但是由此应当得出什么结论呢？我们的辩论人的议论是不完善的，政府是不完善的，省议会是不完善的，新闻出版自由是不完善的，人类生存的一切领域都是不完善的。因此，如果其中一个领域由于不完善而不应当存在，那就是说，没有一个领域是有权存在的，就是说，人根本没有生存权利。①

马克思就是这样通过把一个错误观点作为一个"原则"推广到人类生活的一切领域来彰显其荒谬的——荒谬得谁都不可能接受。而一个正确的观点，作为一个原则，是应该承受得住这种检验的。

顺带要说明一下，一些新闻评论学教程往往要讲到"引证法"，意思是引用他人的观点来证明。这比较容易理解，但这个说法似乎只是强调论据来源，因此也容易造成人们对论证的误解。也有人说，这属于演绎推理的范畴，这就更容易造成误解了。其实，引用个别的观点，是不足以证明自己的观点的。一般他人的观点，也不能随便当作演绎推理的大前提。能够作为大前提的，应该是那些在社会上普遍被人们所接受，可以作为"公理"的认识。

演绎推理应注意的问题。

演绎推理是以一般论证个别、从整体论证局部，因此在逻辑学上看做是"必然性推理"。但是，在实际的论证活动中，演绎推理当然也是有错误和不适用的可能的。

一种错误的可能就是前提错误。比如梁启超《少年中国说》一文的大前提，实际上是"有土地，有人民，以居于其土地之人民，而治其所居之土地之事，自制法律而自守之；有主权，有服从，人人皆主权者，人人皆服从者。夫如是，斯谓之完全成立之国"这样一个国家定义，由此推导出"欧洲列邦在今日为壮年国，而我中国在今日为少年国"这个结论。而实际上，他是以（近代民主政治的）政体概念来置换了国家概念。这个前提不成立，所以结论也就似是而非了。

再比如，有人著文论证美国发动对伊拉克战争的合法性，其根据是《联

---

①　《马克思恩格斯全集》第 1 卷，165 页，人民出版社，1995 年第二版。

合国宪章》第五十一条规定：

> 联合国任何会员国受武力攻击时，在安全理事会采取必要办法
> 以维持国际和平及安全之前，本宪章不禁止行使单独或集体自卫之
> 自然权利。

这个大前提是没错的，错在小前提。

这个演绎推理应当是这样的：

（大前提）任何国家在受到武力攻击时都有权自卫。

（小前提）美国受到了（伊拉克的）武力进攻。

（结论）美国有权（对伊）自卫。

但是作者是怎么论证的呢：

> 伊拉克副总统拉马丹2003年3月29日宣布，在全国使用人肉
> 炸弹对付美英军队。培训人肉炸弹需要一个较长的过程，不是十天
> 八天就能完成的。说明伊拉克在倒萨战争爆发很早之前就开始培训
> 人肉炸弹了，它早就有人肉炸弹。人肉炸弹对于美国海外机构、侨
> 民，以及对美国本土都有袭击，美国当然可以认为与伊拉克有关，
> 可以认为进攻伊拉克是自卫反击。

这一番对于事实的推论无非是要得到一个满足大前提条件的小前提：
"美国受到了武力攻击"。但是，从"它（伊拉克）早就有人肉炸弹。人肉炸弹
对于美国海外机构、侨民，以及对美国本土都有袭击"这个事实中不可能推
出"伊拉克攻击了美国"这个事实。因此，"美国受到了（伊拉克的）武力进
攻"这个小前提不存在，也就不可能得出美国发动对伊战争是自卫这个结论。

从另外的角度看，在作者的推理中，"武力进攻"和"自卫"这两个概念都
没有得到确定、清晰的界定。因此作者在小前提中缩小了"武力进攻"的含
义：只要有人肉炸弹或宣称有人肉炸弹就算"武力进攻"一个国家；而在结论
中扩大了"自卫"的含义：把它看做是一个国家在未被入侵的情况下可以主动
发动战争入侵一个国家的权力。使用这样时而缩小、时而扩大的概念进行推
理，怎么能够得出符合逻辑的结论呢？

还有一种错误的可能是在演绎推理中前提与结论使用的概念不能保持一
致。学者陈力丹曾列举一位作者通过如下的论证来否定"绝对的言论自由"：

> 那位作者说："语言是思想的衣服。人们认识到什么程度，他的言论也
> 就自由到什么程度。""一定时代的人不能穷尽真理，因而也只有接近而不能
> 达到言论的绝对自由。""同样，新闻、出版也没有绝对自由，总是要受到人
> 们的一定的社会关系的制约。""不能把自由的两种概念对立起来，更不能以

摆脱外来强制为借口，否定'自由是对必然的认识'这一马克思主义的
原理。"

陈力丹指出："在这里，首先出现的是一种逻辑上的偷换概念的错误。
从哲学认识论上讲，思想认识的自由程度受社会发展的限制。语言是思想的
衣服。所以言论不能有绝对自由。这个三段论无形中将思想和语言这两个概
念偷换了。既然前提不成立，后面讲新闻、出版也没有绝对自由的道理，便
站不住脚了。"①

这也就是说，"自由是对必然的认识"这一表述中的"自由"，即因"不能
穷尽真理"而不能达到绝对自由的"自由"，是抽象的哲学概念；而言论自由
（无论是否"绝对"）则是现实的政治概念和法定权利。由前者不能推定后者，
即不能由哲学观念来推定现实的政治权利。

陈力丹在一篇关于隐性采访的文章中还介绍过这样一个推理的例子：

> 有的同志认为偷拍偷录"可为"的依据是"新闻自由、公民的知
> 晓权和舆论监督权"，并论证说："采访自由作为新闻自由的重要组
> 成部分，自然受到法律的保护，这就保障了记者对任何新闻事件有
> 采访、了解、发掘的权利，有选择采访方式的自由。偷拍偷录作为
> 采访方式之一，理应属于记者可以使用的权利。

陈力丹指出："这种间接又间接的推理，环节转换上存在明显的
漏洞。"②

这个推论的毛病具体在哪里呢？实际上，我国宪法并无"新闻自由"的表
述，而是公民的言论、出版自由。权利主体是公民而不是新闻记者。由宪法
层面抽象表述的公民的言论、出版自由，到民法具体层面新闻记者偷拍偷录
的实际权利，这样推论转换的环节就太多了。而且，这个推理忽略了大前提
中的新闻自由——乃至法律保护的任何自由，都是有边界的，这个边界就是
他人的自由；而结论中的"采访方式的自由"却是没有边界的：偷拍偷录正是
越过了他人的权利边界。在这里，结论超出了前提。这种由抽象权利推导出
具体权利的思路在新闻评论中也经常出现，往往存在问题，因为说到底，权
利是由历史过程和立法过程产生的，不是由思维产生的。而以演绎的推理从
一个权利"推"出另一种权利，其实是以思辨代替了立法过程，单方面扩大了

---

① 《谈谈"绝对的出版自由"问题》，载《陈力丹自选集》，136 页，复旦大学出版社，2004 年版。
② 《试论隐性采访的法律意识和行为规则》，载《陈力丹自选集》，139 页，复旦大学出版社，2004
年版。

一种权利。这样的推理当然可以成为立法讨论的一个理由，但肯定不能成为司法的直接依据，更不能成为新闻记者偷拍偷录的法律依据。

至于有些评论者在讨论人民的具体权利时以宪法中"中华人民共和国的一切权力属于人民"作为大前提，则更不可取。这不仅因为前提与结论的概念不一致：不能从"权力"中推导出"权利"来；而且因为，如果这个逻辑成立，那么所有现在没有的权利，都可以从"国家的一切权力属于人民"这个基础上推导出来了。这里的问题，与其说是逻辑方法的错误，不如说是逻辑方法的不适用性。社会生活中的问题，包括认识问题，许多都不是逻辑能够解决的。

归纳推理是从个别知识的前提推出一般知识的结论。比如：

鸡的活动具有时间上的周期性节律；

牵牛花的活动具有时间上的周期性节律；

青蛙的活动具有时间上的周期性节律；

雁的活动具有时间上的周期性节律；

人的活动具有时间上的周期性节律；

由此归纳出一切生物活动都具有时间上的周期性节律的结论。[1]

那么，新闻评论要对最新的具体事实进行判断，如何使用归纳推理的方法呢？

如果有这样一个最新的事实，我们难以单独地对他进行判断，但是我们可以把以前发生过的诸多同类个别事实进行归纳，由此得出一个一般性的判断，再将这个一般性的判断适用于作为新闻的具体事实。这实际上就是一个归纳加上演绎的思考过程。

例如：《北京青年报》评论员张天蔚在《杨澜的身价》这篇新闻评论中这样论证：

> 杨澜退出凤凰卫视，消停了一段时间以后，斥资3500万港币收购香港良记公司，更名为"阳光文化网络公司"，打出杨澜旗号，推出网络电视概念，于是股价爆升，总市值一度摸高11亿，于是报纸上就有了惊人标题：杨澜身价10亿！
>
> 这是又一则资本市场点金术的经典神话——包装一个概念推向资本市场，圈来金钱无数，一个"创业"神话就此完成。更经典也更惊人的还有美国的亚马逊网上书店；次一等的则有若干国内同仁网

---

[1] 《普通逻辑》，199页，上海人民出版社，1987年版。

站以几百万美元的价格将自己苦心经营粘住的若干"眼球"转售给美国的"风险投资";再次一等的"准神话"还有国内无数网站心急火燎地等待上市圈钱的机会,盼望一朝成功,则不但解套,而且暴涨。这大大小小的神话莫不与"网络"概念有关,而网络的前景深不见底,于是这些神话不但神奇诱人,而且大有继续升华的空间。比如杨澜独自圈得11亿港币之后,她的"阳光文化"与其夫君吴征的"天地数码公司"之间的关系已经被人有意无意地提及,如果不出意外,必将成为资本市场上进行下一轮炒作的"题材",更神的神话指日可待。可惜笔者的眼力一日弱似一日,将"网络"二字盯得久了,就恍然幻化成了"概念"二字,再盯不去,长春君子兰、北海房地产,乃至因"传销"而身价倍增的"仙尼蕾德"都和"网络"二字混成一体,成为在资本市场上炒作的"概念"和"题材"。笔者作为百姓,是不懂"经济学"的,因此想事的方式就比较愚钝和杠头,总以为君子兰作为花草,就是摆在屋里看的;房子作为居所,就是让人住的;仙尼蕾德作为食品,就是给人吃的。但30万元一盆的君子兰有谁摆得起?地处偏僻小城又价值连城的房子有谁会住?几千元一盒的补品岂不让吃的人心疼得要死?这样的疑团一直让我不安,所以在它们红得最红的时候我都预言过它们的破产。后来它们都破产了,但与我的预言无关,这样的游戏都有终结之日,并不在乎有没有人说它。至于它们是否对当时的经济起到什么促进作用,是一个无解的问题。能确切知道的是现在长春和全国都有了许多优良品种的君子兰而且价格低廉;北海有了许多别墅式鸡舍、猪圈而且不要房租;还有就是有些人发了大财而更多人倾家荡产。①

在这段论证中,作者用亚马逊网上书店、国内无数等着圈钱的网站,以及和被炒作的长春君子兰、北海房地产、"仙尼蕾德"等相同的事实经验,归纳出"包装一个概念推向资本市场,圈来金钱无数"这样资本神话产生的一般性规律,以此来对新闻事件——"杨澜身价10亿"作出具体判断:"这是又一则资本市场点金术的经典神话"。

下面是中国人民大学新闻学院2002级新闻本科学生徐艳清写的新闻评论习作《学农民造车,意义究竟有多大》中的一部分内容:

《北京晚报》11月2日报道了辽宁农民刘声在自家院里手工制

---

① 张天蔚:《披着人皮的人》,193页,台海出版社,2004年版。

造汽车的消息。其实这已经不足为奇。

10月31日，广州农民张斗三在珠海航展上介绍了他发明的陆空两用车。几年前，张斗三曾在自家的天台上制造出一架名为"斗强三号"的飞机，引起了全国媒体的广泛关注。

甘肃农民白仲金2002年制造的"甘肃神龙"号飞机试飞失败，如今这架飞机变成了"三轮汽车"。

安徽农民杜文达去年9月，带着40多个人，集资50万元，搞起他的载人飞碟研究。

这样的例子还可以举出很多。由此可见，农民制造汽车、飞机甚至飞碟，在当今的社会上都已经屡见不鲜。农民造车除了提高了他们本人的知名度之外，其实没有多大的实际意义。

作业的要求是让同学们针对《北京晚报》对农民刘声制造汽车的报道写出一篇评论。但是，仅根据这条新闻，实际上不足以评论这种事物。所以这位同学自己检索了大量类似新闻，并自觉作出了归纳推理。

应该说明的是，由个别推出一般的归纳推理，本身是或然性的。因为在大多数情况下，人们不可能穷尽所有的个别。只要发现反例，就不能得出一般。当然，这并不妨碍人们在实际的新闻评论中使用归纳方法，因为正确的结论往往需要相互论争才能最终发现。只要你选择的事例不是过于独特的"孤证"、不是互不相干，并尚未发现反例，由此归纳出的结论，就有一定的说服力。

顺带要说明一下：一些新闻评论学教程往往要讲到"例证法"，意思是直接引用事例来论证的方法。这个说法虽然比较浅显，但容易造成对论证的误解，以为只要有个例子，就足以论证。其实，个别的、偶然的事例，既不足以论证"一般"的道理，也不足以论证对新闻事件的判断。足够多的事例，具有相同的属性，在没有观察到相反事例的情况下，才可能得出一个或然性的结论。

类比推理是根据两个对象在一系列属性上是相同的，而且已知其中的一个对象还具有其他属性，由此推出另一个对象也具有同样属性的结论。[①]

社会学者郑也夫在《死亡：游泳与轿车的对比》一文中通过类比论证批评禁止在天然水域游泳的规定：

从绝对数字上看，交通死亡人数是游泳的20倍。两者的好处

---

① 《普通逻辑》，228页，上海人民出版社，1987年版。

是：一，给使用和参与者提供了乐趣；二，轿车可以代步，游泳可以
健身。后一个好处可以通过伤亡较小的方式获得，比如公共交通工
具和游泳池。但前者可以替代，因为成本小，后者对低收入者来说
则可能支付不起。两者的弊端是都有伤亡的危险，这之中又有不
同：游泳带来的人身危险几乎完全是自己的；轿车导致的危险则往
往涉及他人，甚至对他人的伤亡比对自己更严重。①

通过对游泳与轿车这么多相同属性的对比，作者提出了这样的疑问：

　　我们为什么没禁止轿车的使用？

　　原来，轿车"虽然死亡绝对数不低，但仍然是小概率：平均大约
每1000辆车一年导致1人死亡，每30万次使用导致1人死亡"。

这其实是轿车的另一种属性。那么，即使是在天然水域游泳，死亡率比
轿车更低，也具有小概率事件的属性，作者由此得出在天然水域游泳同样没
有理由禁止的结论。这就是"根据两个对象在一系列属性上是相同的，而且
已知其中的一个对象还具有其他属性，由此推出另一个对象也具有同样属
性"的论证过程。

　　类比在中国早期的思想论辩活动中特别发达，可以类比的范围非常广。
比如，告子就由"性犹湍水也"来论证人性无善无恶；孟子同样从这个类比出
发，却得出了人性本善。汉代王充就以"人之死，犹火之灭也"。来论证人死
之后不再有灵魂。这种大跨度的类比，是因为古人认为天下的道理是相同
的，世界具有相同的规律。但是，这种"比论"的借鉴和继承是需要小心的。
因为不同事物具有不同的规律，并不一定相通。在我们今天看来，人的"本
性"当然是不能从水的"本性"中推导出来的。今天的人们在新闻评论等论说
活动中也非常多地使用类比，可能出现的错误风险不仅在于这种论证方法本
身就有的或然性，而且在于类比不当。比如，拿来类比的两个事物并非真的
可以归为同类。它们可能在大小、性质、程度上相差悬殊。因此类推不能
服人。

　　比如，有一篇评论是批驳"媒体审判"这个说法的，认为以法官应有的独
立审判权和独立审判精神来看，媒体对案件的任何报道和评论都不应该影响
到法官的审判。如果影响到了，那不能说是媒体的责任，而只能说法官丧失
了独立审判精神。但是作者的论证是从媒体对足球界报道与批评"类比"过
来的。

---

① 2004年8月9日《新京报》。

足球报道和"媒体审判"在很多方面有类似之处。比如：在某场比赛进行之前，媒体自行为足球队"出谋划策"，告诉他们应该如何如何踢，这就类似于案件审判前的舆论观点。又如：对于球队某一成员，媒体可以说三道四，说他这里不行那里也不行，这就相当于在案件审理过程中舆论对某位司法官员的批评。再如：在比赛尚未进行或者比赛正在进行但结果尚未出来的时候，媒体尽管可以发表评论预测比赛结果甚至分析这种预测结果产生的原因，其中不乏对球队或者球队成员的褒贬，这就类似于案件审理前或者审理过程中媒体预测判决结果，表述预测的理由。

无论媒体的立场如何，无论国人怎么评价，也无论人们出了多少"高招"，中国国家足球队依旧我行我素，坚持按照既定的策略打好每一场比赛。换个角度看，尽管中国在足球问题上表现了前所未有的言论自由，但足球队本身却并没有对这种言论自由表现出更大的不安，更没有因国人的言论而迷失自我。——因此，法官，作为更加应该有独立精神的人群，更不应该怕媒体的报道与批评。

这样的类比是否合适呢？在课堂讨论中，有同学指出体育比赛与司法审判是相差很远的两类事物，性质不同，他们的影响也绝不相同。足球比赛的教练员如果错听了媒体的话指挥失利，那么输掉的只是一场比赛。而法官如果受到媒体不当影响，那就事关国家司法的公正，事关公民的生命财产。而实际上，所谓"媒体审判"的问题不仅是对法官的影响，而且是直接加之于案件中刑事被告的影响——直接影响到他们的社会声誉。正是这种影响轻重的不同，许多国家，包括我国，对媒体报道尚未审结的案件都是有严格限制的。

还有一篇评论批评医院的"点名手术"制度：

照此说来，以后哪个单位召开新闻发布会也可以"点记者"了，某某水平不错，点他参加，给钱，以前给记者红包是搞有偿新闻，属不正之风，现在叫"点名采访"费。要打官司，点某某法官审理，给钱，以前是贿赂属腐败，现在好了，公开点，公开送银子。如此点下去会怎样，只有天知道。

作者试图通过类比来"归谬"医院"点名手术"的不合理。但是，医生做手术、记者报道、法官审判这三种行为之间是否具有可比性，却是有疑问的。医生做手术，是个别化的服务，患者给钱，无论什么形式和途径，都是购买服务。而记者报道、法官审判的性质，则根本不是个别化的服务，它们事关社会基本的公正，是不能由个人购买的。

除了类比不当的问题之外，我们还有必要区分类比论证与比喻，尽可能避免以比喻代替论证。

应该说，历史地看，比喻确实起过非常重要的论证作用。"古人认为比喻是说明道理的最好工具，自先秦以来，历代学者都将比喻当作辩论取胜的法宝。"①最典型的例子就是《召公谏厉王止谤》中"防民之口，甚于防川"的一整套比喻，都是为了说明不能堵塞人民言路的道理。我国古代丰富的比喻论证资源在当代仍然有着重要影响。所以至今有些讲授新闻评论的教材中往往有"喻证法"之说，也有人称为"比喻论证"。"喻证法就是用比喻来阐明事理，即用同一类型的通俗、浅显、人们容易理解的事理，来论证比较深奥、复杂、人们不易理解的事理。"②

> 防民之口，甚于防川，川壅而溃，伤人必多。民亦如之。是故为川者决之使导，为民者宣之使言。
>
> 民之有口也，犹土之有山川也，财用于是乎出；犹其有原隰衍沃也，衣食于是乎生。口之宣言也，善败于是乎兴。行善而备败，其所以阜财而衣食者也。夫民，虑之于心而宣之于口，成而行之，胡可壅也？若壅其口，其与能几何？
>
> ——《召公谏厉王止谤》（国语）

但是，按照现代形式逻辑的标准，我们通常说的比喻与类比论证是有区别的。美国学者 Edward S. Inch 和 Barbarrw Warnick 在《批判性思维与交流：论说中的推理应用》一书中说：

> 从逻辑的观点看，比喻并不具有可验证的价值。但是可以用来形象地阐明观点，或者令接受者以不同的眼光看待事物。比喻是在两个不同类的东西之间进行比较，其中一个东西被说成是相似于另一个东西。

显然，"比喻"是形象层面的，它只是使表达更生动，更易于被读者理解，并不起到支持论证的作用；而类比论证则是在逻辑论证层面，它的作用更重要。如果比喻不当，作者只是犯了一个小错误；但是类比论证不成立，整个评论就会不能服人，就会被驳倒。

---

① 冯广艺：《汉语比喻研究史》，131 页，湖北教育出版社，2002 年版。

② 邵华泽：《同研究生谈新闻评论》，236 页。

> **观点：**
>
> 　　比喻依赖于联想和想像，没有联想和想像也就没有比喻。从这一点看，比喻思维是发散型的、开放型的，决不是收敛型和封闭型的。运用比喻的一个基本要求是必须展开联想和想像的翅膀。
> 　　比喻联想机制是一切比喻的基本机制。比喻思维的具体形态就是联想。
>
> ——冯广艺《汉语比喻研究史》

列宁说，"打比方不是论证"[①]，就是说，不能把比喻错当成类比推理。

其实，即使是一些承认"喻证法"的学者也承认这种论证方法的不确定性风险。方武认为："比喻性材料本不是论据，但有时作者却又将论点建立在这种比喻性的材料上，这样实际上就是以比喻代替论据。""比喻论证中的喻体，归根到底只能使被论证的论点的含义更易于理解，一般不能直接证明论点的正确性。"[②]而范荣康讲论证中的几种毛病，其中之一就是"以喻代论"，他说："这是近年来新闻评论写作中的一种值得注意的偏向。本来，喻证法是一种论证的方法，通过恰当的比喻，能够使论证更加生动。但是比喻毕竟是比喻，可以用喻证法作为一种辅助的论证手法，却不能用比喻来代替论证。"[③]

新闻评论中的运用比喻是很多的。让我们来看看这些比喻是否有论证的作用。

马克思在《第六届莱茵省议会的辩论（第一篇论文）》中为出版自由辩护：
　　新闻出版自由不会引起"变动的局势"，正如天文学家的望远镜不会引起宇宙系统的不断运动一样。

在这一句话里，天文学家与宇宙系统的关系，不能也不是用来"论证"出版自由与社会变动的关系的。后者只是用来比喻前者，使读者对道理有一个生动的感受。

在同一篇评论中，马克思还有一句话："法律不是压制自由的手段，正如重力定律不是阻止运动的手段一样。"

同样，后一句话也不是用来论证前一句话的，这两者其实并没有关系，在这里，后面一句话只是使读者对前一句话有一个更生动的感受。

---

① 见《政论家的短评》，《列宁全集》33卷。
② 方武：《议论文体新论》133、112页。
③ 范荣康：《新闻评论学》，243页。

在《政府在财政问题上的失败》一文中，马克思这样写道：

> 政治寡头以为，印度具有一种神奇的力量，同印度斯坦传说中生长在喜马拉雅山顶峰上的那棵神树上的树叶一样，凡是碰到这树叶的东西都会变成黄金；差别只在于，轻信的印度人希望从树叶的浆液中取得黄金，而文明的英国人则希望从印度居民的血液中榨取黄金。

这一段文字，不仅是通过比喻，嘲讽英国政治寡头的迷信，而且用比喻来揭示他们的不义。

马克思在《人民得肥皂，〈泰晤士报〉得贿赂——联合内阁的预算》这篇新闻评论中有这样一段话：

> 格莱斯顿先生的钱包里只有 50 万英镑，但是他却要送给公众 550 万英镑的礼物。这些钱从哪里弄来呢？很明显，正是从那些现在被他的慷慨弄糊涂了的被愚弄了的公众口袋里弄来的。

这一段话是用比喻的方法陈述，而不是论证。之所以用这种方法，一是因为预算案比较专业，不是普通读者容易明了的；二是因为预算案比较枯燥，因此在新闻评论中对预算的分析需要更生动的表达。

1942 年 3 月 9 日《解放日报》社论《教条和裤子》：

> ……他们高叫着，大家要洗澡啊，大家要学习游泳啊，但是有些什么问题发生在他们的贵体上了，他们总是不肯下水，总是不肯脱掉裤子。于是他们叫得愈响，就愈成为讽刺。任是什么漂亮的金子，一触到他们的指头，就都变成顽石了。
>
> 裤子上面出教条——这就是教条和裤子的有机联系。谁要是诚心诚意地想反对教条主义，那么他第一着就得有脱掉裤子的决心和勇气。

这篇评论批评教条主义而说到裤子，纯属为了行文风趣和生动。教条主义与裤子有什么联系呢？当然没有联系。

所以一般来说，比喻不是论证方法，而是表现方法。

分析也是新闻评论中常用的逻辑方法。

> 分析是在思维中把事物分解为各个属性、部分、方面分别加以认识和研究，即把复杂事物的整体分为若干简单的要素进行认识的一种思维方式。综合，是在已经认识的本质的基础上，将各个方面的本质有机地联合成一个整体，即把对各个部分的认识有机结合，

形成对事物整体认识的方法。①

分析是从对具体对象的分解开始的。②

新闻评论中使用分析方法，往往是因为新闻事件本身比较复杂，评论者难以直接做出判断。比如：

第一流人才内阁质疑

熊总理抵京后即有组织第一流人才内阁之宣言。昔人有言：不作第二人想。又曰：不落第二义。识时俊杰，当自过人。今熊总理昂然以第一流人才内阁自任者，换言之即是熊总理当为第一流内阁总理也。毕竟大吕黄钟不同凡响。

虽然，今吾国人才难矣，第一流人才尤难；若第一流人才内阁，则更难。况熊总理此次宣言其中颇费解释，其所谓第一流人才内阁者，果系重在第一流人才耶？抑系重在第一流内阁耶？二者确有不同。

第一流人才，乃属人的；第一流内阁，乃属政的；第一流人才者，多就已往之声誉言；第一流内阁者，则当就未来之成绩言。如使熊内阁经过满一年后，诸弊剔，百政举，内难弭，外交洽，民受其福，国获其利，则其阁员纵皆为不见经传之后生末吏，获当为第一流内阁无疑也。反乎此，若徒取虚声之处士，持作门楣之看板，不问其政策之有无，不论其技能之适否，恍若兰亭修禊，毕集群贤，新亭对泣，都为名士，谓之第一流人才则是，谓之为第一流内阁则恐非矣。不识熊总理宣言之旨于此二者果将何取。

矧连日闻内阁组织情形之经过，则又觉为大难矣。熊所认为第一流人才而必邀入内阁者，则梁（任公）、杨（皙子）、张（季直）三公是也。然近闻三公皆不肯论道经邦，变理阴阳，类皆半推半就。是彼所谓第一流者，乃仅欲为人才而不欲内阁，则熊公将若之何？又熊总理原望第一流人才入内阁，而孰知人才皆以不入内阁为第一流，则熊公又将若之何？梁与杨之资格伯仲也，倘使梁入阁而杨不入阁，则将梁为第一流人才，而杨非第一流人才欤？倘使杨阁而梁不阁则将杨为第一流人才而梁非第一流人才欤？熊公将若之何？梁杨张皆以第一流人才见招者也，然张则绝辞，梁则辞而未绝，杨则

① 高小和主编：《学术论文写作》，南京大学出版社，2003年版，44～45页。

② 封毓昌著：《辩证逻辑——认识史的总结》，128页，中国社会科学出版社，1990年版。

绝而不辞,但肯居心部不肯居闲部。三公之行不同,究孰为第一流人才之行动,孰非第一流人才之行动乎?熊公将若之何?使不幸梁杨张三公皆决不入阁,不知总理将于此第一流人才之外,别有第二之第一流人才可邀乎?抑将竟不得已,以第二人才充位乎?倘使人人皆欲自居第一流人才而无人肯居第二流人才,熊公更将若之何?合集以上种种问题而为研究,则熊总理之第一流人才内阁亦戛戛乎其难哉。

然则果应如何而后可?曰天下愈繁愈难之处,惟至诚正义足以掉臂游行其间而无所苦。熊总理而果有意组织第一流救国之内阁也,则请先向山东以乞丐兴学之武进者就问其邀求教习之道焉。则伊傅皋夔皆可立至矣。如能若此,则吾国第一流内阁总理非熊公而谁?(《亚细亚日报》1913 年 9 月 3 日第 1 版,署名:少少)①

在这篇评论中,作者就是将"第一流人才内阁"这样一个难以直接做出判断的复杂概念,拆分为"第一流人才"和"第一流内阁"两个概念分别进行判断。

再看下面这一篇:

"经济行为"与"道德标签"

一位朋友看了我们当地一则新闻后,气不打一处来,一再责备我们这座城市市民不道德。我赶忙找来报纸,看到底是什么事惹他如此气恼。事情大致是这样的:我所在城市的一家小肥羊城,借周年庆典推出一项活动:顾客随便点菜、随便付款,然后将当天的全部收入捐献给贫困山区的儿童。这一策划果然引来了不少人,排队等候的就餐者长达十几米。而在就餐的 1800 名顾客中,为奉献爱心而多付款的只有一例,70% 以上的就餐者所付金额都不及其消费的 10%,还有相当一部分人只是随便往捐款箱内放了一两元钱甚至分文未付。

看罢这则消息,我倒觉得朋友不必大惊小怪,店方也不必怨言满腹。从根本上来说,这并非一桩纯粹的道德事件,不宜做简单的道德评判。店方称,这次活动是给人们出的一道"爱心考题"。在我看来,这道考题的设计首先就有问题。

其一,如何让消费者有信任感。对店方的义举,我们不应该做

---

① 引自周伟主编:《思想原声——百年来的思想激荡》,光明日报出版社,2003 年版。

"诛心之论",怀疑其爱心活动的真实性。但是,在一个充满信任危机的现实环境下,店方在策划活动的时候,应当充分考虑到这一点。"五一"期间,北京市几位优秀"的哥"回报社会,打出免费乘车的旗号,居然无人敢坐。在缺少诚信的氛围下,人们总会睁大警惕的眼睛。店方应当有措施(比如与慈善组织合作或者有公证部门参与),让消费者确信自己拿出的钱可以送到贫困山区儿童手中。

其二,如何让消费者在奉献爱心的同时有道德感。人都在设法增进自己的福祉,让自己觉得比较快乐,比较有成就感和道德感。不过,店方的活动设计,没有让消费者把自己与爱心联系起来,反而觉得是在做交易。而今为慈善事业做事的途径很多,也很便捷,人们如果想做点善事的话,干吗非要选择吃饭这种形式呢?如果店方聪明的话,可以让消费者留下姓名与付款金额,将来一并送往山区。

其三,"随意付款"引发的尴尬。正如上面分析的,消费者既不信任,又没有做善事的现场感、成就感,唯一能感受到的是活动的商业气息。那么这时候,人的"经济人"特点就要显示出来,肯定要使自己的利益最大化。这就不是道德问题、素质问题了。店方做"随意付款"的承诺,大概一是想增强活动的轰动效应,吸引更多顾客;另一个考虑或许认为,这是爱心活动,随意付款才能显示爱心的纯洁。实际上,即使你给吃饭者打折,消费者的爱心,也并没有因此有半丝折扣。相反,如果你打折确实多,消费者有实惠,自己的收益也比现在大,山区儿童得到的捐款也更多,何乐而不为呢?

消费者在这次活动中的表现,不能说一点没有文明与素质的问题,但更多的是作为一个"经济人"的理性反映。

如今,商家的商业运作越来越多地与慈善行为结合起来了。这样做对商家有利,同时也做了善事。这是好事。不过,商家搞这样的活动,最好不要有意无意地窥测人们的道德水平,设置一些不严密的道德考题。活动闹出尴尬,反给人造成消费者不道德的假相。这样虽然会给活动带来新闻效应,但让消费者担当不道德的恶名是不公平的。商业运作与慈善行为一起搞,也要有一个界限,属于经济行为的就是经济行为,属于道德范畴的就是道德范畴,强给经济行为贴上道德标签不妥。(《中国青年报》李忠志 2002 年 6 月 7 日)

这篇评论把"小肥羊义卖"这个复杂的新闻事件本身"一分为

三"——义卖事件中的三种人的两种关系——来进行深入分析。在这里，"分"是"深"的条件，没有"分"就达不到理解事物的深度。分析具有工具性的价值，是认识事物的必要途径。这件事之所以令人难以评说，或者说令人困惑，就是因为它是把几种关系"混在一起"的，评论者的任务就是把它们分开来。

辨析概念的逻辑方法。在我们的社会生活中，许多思想观念的困扰，往往对应着人们概念的混乱。新闻评论判断事物的是非，往往就要从辨析和辨析概念开始。这也被有的学者称为"概念分析法"、"释义法"，即"通过对概念含义的解释和辩证来阐明观点，纠正谬误"。[①]

例一：梁启超《少年中国说》：

欲断今日之中国为老大耶？为少年耶？则不可不先明"国"字之意义。夫国也者，何物也？有土地，有人民，以居于其土地之人民，而治其所居之土地之事，自制法律而自守之；有主权，有服从，人人皆主权者，人人皆服从者。夫如是，斯谓之完全成立之国。地球上之有完全成立之国也，自百年以来也。完全成立者，壮年之事也，未能完全成立而渐进于完全成立者，少年之事也。故吾得一言以断之曰：欧洲列邦在今日为壮年国，而我中国在今日为少年国。

上文作者推出自己新的观点，要借助于回到对基本概念的理解。

例二：在1927年的《大公报》社论《蒋介石之人生观》中，张季鸾针对蒋介石"确信自今日结婚后，革命工作必有进步"的错误观点写道：

夫何谓革命？牺牲一己以救社会之谓也。命且不惜，何论妇人！18世纪以来之革命潮流，其根本由于博爱而起，派别虽多，皆为救世。故虽牺牲其最宝爱之生命而不辞者，为救恶制度恶政治之下之大众，使其享平安愉快之生活故也。一己之恋爱如何，与"革命"有何关联哉。

显然，这也是通过辨析"革命"这个概念的内涵进行驳论。

第三节　新闻评论中的反驳

在普通逻辑中，反驳被看做是论证的一种特殊形式。

新闻评论是意见传播。而不同观点——"反驳"是意见的常态。所以新

---

① 朱惠民：《浅谈评论的事理分析技法》，《贵州广播》1992年第5期。

闻评论中往往充满了反驳，有的则整篇作品就是一篇驳论。无论怎样，反驳是普遍存在的。胡乔木曾说："写文章无非是要表明支持一些什么，反对一些什么，把矛盾展开在文章里，用正面的意见去批驳反面的意见。只有提疑问，才能批驳。一篇文章，就是辩论，就应当设想是在同人辩论。这种辩论应当在逻辑上表现出来。文章平淡，就是没有反映出事物的全面——没有把事物的矛盾反映出来。"①

反驳性评论的对象，肯定具有意见性信息：一篇评论、一种说法，甚至新闻报道中记者的一种倾向、一个结论。

驳论的选题既要具有新闻性，也要具备思想价值。其新闻性表现为要驳的观点往往本身就构成新闻，它是一个"思想事件"。这样一个"思想事件"当下的影响力，是决定选题的一个标准。比如，1927 年 12 月 2 日《大公报》社评《蒋介石之人生观》，就在开头充分说明了其反驳的新闻性与价值：

> 离妻再娶，弃妾新婚，皆社会中所偶见，独蒋介石事，诟者最多，以其地位故也。然蒋氏犹不谨，前日特发表一文，一则谓深信人生若无美满姻缘，一切皆无意味。再则谓确信自今日结婚后，革命工作必有进步。反翘其浅陋无识之言以眩社会。吾人至此，为国民道德计，诚不能不加以相当之批评，俾天下青年知蒋氏人生观之谬误。

驳论总是起于怀疑。怀疑的工具，一是常识，二是逻辑。也就是说，对方的论据或结论不符合常识，或者对方的思维方法错了。

下面按照普通逻辑学提供的一般方法来列举新闻评论中的反驳。

一、反驳论题

谁荒谬？

韬奋

> 据汉口电讯：该处"警备部奉绥靖署令，七日（本月）令稽查处勒令《正义报》七日至九日停刊三日，听候查核，有该报五日社评谓中央政府幸勿误国殃民，言论荒谬，意存鼓惑，显系别有用心，亟应严加取缔，以正观听"。《正义报》平日言论如何，记者向未知道，但就电讯所述，该报所以被勒令停刊，是因为"言论荒谬"；"言论"所以被视为"荒谬"，是因为劝"中央政府幸勿误国殃民"。劝"中央

---

① 《胡乔木谈新闻出版》，208 页，人民出版社，1999 年版。

政府幸勿误国殃民"而为"言论荒谬",则劝中央政府实行误国殃为,当为言论公正! 谁是"荒谬",记者不必下断语,任何人都可心照不宣——除了"亟应严加取缔,以正观听"的言论及民意的当道。我们痛念尚在暴敌铁蹄下之东北三千万同胞,及最近淞沪惨死流离的民众,是否"误国殃民",大可"心照不宣"!(1932年3月19日《生活周刊》)

这篇驳论简洁机智,直击论题,不及其他。

二、反驳论据

恐怖会看到红旗绕道行吗?

刘洪波

某报记者2月20日发自科威特的"海湾前线日记"有一段独到的感想:"这里出了几起恐怖事件,都是针对美国人的。看看咱们中国使馆多好,在这里过得堂堂正正的,大门口飘着五星红旗,那就是和平和安全的保证。既不用设路障,也不用当兵的站在那满脸警惕的样子。"

记者的感想,既然来自于记者前线的观察,想必事实准确,感受也是真实的。但这一真实的感受是否符合恐怖行为的逻辑,恐怕还是疑问很大。大凡一种事件被称为恐怖行为,虽然也讲究"针对性",但实际上会让谁遭殃,实在说不准的。纽约世贸大楼撞击事件,遭殃的人遍及全球各个民族的人。印尼巴厘岛恐怖爆炸中,丧生的180多人也来自多个国家。在以色列,恐怖袭击几次在外国劳工聚居区发生,其中丧生的就包括中国劳工。

恐怖事件只要可能发生,那么无论其"针对性"如何,中国驻外工作人员仍然会作出相应准备。去年11月,一些国家驻菲律宾的使馆收到恐怖威胁,尽管中国驻菲使馆并未收到威胁,但仍然采取了相应措施,报道说,"使馆重新核实了所有工作人员的通讯方式,保证紧急情况发生时能够及时沟通。使馆还严格了请假制度,没有特殊情况使馆工作人员不得擅自离开马尼拉。使馆还给每位工作人员发放了急救包,进行了紧急情况的培训。"

以"针对性"来说,拥有中国人身份,是否就不会成为犯罪活动的针对目标呢? 恐怕也是未必。菲律宾曾经发生4名中国人被绑架的事件,其中两人惨遭杀害。去年南非还破获一个冒充内政部官员专门对华商进行抢劫的团伙。今年2月10日，中国驻几内亚比绍大使被劫持5个小时，高克祥大使被折磨得浑身是伤。如果真的五星红旗一飘，恐怖袭击就可以免掉，和平和安全就得到保证，当然最好不过，但让负责中国驻外使馆安全的人员来讲讲感受，恐怕不会同意这种"红旗是安全保证"的观点。

使馆门口由当兵的满脸警惕地执行勤务，应该不算是稀奇事吧。执勤当然要满脸警惕，即使满脸不在乎，恐怕也是"外松内紧"，否则执勤岂不是摆式？使馆门口不用站当兵的，固然可以说显示了安全，但外国驻中国的大使馆门口也有武警，而且也是高度警惕的，按照记者的想法，难道这说明的是各国驻中国使馆都没有安全感吗？中国驻外使馆常有加强保安之举，中国使馆提醒华人注意安全更是家常便饭，按照记者的逻辑，出现这些情况是不是就表明中国使馆不再"堂堂正正"了呢？

前线记者的意思，是要用中国使馆的无戒备，对比美国使馆的戒备森严，由中国人不被攻击，对比美国人受攻击，以资证明"当美国人也挺不容易的，一方面威风八面的，动不动就派兵，但同时又无时无刻不在担惊受怕，防备有人报复"，但显然逻辑漏洞太多。驻外使馆戒备总是有的，并不如记者所想像的，旗帜一挂，就安全到家。受攻击的可能性，无论哪个国家的驻外人员都可能遇到。而且要说派兵，现在中国也多次向境外派出军人，执行联合国维持和平行动，他们的安全同样属于特别需要注意的问题。

恐怖活动就是恐怖活动，没有必要庆幸自己暂时没有被"针对"，更不可相信自己做得正，不会有受攻击的可能。2月25日，北京大学和清华大学的学生食堂差不多同时发生爆炸，数名学生受伤，难道与他们做得正不正有什么关系吗？爆炸制造者要"针对"两家大学的学生，与学生的行为有什么关系？写回"前线日记"的记者如果听说北大清华的爆炸事件，又会产生怎样的感想呢？

恐怖活动是人类大敌，绝不会看到红旗绕道走。认为在恐怖活动面前，"五星红旗是和平和安全的保证"，毫无道理可言。（news. sohu.com　2003年02月26日搜狐视线）

这篇评论就是直接以与被反驳者相反的论据进行反驳，以反例揭示其论据靠不住，从而否定其观点。

三、反驳论证方法

在 1842 年德国第六届莱茵议会上，为了否定出版自由，议会辩论人提出了下面的观点：

> 英国不足为例，因为那里几个世纪以来历史上形成的一些条件，不是别的国家用理论所能创造的，但是这些条件在英国的特殊情况下是有其根据的。

> 在荷兰，出版自由未防止沉重的国债，并且在极大的程度上促使了革命的爆发，结果使二分之一的领土沦丧。

针对这个观点，马克思在《第六届莱茵省议会的辩论（第一篇论文）》中是这样反驳的：

> 英国报刊不能成为替一般报刊辩护的理由，因为它是英国的，荷兰报刊却是反对一般报刊的理由，虽然它只是荷兰的。时而把出版物的一切优点都归功于历史基础，时而把历史基础的一切缺点都归咎于报刊。时而说报刊对历史的完善没有起到自己的作用，时而说历史对报刊的缺点不能承担自己的责任。在英国，报刊是同本国的历史和特殊环境紧密联结在一起的，荷兰和瑞士的情况也是一样。

显然，在这里，马克思通过揭示议会辩论人的自相矛盾来反驳他的论证方法。

思考练习题

1. 你怎么看待下面这一场论辩的证明力？

告子曰："性犹湍水也，决诸东方则东流，决诸西方则西流。人性之无分于善不善也，犹水之无分于东西也。"

孟子曰："水信无分于东西，无分于上下乎？人性之善也，犹水之就下也。人无有不善，水无有不下。今夫水，搏而中心跃之，可使过颡，激而行之，可使在山。是岂水之性哉？其势则然之。人之可使为不善，其性亦犹是也。"（《孟子·告子上》

2. 下面的论证，分别采用了哪种逻辑方法？

蒋介石说："要知道政府今天在军事、政治、经济无论那一方面的力量都要超过共产党几倍乃至几十倍。"哎呀呀，这么大的力量叫人们吓得要死呢！

姑且把政治、经济两方面的力量放在一边不去说它们，单就"军事力量"一方面来说，人民解放军现在有三百多万人，"超过"这个数目一倍就是六百多万人，十倍就是三千多万人，"几十倍"是多少呢？姑且算作二十倍吧，就有六千多万人，无怪乎蒋总统要说"有决胜的把握"了。（毛泽东《评战犯求和》）

人总是要死的，但死的意义有不同，中国古时候有个文学家叫做司马迁的说过："人固有一死，或重于泰山，或轻于鸿毛。"为人民利益而死，就比泰山还重，为法西斯卖力，替剥削人民和压迫人民的人去死，就比鸿毛还轻。张思德同志是为人民利益而死的，他的死是比泰山还要重的。（毛泽东《为人民服务》）

3. 梁启超《少年中国说》一文中"欲言国之老少，请先言人之老少"，使用的是比喻还是类比推理？

第五章　新闻评论的选题

本章要点

● 选题的本质是对评论对象的价值判断。

● 掌握由不同评论对象、不同情境区分出来的选题类型：事件性选题、非事件性选题和周期性选题。

● 评论选题的不同类型之间的关系。

● 掌握周期性选题写出新意的方法。

● 好的选题应该新鲜、接近、真实（事件性选题的事实真实）、普遍。

第一节　选题的性质

从写作的程序上讲，当然是选题在先。本书之所以把评论的观点、事实与论证写在前面，是要从静态的角度使同学们对评论的成分有一个完整的认识。

尽管人们往往感到，新闻评论的个人写作的具体过程具有一定的偶然性、混沌性，因此，作者也许并未清楚地意识到选题的过程。但是，选题作为新闻评论的一种规律性和实际流程，是客观存在的。

选题不是抽象的问题。简单地说，就是评论要写什么。"新闻评论的选题，简而言之，即选择新闻评论所要评述的事物或论述的问题，它规定着新闻评论的对象与范围。"①

再详细解释一下就是：对于那些以新闻事件作为评论对象的文章来说，选题就是"选事"。比如，我国台湾学者林大椿的《新闻评论学》在"新闻评论写作的程序"一章中说："择题的步骤，首先就要看有些什么事件要评论的？然后就要分析这些事件有没有值得评论的？又看这些事件是不是必须评论

---

① 丁法章主编：《新闻评论学》，79 页，复旦大学出版社，1997 年版。

的?"而对于那些并非针对事件性新闻来发表议论的文章来说,选题就是"选问题"。

选题的过程是一个价值判断的过程。所有人们要面临的"选择"的情况,几乎都是价值判断。价值判断几乎贯穿在整个新闻业务之中。学者杨保军认为,"选择机制支配着新闻传播过程。在新闻传播过程中,选择是传播内部诸多基本要素之间稳定的、持久的、始终如一的内在关系。"①而本书认为,从另外一个角度看,价值判断也是新闻传播中稳定的要素。比如,选择哪一个新闻事实写入消息,把哪一个新闻要素写进导语或者标题,把哪一条新闻放在头版或者头条位置。而哪一个新闻值得评论,则是涉及评论选题的价值判断。选题就是人们在选择要评论的事时的价值判断。因为新闻评论比新闻报道要少;并不是所有新闻报道都有评论的价值。因此选题的价值判断尺度,要比新闻报道的价值判断尺度还要严格。

价值判断,就是对不同新闻的价值进行判断,往往就决定着看重什么、不看重什么,评什么、不评什么。这取决于评论者自身的价值观。比如:胡适在《努力周报》1922 年 7 月 17 日至 23 日的"这一周"里这样写道:"这一周中国的大事,并不是董康(当时的财政总长)的被打,也不是内阁的总辞职,也不是四川的大战,乃是十七日北京地质调查所的博物馆与图书馆的开幕。"

这样一段话实际上交代了选题的价值判断。这种取舍标准可能令人奇怪:财政总长被打、内阁总辞职、四川大战,在今天看来是很大的动态新闻,放着它们不评,而选择了一个"文化新闻"着重评论,反映了胡适的价值观和眼光。他觉得前者都是过眼烟云似的新闻,与中国的前途无关。而决定中国前途的,是科学。没有这种价值观,就会忽略了这类"冷新闻",跟着热热闹闹的时事跑,而失去引导社会价值观的地位。

《经济观察报》每周社论的选题,也是制度化地在当周十数个新闻事件中逐个进行价值判断,乃至一个个打分的结果。

选题是对媒体与受众契合点的寻找。不同媒体的定位和传播对象不同,评论的选题也往往呈现不同的范围和倾向,而且具有一定的稳定性。这不是观点的不同,而是"评什么"的不同。这当然不是各自画地为牢,实际上,不同的媒体在热点新闻和问题上往往"不约而同"或者相互影响。但不同媒体由于定位和读者群的不同而有不同的选题范围与倾向,肯定是一个客观事实,需要作者细心观察和体会。对于特定的媒体,也可以做一些简单的抽样

---

① 杨保军:《试论新闻传播规律》,《国际新闻界》2005 年第 1 期。

统计，以找到其选题的规律。另外，选题也有一定的地域性约束。比如，近年来冬季供暖的体制性矛盾十分突出，由于欠费和负担不公平，一些城市频繁出现供暖企业停止供暖和用户拒交供暖费问题。你也许对这个问题有自己的见解。但是，如果你把写好的评论投给南方一家报纸的话，那就会有问题，因为在我国南方冬季是没有集中供暖的。

第二节　选题的情境与类型

新闻评论选题的情境有急有缓，来源也有不同：有的产生于扑面而来的新闻事件；有的产生于静观默察的个体心灵；有的产生于媒体自身制度化、长周期的策划；也有的产生于"媒体间的议程设置"；还有的产生于上级领导部门。为了简化这个问题，这里只以评论和新闻的关系作为分类的标准。

新闻分为事件性新闻与非事件性新闻；选题的类型，也基本可分为事件性选题与非事件性选题两大类。

事件性选题的新闻评论，也有人称为"事评"，就事论事或就事论理。对于事件性选题来说，选题就是"选事"。随着新闻评论的开放以及人们对新闻评论的期待，事件性选题的新闻评论由少到多，逐渐成为新闻评论的主流。这是新闻评论由"政论本位"到"新闻本位"转变的自然结果。在当代中国媒体，特别是每天都有言论栏目、言论版乃至每天都有社论的新兴报纸，当重大事件、热点新闻扑面而来的时候，新闻媒体无可回避，这些事件就成为自然的选题。

非事件性选题，一般来说是"选问题"的选题。范荣康《新闻评论学》写道："也有不少新闻评论，既不评当天或不久前报上的新闻，评论本身也不包含新闻，评的是我们工作中或社会生活中的一种倾向、一个问题。"

田望生《新闻评论他说》中写道："一般来说，选题是意在题先。作者从现实生活当中感受到某种问题、某种倾向，觉得应该有所评论，又找到了这方面的材料（新闻），于是，意思有了，题目也就有了。"[①]

这都是对非事件性选题的解释。显然，与事件性选题相比，这类选题的节奏较缓，时效性要差一些。但这种选题的不可替代性在于：有一些深刻的思考，需要经过长期的观察与积淀，并不是事件性新闻立时三刻就能唤起的，也不是事件性选题的"急就章"所能代替的。

---

　　① 田望生：《新闻评论他说》，104 页，华文出版社，1999 年版。

财政利益与百姓利益

相对于中央财政，地方财政也许有自己独立的利益；但相对于一方水土中的人民，地方官以及地方财政不应该有人民利益之外的利益，尤其不应该有与百姓利益相冲突、相背离的利益，这方面的理论依据谁都可以轻易找到。问题是，如今理论与实际"两张皮"的现象很多。

笔者手边就有一则地方财政利益与百姓利益相对立的典型例子：甘肃平凉、庆阳两地前几年通过发展烤烟种植业一度富县富民，1996年庆阳县种植面积达2万亩，农业特产税超过3000万元，财政收入也突破7000万元。但由于全国烤烟出现供大于求状况，农民种植烤烟变得不仅不赚钱，反而严重亏损。其亏损的程度可用一位农民的情况证实：1997年他种了10亩烤烟，成本3000元，而当年收购价每公斤只有0.4元，若按此价出售，他将亏损2400元。农民们即使对市场经济的学问一无所知，也不会再赔着本种下去。况且，什么赚钱就种什么，也是农民一种起码的选择自由。当地官员不可能不懂得根据市场变化调整种植结构的简单道理，但他们更清楚种植烤烟返还税率高的现实，所以，世纪末市场经济的荒唐事出现了：农民在行政命令、罚款、强行收回承包地等威逼之下，只好赔着血本继续种植烤烟。当地一位副县长曾无可奈何地对前去采访的记者说：我们何尝不清楚种烟不赚钱，但眼下除了种烟，实在没有更好的税源门路……看来，他并没有意识到自己的利益与百姓利益的对立，以及这种对立所包含的悲剧性。

贫穷落后是一种现实，却不应该是违背经济规律、对农民进行无理行政干预的理由。如此一来，老百姓就会从体味到自己基本权益与官员利益的矛盾，到产生与官员政府思想上的对立，这已不再是经济利益关系问题。

近期被《焦点访谈》曝光的安徽省淮南市平圩镇政府10年间"吃"掉一层"自己的"综合办公楼的事例，除了让人们对吃喝风更加深恶痛绝外，更易让人思考现行财政体制存在的问题。例如，由财政拨款建成的该办公楼，既然可以被法院判决为抵偿对象，说明镇政府对其具有充分的处置权。那么，几乎天天发生的各种财政拨款以及由拨款建起来的工程，是不是也会同样让人拿去抵掉酒债呢？

　　不管哪一种财政资金，最终都是用来为人民办事的，因为它本来就是来自于以广大人民群众为主体的纳税人。如今某些财政资金的运作早已脱离为人民办事的轨道，而走进为个人、小团体牟取超额利益的邪路，这才是"财政利益"与百姓利益最大的矛盾和对立。

　　（作者：刘以宾，选自《中国青年报》"冰点时评"。）

　　上面这篇文章，并非是针对一个新闻事件进行评论，而是作者长期以来观察、积累和思考的结果。其中的一些事实也曾见于新闻报道，但是在这里不是作为评论的对象，而是作为说明问题的论据出现的。

　　这样选题曾经长期居于主导的选题类型，主要是因为我国党报体系的指导性、工作性。随着媒体的市场化运作，人们对新闻评论事件性与时效性的期待，非事件性选题的主导地位可能会有所降低，但不会完全消失。为了应和大众传播的规律和读者的接受期待，非事件性选题也是有可能转化为事件性选题的，比如长期的观察与思考可以在某一个新闻事件出现时被唤醒，急就成篇。非事件性选题转化为事件性选题的必要性，主要还是因为从接受规律来说，人们对事件性选题更为敏感，更有期待。

　　周期性选题。在事件性选题与非事件性选题之外，有一些特殊的选题是以固定的时间周期出现的，比如纪念日或其他周期性活动为题的评论。这些选题有的的确无事件，有的按照宽泛的标准，也可以称作事件，比如纪念活动就是"事件"，但它们都有着不同于一般事件性新闻那种偶发性、突发性的的特征，而具有可预期性。因此，这些选题的新闻评论操作，就有着自己特点。

　　这类选题常以社论居多。比如，"几乎每逢五一、十一，人民日报都要发社论以示庆贺"[1]；每到 5 月 4 日，《中国青年报》例发社论。这是以年为周期的，还有一些长周期的纪念日，比如，2004 年 6 月 6 日是第二次世界大战中盟军在诺曼底登陆的 60 周年纪念日，《新京报》发表《诺曼底登陆给世界带来什么》、《呼唤诺曼底精神的回归》等社论；2005 年 1 月 27 日是奥斯威辛集中营解放 60 周年纪念日，该报两篇社论中的第一篇即为《奥斯威辛：世界反思历史的路标》，第二篇才是《北京居住证应加大权利含量》，明显反映出国内媒体比以往更为开阔的选题空间。

　　周期性选题的评论一般被看做应时之作，也有人称为"应景文章"。但其实它也是符合某种接受规律的。所谓"到什么时候说什么话题"，它不是由媒

---

① 于宁：《评论员札记》，119 页，蓝天出版社，1995 年版。

体提上议程的,而是由社会生活的周期性提上议程的。在这样的周期感中,人们会对一些话题周期性地有所期待。这就是纪念日和各种"日"存在的原因。媒体的新闻评论只不过是应和了这种周期性期待而已。

周期性选题因为总是周期性地重复,所以更要着意于写出新意。台湾学者王民的《新闻评论写作》认为:"写作纪念性评论,不当重复历史的事实与意义,要根据现实的要求来写。"中国人民大学新闻学院讲授新闻评论的涂光晋老师归纳了周期性选题的"时效化处理"与"个案化处理"等操作方式,寻找最近的新闻事件为周期性选题作由头,也都是为了淡化周期性选题给读者造成的"重复性"感觉。

比如,张友渔 1932 年 5 月 9 日发表在《世界日报》上的社论《五九纪念与新国耻》:

民国四年之今日,袁世凯卖国政府,曾被日本帝国主义者威迫利诱,承认丧国辱权之二十一条。是为吾国之奇耻大辱,国人所应卧薪尝胆,力图湔雪者也。然自民国四年,以迄于今,已历十八周年矣。而日本帝国主义者之凶焰,曾未稍戢,其对我国之侵略,益变本加厉,东北沦丧,淞沪焚劫,二十一条,未能根本废除,而屈辱之停战协定,又于国民反对声中签订,吾人纪念今年之"五九",诚不胜其悲愤与愧赧也!

袁世凯卖国政府何足责?国民政府号称革命政府,乃亦不免屈服于日本帝国主义者脚下,以造成蹙土丧权之空前国耻,不知其何以自解于民众?政府之所以自为辩护者,曰,"东北问题,国联自能作公平之解决,我之暂时隐忍,将以求最后胜利,所谓尺蠖之屈,将求伸也,政府岂肯作丧权辱国之勾当哉?"人非袁世凯,谁能轻易断送其祖国?政府自谓不作丧权辱国之勾当,吾人谁敢不置信?惟是救国不得其道,适足以亡国;政府因无卖国之心,而依赖国联之外交方针,则亡国之道也。伪满洲国之成立,为依赖国联之结果,将来我东北乃至全国,而为日本帝国主义所吞并,恐仍受依赖国联之赐耳!

上海停战协定签订后,外长罗文干曾对人言:停战会议,所谈判者,仅限于停战撤兵。至于沪事责任问题,当与东北事件,一并解决。斯言而信,是圆桌会议,可不召集,吾人对此,深表同情。

然东北事件,果有解决之期乎?其解决之结果,果有利于我国乎?国联理事会,今日又在日内瓦开会,我国代表虽要求讨论东北问题，但已被拒绝，其理由，无非谓国联调查团，方在东北调查，非俟该调查团调查竣事，编制报告书，将无讨论之根据。国联调查团最后报告书，至九月后，始可送到国联，则国联如何解决东北问题，亦须待至斯时，而后开始其讨论。而讨论结果如何？亦在未可知之数。国联调查团第一次报告书，已送达国联，我国代表团，虽诠释为："该报告书，对中日争端，拥护中国，并明示日本未实行国联去冬决议案，且企图在其指挥及统治下，制造一武装军国，以遂其宰制满蒙之野心。"实则调查团之原意，不过叙述事实而已，报告书中，固已明白言及："东三省各地，殆已全无安全保障之可言，现时该地战事，其责任究在何方，殊属无法确定。"谓其拥护中国，其谁信之？英国对中日问题之态度，早已显示吾人，西门之于国联会议，兰普森之于调停沪战，其所努力者，果为助我耶？调查团之主席雷顿氏，固亦英人也，则其理想中之工作成绩，何难想像得之？且纵使报告书，有利于我，国联亦未必完全采纳其建议。即欲采纳之矣，试问将以何术消灭此建立已久，基础较固之伪满洲国乎？人或谓日曾占我辽东，因三国干涉而退还，又曾占我济南，亦终不免于撤兵，国联而能主持公道，伪满洲国成立虽久，无伤也。殊不知国际情势，今异于昔，世界各国，谁乐与日为敌？况前二者为日本直接占据我领土，今则采取满蒙独立之方式，足以搪塞各国之干涉乎？故我国对东北问题不求谋自救，则滋蔓难图，噬脐无及矣。此吾人所以当兹纪念五九之日，又值国联理事会开会之际，不得不为国人缕言之者也。"

这篇社论纪念的是 1915 年日本逼迫政府承认"二十一条"的国耻日，但实际上仅仅是以此为由头，批评国民党政府在 1931 年以来对日妥协的国耻。这方面的典范之作，还有延安《解放日报》1944 年 10 月 10 日纪念辛亥革命33 周年的社论《今天和辛亥》、1945 年 3 月 12 日孙中山逝世 20 周年时社论《纪念孙中山 批判蒋介石》，都出自胡乔木的手笔，见于《胡乔木文集》。

改革开放后，《人民日报》的周期性选题的评论方面也有改革之举。比如，1980 年 10 月 1 日，人民日报打破常例，没有发表洋洋数千言的社论，而是在一版报眼位置加框发了篇短评《于细微处见精神——国庆纪念活动改革有感》。短评发表后，编辑部收到大量读者来信，称赞这篇短评写得好。一封来信指出"短评虽短，但比老一套的社论更引人注目，因为广大读者从这里听到了全国人民立志改革的起步声，也呼吸到了新闻改革的强劲东风"。①

这篇短评全文如下：

于细微处见精神

——国庆纪念活动改革有感

今天，我们的人民共和国年满三十一岁了！

这个喜庆的日子，是在发扬民主、立志改革的气氛中到来的。刚刚开过的五届人大三次会议，大到国家领导制度，小到会议的开法，都进行了一些改革，影响深远，反映很好。

今年纪念国庆，又有一些改革。往年那种有上千人光临的大型国宴不搞了，改为四百人的招待会，邀请外宾和一些港澳同胞、台湾同胞、爱国侨胞共庆佳节。

今年人民大会堂的"十一"联欢晚会，也不像往年那样分几个等级，而是无论什么干部一律发普通入场券，真正上下一心，军民同乐。

今年各大公园也不搞耗费巨资的游园活动。

这些改革遵循的原则是：厉行节约，反对铺张浪费；反对封建残余，破除脱离群众的陈规陋习。对于中央这种破旧立新的改革，老百姓是打心眼里高兴的，上上下下都高兴。

四化需要改革，人民盼望改革。我们需要在政治、经济等方面进行许多大改大革，也需要在作风上、在社会风气方面进行很多改革。今年纪念国庆活动的改革虽然是细微的，但是，"于细微处见精神"。见什么精神？就是坚决不搞劳民伤财的形式主义，励精图治干四化！

2004年6月6日是第二次世界大战盟军登陆诺曼底60周年纪念日，《新京报》发表评论《呼唤诺曼底精神的回归》，以当年的历史经验来批评当代美国领导人在国际反恐问题上的失策，提出："今天人们纪念诺曼底登陆60周年，最重要的就是要回归诺曼底的精神，这就是斗争的勇气和智慧、精确的情报和国际社会的团结与合作。美国需要再来一次诺曼底式的登陆。这次登陆的地点不是在法国的诺曼底，而是在美国纽约，在联合国的总部，在国际社会的共识的基础上来一次软着陆，征服的对象是美国的傲慢与自大、美国式的单边主义。"很明显，这篇社论也不是纯评论史事，而评的是当代国际问题。

---

① 于宁：《评论员札记》，119页。

第三节　选题的标准

老新闻学家郭步陶在 20 世纪 30 年代提出了选题的三个简单标准："新、确、普遍。"他解释道：

> 因为事情一陈旧，时效已失，社会中已无人念及，纵有好文章，也不会为人所重视了。评论的对象是事实，空虚的理论固然没有用处，而事实偶然错误，也可使所作的评论，全篇无一是处。至于新、确两点，均已完备，或事实所关系的方面少，也不能选作评论的题目，因为关心的人不多，事实本身已失了评论的价值，随便作去，便是浪费笔墨。①

美国佐治亚大学的康拉德·芬克教授在《冲击力：新闻评论写作教程》一书中举例：

> 如果写税收，你就会触动每一个美国人；写玫瑰栽培，那么你只会赢得相对较少人的关注。"②

显然，这涉及"普遍"的选题标准。

此外，他还提出了选题的另一个标准——"近"：

> "这个作为你第一篇社论或专栏评论的议题怎么样：展望未来。科学家们说，再过约几十年，地球将变冷，所有生命都将灭绝。你可以提醒读者，最好该考虑这个问题了。
>
> 或者，这个议题也成：反观过去。12 个月前的市长选举投票人数不足，于是你就可以责问其原委。
>
> 好笑吗？是的，但这种荒谬正说明，如你的评论写作着眼的是新闻时间曲线遥远的右端的问题（"地球在变冷！"）或遥远的左端的事情（迟至一年后才悲叹这一低投票率），那你就是何等的大错特错。
>
> 在上述两种情形下，你都无法履行新闻评论的任何基本职责：将那些对读者迫切需要的的东西确定为自己的议题并以快捷的方式加以评论。这并不容易。

这个"近"，就是在时间上要接近眼下。

---

① 郭步陶：《编辑与评论》，173 页，商务印书馆，1933 年版。
② ［美］康拉德·芬克：《冲击力：新闻评论写作教程》，48 页，新华出版社，2002 年版。

此外，我国台湾学者林大椿在其所著《新闻评论学》中还提出了"四宜四不宜"的选题原则：

> 宜写难题，不宜冒险题；
>
> 宜创新题，不宜袭旧题；
>
> 宜论大题，不宜钻偏题；
>
> 宜撰近题，不宜辟远题。

在国内，随着近年来一些报纸言论版的扩大和周期的加快，以及来稿的网络传送，特别是网络评论压力和电视当日直播评论的产生，在激烈竞争的媒体市场上，评论选题的"新"——缩短与新闻本身的时间距离——得到了从未有过的重视。《新京报》每日两到三篇的社论选题制度，基本上要求评论当日新闻。这种评论操作的节奏拉动了全国新闻评论写作队伍在选题上"赶时效"的风潮。以至于两天之前的新闻事件就可能成了评论选题的"明日黄花"。评论者处于一种高度紧张的"时效敏感"之中。从媒体运作上说，这无可厚非，也是读者的需求。但是，一味地追求"快写"，也使一些新闻评论作者失去了从容思考、深度思考，特别是"反思"和沉淀的机会。而后者，往往是好评论需要的条件。

选题的"确"，也就是选题涉及的事实的真实性问题。在当代信息爆炸、媒体竞争的环境里，假新闻频出。因此评论选题的真实性问题也应该引起充分注意。曾有人在互联网上发帖子说"时评作者是假新闻的追捧者"，这话固然偏颇。但是，在追求时效性的驱动之下，时评作者的确往往容易落入假新闻的陷阱。即使消息不假，但也可能因评论者理解不"确"而造成"假新闻"的评论效应。

2004 年 8 月 24 日，《中国青年报》"冰点时评"栏目发表一篇评论《为什么第二代身份证要日本企业造》：

> 雅虎中国 8 月 20 日转载《国际先驱导报》驻东京记者的报道，中国 6 个试点城市的第二代身份证的印制业务将交由一家日本企业担任。第二代身份证采用彩色数码照相技术，而这个日本企业的打印机在所有的测试、比较和论证过程中表现优异，因而被选中。看了这篇报道，不由地想到以下几点。
>
> 在我们的生活中，从汽车到电器产品、乃至日用品、食品，到处可见到日本企业产品。这是经济国际化、自由贸易的结果。性能、质量好的产品，无论是哪个国家企业生产的，都会在中国市场受到欢迎。中国政府对外资企业的优惠政策程度也是世界上少见

的，因此中国成为世界上接受外资最多的国家。二十余年来中国经济高速发展，人民生活水平普遍提高，证明对外开放的政策十分正确。与此同时，因为中国是主权国家，对外国资本也是有限制的。例如对关乎国家安全的经济、技术领域，我国政策就不允许外国资本进入。实际上，世界上许多国家也都是这样做的。这是利用外国企业技术时不应该忽视的原则。然而，允许日本企业印制第二代身份证的做法，是否与此原则偏离得太远？

　　身份证载有公民的基本信息。交给外国企业印制，就不担心因此泄露有关中国公民的机密吗？现在的印刷机都是由电脑控制，采用数码技术，所有经过印刷机的东西都可以简单地被储存下来，当然也就可以根据不同目的来做各种检索、分析。所以，一旦把身份证交给日本企业印制，就意味着日本人可以与我们的身份证管理机构工作人员掌握同样的信息。而这些公民信息是可以在很多地方派上用场的。也许，有关部门在把印制业务委托给日本企业时，要求日本企业做出了保密的承诺。当日本企业把商业利益放在第一位时，它是会履行这个承诺的。但如果有什么东西能超过商业利益，它又不得不服从的话，那时保密承诺就形同虚设了。（略）

这篇评论被多家网站转载，一时间群情激愤。第二天，北京市公安局即向媒体发表声明：

　　交给公安机关以外的企业印刷的只是第二代身份证的坯型，所有内容均为空白。按身份证制造工艺规定，我国公民私人资料必须由公安机关取回坯型后进行打印和芯片输入，绝不会出现公民个人资料泄密的情况。（NEWS. SOHU. COM 2004 年 08 月 25 日 06：03 来源：人民网）

第三天，《中国青年报》于同版发表一篇来信，指出这篇评论的错误是怎样产生的：

　　此文作者评论的事实来自"雅虎中国 8 月 20 日转载《国际先驱导报》驻东京记者的报道"，看来他写文章前仅仅是看了雅虎转载的报道，并未经过查实，更不要说找寻相关文章看看了。这样是不是有点轻率了呢？

　　我找到了当日《国际先驱导报》报道的原文，文中并没有明确地说中国让日本公司来帮我们印身份证，事实上也根本不是这样。原文全文都在谈富士施乐和其他日本公司在中国复印机和打印机市场的竞争，以及该公司如何拓展在华业务。这就说得很明显了，富士施乐本来就是一家生产复印机和打印机的公司，他们这次抢占了印制我国第二代居民身份证的市场。也就是说，印刷我国第二代居民身份证的打印机全部由他们提供。他们又不是印刷厂，怎么可能是他们帮我们印刷？日方不过是提供机器而已。

在一定意义上说，选题的准确当然是作者判断力的反映。尽管它并不是体现在新闻评论之中的判断力。

选题确定之后，同学们常常为了"选择评论角度"颇费工夫，希望老师能多讲些"选角度的问题"。其实，一个人认识问题的角度，总是与他自己的知识结构、情感结构、他的"敏感点"紧密联系的。实际上，所谓"角度"是认识的结果。评论的不同的角度，恰是对事物不同的认识。一个人最终写出来的，恐怕就是他能够选择的角度；而别人写出来的，恐怕不是他能选择的角度。因此，同学们在写作新闻评论时不应该有一种"角度迷信"。同理，我认为观点也是不能"选择"的。一个人不能对一个事物既有这个观点，又有那个观点，这是有违评论的伦理的。对于评论来说，基本的问题不在于选择论点和角度，而在于有没有判断力。每个人都是从自己的知识结构和判断力出发对新闻进行判断的，自然形成各自的角度。一个评论者决不可能没有知识与判断力，却有一个好的论点或好的"角度"。

思考练习题

1. 事件性选题与非事件性选题在内容与形式上有什么不同？在一定条件下，它们是否可以相互转化？

2. 本书第四章所列举的评论《输球文章也要做》属于什么类型的选题？

3. 考虑到新闻媒体激烈竞争而造成的对评论选题的时效性压力，一些需要长时间思考的非事件性选题是否会最终消失？你怎么看这个问题？

4. 新闻评论的作者是否应该对评论中事实的真实性负责？

第六章　新闻评论的结构

本章要点

● 新闻评论开头的几种方法及其表达的效率。

● 新闻评论论证部分的不同结构及其对应的思考方法。

第一节　结构是传播效率的要求

孙元魁、孟庆忠主编的《议论文研究与鉴赏》对议论文的结构有如下定义：

> 结构，是指文章的组织方式和内部构造。它的基本内容是：中心和顺序，层次和段落，过渡和照应，开头和结尾，详写和略写。它的实质就是组织材料问题，就是研究事物的整体与部分的关系，表明事物内部各部分的特性和各部分彼此之间的联系问题。就议论文来说，结构就是整体论证问题，是属于形式方面的问题，是文章的"间架"。[①]

那么，一篇文章为什么要有结构呢？结构对于评论写作，对于意见的传播与接受，有什么样的意义呢？写作学的专家们认为，写作本身既是一个创造思维的过程，也是一个由非线性、非稳定的状态到秩序化的过程，从无秩序到有秩序的过程。这个过程，就是文章结构形成的过程。因为结构本身就是一种秩序，它本身就具有稳定性。正是因为有了文章的结构，写作者在思考过程中产生的那些偶然的、不确定的、不易传播和理解的认识，具有了稳定的、确定的、容易传播和理解的品质。所以，齐元涛等著《篇章应用通则》一书认为：

> 作动词时，"篇章结构"指按照一定原则和要求，利用多样化的

---

① 孙元魁、孟庆忠主编：《议论文研究与鉴赏》，95 页，山东教育出版社，1992 年版。

手段把各种材料组织成为一个严密的整体的过程。作名词时，"篇章结构"指完成后的外部表现形式和篇章内部各要素之间的相互关系、要素与整体的关系等。①

因此，结构的要求，第一点在于文章的各个部分之间要有一定的关系；第二点在于作者要清醒地意识到这种关系；第三点在于使接受者能够清楚地看到这种关系。

这种"关系"，对于新闻评论来说，就是评论者表达认识的外壳，它内在地反映着认识本身；它外在地体现着作者传播自己观点的效率和受众接受和理解的效率。没有这类"关系"，即结构，文章就是各种要素杂乱堆积，读者就会如入五里雾中。

就传播来说，秩序本身就是一种效率性要求。若无此，则是所谓杂乱无章。"杂乱的东西，叫读者看不下去。没有条理的东西，可使读者留不下印象。"②所谓"看不下去"和"留不下印象"，都是传播效率的失败。因此，新闻评论不能"怎么想就怎么写"，而是要创造秩序（结构）以更有效率地表达"想"的内容。

文章的各种结构是千百年来人们写作实践探寻到的表达规律和传播规律。新闻评论作为一种特别讲求传播效率的议论文体，有其更为特殊的结构特征。古人说"文似看山不喜平"，讲的是文章要追求变化的丰富性。这其实是把文章结构也当作欣赏的对象了。新闻评论不应该追求这种价值。实际上，过于复杂、过多变化的结构，本身就是大众接受的一个高门槛，是有碍于传播效率的，因为人们可能在复杂多变的结构中迷失。这主要是因为，现代大众传播的受众与美文的受众阅读期待、阅读素质和内心节奏上都很不相同，"读者阅读一篇作品很可能是一目十行，走马观花，阅读报纸上的作品特别是新闻作品，反复推敲、仔细琢磨的人是不多的"。③因此，新闻评论的结构，应该简单、清楚，与受众之间有明确的"约定感"。这样，人们在阅读新闻评论的时候，才会在不觉中"忘记"结构本身，而留下作者观点的深刻印象，就像清水和空气作为"媒介"是人们常常意识不到的一样，因为它们本身不是欣赏的对象。另外，在评论教学中从新闻作品中归纳出太多的结构类型也是没有多大意义的，因为它们只是在少数普遍的基本类型（人的基本思考

---

① 齐元涛等著：《篇章应用通则》，84 页，春风文艺出版社，2000 年版。

② 林大椿：《新闻评论学》。

③ 郑兴东：《受众心理与传媒引导》，135 页。

方式和论证方式)的基础上随具体情境、具体需要而自然发挥出来的,自然显出变化的。

第二节 议论文结构的基本类型

一、外层结构:开头与结尾

议论文结构分为内外两层:"外层"结构反映开头、结尾、中间论述部分的关系;"内层"结构反映论证部分的不同内容之间的关系。

"外层"结构也被有的学者称为"篇框结构",有的归纳为"引论、本论、结论",有的表述为"提出问题、分析问题、解决问题";有的分为总论—分论—结论;有的干脆称其为"三块式"。①

新闻评论作为议论文的一种,它与同属于议论文的其他议论文体(如古代论说文、近代政论)之间的区别,就包含着它的特殊规则。按照议论文"总论—分论—结论"的一般结构规则,开头自然是"提出问题"或"总论",但是它还比较抽象。对于新闻评论来说,开头的"总"是什么,它与结尾的"总"有什么不同,这都有着特定文体的规则。新闻评论区别于其他议论文的特性,其实正是它在新闻文体中的共性。以报纸、广播、电视、网络等大众传播媒介作为传播渠道的新闻文体,是特别讲求传播效率的文体。

这种效率最首要的一点还在于:它们是受众是否选择接受的条件。受众是否选择,取决于文本的传播效率,更具体一点,取决于有效率的传播结构。

美国传播学者施拉姆和波特提出了这样一个公式:

选择的或然率 = 所偿的保证/费力的程度。②

这是一种接受规律。新闻评论的结构也受这个规律支配。我们想一想,如果报纸版面把最重要的消息放在内页的下角,如果消息把事件的最终结果放在最后,那么就增加了受众"费力的程度",从而降低了读者对这条消息"选择的或然率"。

这种效率当然也体现在作为文本形式结构的开头。比如,消息中常用的"倒金字塔"结构,就是按照新闻事件不同要素的价值大小顺向排序,把最重要的、属于事件结果和高潮的内容放在开头——哪怕按照时间顺序来说它是

---

① 参见方武:《议论文体新论》,204 页。
② 威尔伯·施拉姆、威廉·波特:《传播学概论》,114 页,新华出版社,1984 年版。

最后产生的。那么，新闻评论的最重要的要素，它的"高潮"和"结果"是什么呢？新闻评论是对新闻事件的认识活动，这个活动的"高潮"和"结果"当然是认识的结果。认识的结果就是论点，就是评论作者对新闻事件的判断。

在这里面，我们应该认识到人的"认识的结构"与评论的"表现的结构"的差别。"提出问题，分析问题，解决问题"这样一个模式，应该说是对认识活动结构的实际描述，就像"发生、发展、高潮"是对实际新闻事件过程的描述一样。但是，新闻报道最有效率的形式——消息不会按照这样的模式去写。它要重新创造一个"表现的结构"——"倒着"来写。同理，对于新闻评论来说，认识的"起点"，的确应该是已被受众接受的前提和论据。但是，文章表现的起点，却应该是论点即结论。这正像消息报道的倒金字塔结构要把最终发生的事写在导语中一样，新闻评论要把认识过程最后得出的结论——作者的判断尽快写在前头，最好是能够在复述完评论对象后立即说出来。在认识上，从前提开始，这是认识的基本规律；在表达上，从结论开始，这是新闻评论写作和阅读的有效率的结构。

当然，这只是从逻辑推演出来的一般的认识，不能成为新闻评论开头的硬性框框。新闻评论与新闻报道也有不同点，它要根据读者的经验与接受规律在评论的各种要素中统筹安排。但是新闻评论开头是否具有效率性，的确可以从这样一个角度来进行考察。在这个意义上，新闻评论结构中的所谓"开门见山"，无非是有效率地传达。

范荣康的《新闻评论学》列出"开门见山"六种方法：

（1）从新闻由头说开去；

（2）先摆情况；

（3）先把问题摆出来；

（4）先把要批驳的论点摆出来；

（5）把结论摆在前头；

（6）从经典著作中引出一段话来说开去。

其中第5种"把结论摆在前头"就是论点。但第6种"从经典著作中引出一段话说开去"则属于较为迂缓的形式，类似于消息中的延缓性导语，不是有效率的表达。

于宁、李德民在《学会写新闻评论》一书中把上述六种缩减为三种：

"摆事实，亮观点，提问题。这也和新闻导语一样，把最能引起读者兴趣，最能引起读者关心的事实、观点和问题放在前面。"

我国台湾学者林大椿在其所著《新闻评论学》中谈到开头的四种类型：

"有叙事开端的，有设疑开端的，有下断语起句的，也有以预测骇世的。"

　　其实，可以理解得更简单一些：摆在前头的，无非是两类：一类是叙事（作为评论对象的新闻事实与作为由头的新闻事实、归纳出的问题、要批驳的别的观点，都属叙事的性质）；另一类则是判断（结论、预测，都属判断）。

　　在新闻评论的开头首先叙事，通常是不可避免的办法。20 世纪初，我国第一位新闻学教授徐宝璜先生在《新闻学》一书中写道：

　　　　社论既以批评新闻为事，故其结构，普通宜分为三部。首先特此多数阅者所注意之最近事实，简明叙出，以为批评之基础。次以种种理由而批评之。最后为结论。

　　但是，应该认识到，新闻评论中的叙事本身，不可能像消息中那样吸引人，因为它们往往是已经报道过、读者已经看过的事实。这就需要尽可能地由叙事这种客观性信息转入主观性信息：论点、判断。

　　比如：《北京青年报》2000 年 12 月 8 日"今日社评"《"没有资格，只有资质"时代正在来临》首段：

　　　　交通部部长黄镇东在全国公路行业管理会议上表示，我国公路行业将进一步打破部门垄断、行业垄断和地区封锁，提高包括建设市场、运输市场在内的整个公路市场面向全社会的开放度和透明度。这个信息让人们有理由相信，中国公路业在市场准入方面"没有资格，只有资质"的时代正在来临。

　　显然，在这一段中，简单叙事之后，就提前出现了一个涵盖全篇的判断，它实际上是全篇的结论，但把论证的过程放在后面的段落中了。

　　如果说，新闻评论把事实摆在前头总是不可避免的话，那么，把结论（判断）摆在前头，是除此之外更为普遍、更合乎效率原则的一种开头。实际上，一个表明结论的判断句本身，往往就包含了判断的对象（事实）和对这个事实本身的判断。这种开头也为近代以来许多新闻评论作品所证明。

　　比如：我国早期报纸评论家王韬在《旺贸易不在增埠》一文中，第一句话就说："呜呼！吾窃谓英人增埠之计左也。"

　　1904 年《东方杂志》第 1 期发表评论日俄战争局势的时评《马加罗甫死》，第一句话即为："呜呼！马加罗甫死，而俄国极东之运命尽矣。"

　　毛泽东 1944 年 10 月 11 日为新华社写的评论《评蒋介石在双十节的演说》，第一句话就是一个判断句："空洞无物，没有答复人民所关切的任何一个问题，是蒋介石双十演说的特色之一。"

　　有一位同学的课堂习作，要评论的新闻是一位名叫刘声的农民自己造汽车这件事。这位同学以整个中国汽车行业的发展状况作为认识框架来认识这个事实,视野可谓开阔。但是,在写作时,他却从一年前"400多万的销量,让中国一举挤掉德国,成为全球第三大汽车消费大国"说起,要评论的新闻事实却被放到倒数第二段,只是作为一个例子,连个"由头"的地位也不给。这是不应该的。

当然,从结构的多样性与丰富性来说,是否一定要"开门见山",是否开头一定就是"总论",也是一个问题。比如,美国佐治亚大学新闻学者康拉德·芬克在《冲击力:新闻评论写作教程》一书中归纳出的"瓶颈结构"和"你结构",就并非如此。"瓶颈结构"是以讲一个真实的故事开头的;而"你结构"则是把论述的宏观问题"换算"成与读者"你"的具体关系来开头的。这些个性化的结构模式,反映了国外评论写作的文体特征,可以借鉴。这里,我们只探讨新闻评论结构的一般规则。

结尾是新闻评论结构中的重要内容。在一般议论文"总论—分论—结论"的篇框结构中,结尾的内容当然属于"结论"。但这只是抽象的、含糊的说法。当我们已经按照效率的原则在开头说出的"结论",结尾怎么办呢?因为实际写作中无论是论证材料与文字表达都是不能重复的。因此,结尾的问题,实际上涉及的是论证材料与文字表达的分配布置问题。把什么放在结尾,也要符合意见传播的效率性要求。在这一点上,两位美国学者 Edward S. Inch 和 Barbarrw Warnick 在《批判性思维与交流:论说中的推理应用》一书中介绍说:"对此问题感兴趣的人们研究了认识的过程,并且重建了他们对论证的反应图式,发现受众最易记起的就是在开头和结尾出现的论证。这叫做'首尾效应'(primacy-recency effect)。是否把最强的论证置于文本的开头和结尾还要看具体情境和其他因素。但是总起来讲,我们建议论者把他们最强的论证或者放在开头,或者放在结尾。"①

传播学中的一种"概略理论",说的是人们在处理新闻时,倾向于将结论储存起来,而不是将证据储存起来。② 判断就是一篇评论的"概略"。"概略"的效应,加上"首尾效应",是新闻评论把观点、判断以至结论放在评论的开头与结尾的理由。

我们来看一篇评论《质疑高水平运动员上大学的政策优惠》(2004年11

① *Critical Thinking and Communi Cation*:The Use of Reason in Argument,80页。
② 参见[美]沃纳·赛佛林、小詹姆斯·坦卡德:《传播理论——起源、方法与应用》,81页,华夏出版社,2000年版。

月 27 日《新京报》)的开头与结尾的分配：

　　开头：优秀运动员在报考大学时得到一定照顾，可以比一般考生低一些的分数录取，这是正常和可以理解的。但这种照顾应有一个合理的尺度，不然的话，既违反公正原则，也会对年轻人的价值取向和奋斗方向造成误导。我认为，我国近年来实行的照顾和倾斜政策有些过头，从教育部刚公布的《关于做好 2005 年普通高等学校招收高水平运动员工作的通知》来看，这种过分照顾的趋势愈演愈烈。

　　结尾：如果我们的政策是对强者照顾再照顾，而很少想到一般人，尤其是弱者，比如残疾人的处境和需要，比如刚发生的残疾女大学生朱慧锦被取消入学资格事件，这只能增加我们深深的忧虑。为政者应当知道，创设公平的竞争环境，比为强者锦上添花重要。

　　显然，这篇评论在开头简单叙事之后就做出了明确的判断(结论)；而在结尾，则是对这个结论更为具体、强烈的表达。

二、内层结构：并列与递进

　　新闻评论的内层结构，也就是往往被称作"本论"的论证部分的结构，其基本的两种关系是并列关系与递进关系。

　　并列的结构，反映着的是认识的广度，事物的多个侧面。并列的论证单元各自通向结论，相互支撑，共同得出观点。在美国学者 Edward S. Inch 和 Barbarrw Warnick 合著的《批判性思维与交流：论说中的推理应用》一书中，以前提和结论的关系来为结构分类：简单结构就是由一个前提推出一个结论的结构；而复杂结构则是由多个前提推出一个结论的结构(如 6 - 1 图)。后者也就是并列结构。

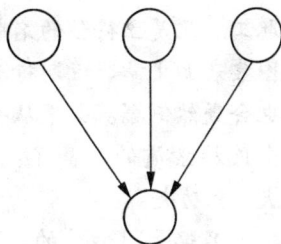

图 6 - 1　并列结构

名牌是民牌

艾丰

　　"名牌"热起来了。叫人高兴，也叫人有几分担心。高兴的是大家都来重视名牌，中国名牌事业的崛起大有希望了，这对振兴民族经济将起很大的作用。担心的是如何实施名牌战略还缺少经验、缺少规范，更存在着假冒名牌和乱评名牌两大公害。

要健康发展中国名牌事业，需要在名牌意识、名牌理论、名牌战略、相关法制、实际操作几个方面推进。而观念处于先行地位，最重要的还是要弄清什么是名牌。

对此，本文不可能做理论上的阐述。我想，有一位企业家的话，最简明地说出了这个问题的实质——名牌是民牌。

名牌是"民定"的。谁个是名牌，谁个不是名牌。谁说了算？没有别人，只有是广大消费者说了算。一句话，名牌是在长期的市场竞争中，由消费者的"金钱选票"选出来的。主管机关、社会机构，也会做某种"认定"的工作，但这只是在科学地、准确地反映了民意并符合国际结合和市场经济规律的情况下，才是有用的有益的，否则不仅无用，还会起反作用。我国在这方面实际还处在探索阶段。至于某些并不权威的单位，用谈不上科学的办法，以营利为目的的评比，给了钱，不管消费者评价如何，就加封一个吓人的头衔，不给钱再有名也榜上无名，实际是对名牌和名牌带来的一种干扰和破坏。在抵制这种乱评比方面，政府要采取相应的措施，真正的好企业也要沉得住气。

名牌是"民创"的。从根本来说，名牌不是评出来的，甚至也不只是靠宣传吹出来的，名牌是创出来的。谁创出来的？企业的广大职工。凡是立得住的名牌，都是经营管理过硬的企业创出来的。企图靠表面文章、短期行为创名牌，是不能成功的，即使名噪一时，也会轰然倒塌。如果从全国来说，要创造出众多名牌，那就更要靠全民族素质的提高了。所以，创名牌必须着眼于下真功夫、硬功夫、长功夫。

名牌是"民护"的。"民护"是两个方面，一个是保护，一个是爱护。名牌的生命之根必须扎在无限广阔的市场之中。而名牌效益又引得一些不法之徒变着法地搞假冒。所以，保护名牌成为一个十分艰苦复杂的工作，在目前我国市场规范还不很健全的情况下，尤其是如此。各级政府要打假，执法机关要打假，但真正有效还需动员民众。全民起来和假冒斗争，假冒就成了过街老鼠。中国名牌还比较弱小，还处在成长过程之中，但改革开放以来毕竟出现了一大批名牌产品和名牌企业。我们中国的消费者应该信任、爱护和使用中国的名牌。对自己的名牌成长中的问题，也要实事求是，立足于帮，千万不要轻率地一棍子打死。

名牌是"民享"的。"名牌是国宝"。名牌给企业带来效益。名牌也会带动整个国民经济向高水平发展。名牌将会丰富我们中国的文化。中国名牌是中华民族的骄傲。名牌是企业的，也是社会的、国家的、民族的。每一个名牌都是为民享用的，为民争光的，中国的名牌群体更是为全民享用，为全民争光的。

名牌——"民定"、"民创"、"民护"、"民享"，所以说它的实质是"名牌是民牌"。为了民族的振兴，让我们全民以全方位努力来发展中国的名牌事业吧！（载于 1995 年 10 月 9 日《人民日报》"人民论坛"专栏）

这篇评论从外层结构来看，是"总—分"式；从内层结构来看，则为并列式。

递进式结构反映的是事物本身的深度或人的认识的深度。但一般所谓"层层递进"，其实在理解上可能有三种不同的含义要细辨。

第一种，按着主体（即写文章的人）的认识过程，一层层地重演认识问题的全面思考过程，并且最终达到结论。

人们对事物的认识过程是由浅及深的，这也是认识的规律。但是，照原样重述这个过程，不符合新闻文体的效率原则。比如下面这样一篇文章：

灿烂笑容从哪里来

近日读了一位学者在中国国家图书馆遭到冷漠待遇的文章，不禁想起自己以前在国内图书馆或其他部门办事的类似经历。

在我们这代人的生活经历中，这种遭遇似乎普遍得理所当然。于是刚出国的时候，特别感慨办事时人们的和蔼客气。无论是去商店购物，还是在公共图书馆借书，在政府部门办事，素不相识的办事人和你互道感谢，给你一个灿烂的笑容。

我听好几个朋友用了"受宠若惊"这个词，可见两者对比，印象深刻。

为什么在国内，同胞之间办事如此冷漠，而到了国外，不同种族的人，虽然多少还有点语言问题，反而客客气气呢？为什么我们中国人几十年来还不能"精神文明"一点，普及那简单的"对不起"和"谢谢"呢？

我一度以为，原因在于制度。由于商店是私人所有的，顾客是衣食父母，要争取回头客，生意人哪敢得罪顾客。收费处年轻女店员的灿烂笑容是老板的要求，你老是板着脸的话，得罪了顾客，坏了老板的生意，老板会请你走人。剩下的，当然就都是灿烂笑容了。随着体制的改变，国内商店也开始出现笑容。

可时间一长，我发现这肯定不是全部理由。我发现，国外公有制大锅饭的地方，比如政府部门办公室、公共图书馆、博物馆等诸如此类的地方，你和他们的关系不是顾客和生意人的关系，而且你一副东方面孔，语言结结巴巴，一看就知道你是新移民，他们不靠你吃饭，可也是一个劲儿地道谢，感谢你的光临，和蔼客气的程度比起商店来有过之而无不及。这又是为什么呢？

我也琢磨过，结论是，那个地方的"老板"，比如政府部门的议员、市长、公共图书馆的馆长，都是老百姓选举的，他的饭碗是老百姓的选票给的，过一段时间就要改选一次。他可不愿意手下人冷漠粗暴地得罪选民。所以他也一定要求手下的人收起"铁板面孔"，拿出灿烂笑容来，否则也是要走人的。

在相当长的时间里，我认为找到了灿烂笑容的源泉，那就是制度。制度迫使所有干活的人，再苦再累也得拿出灿烂笑容来。

"铁板面孔"是给自己递交的辞职书。正是制度使得在所有公共场合，人们互相之间客客气气，老说"谢谢"。我以为，他们那么客气，不是天生客气，而是他们的制度使得他们不能不客气。

当我在美国生活了十年，习惯了出门办事得到灿烂笑容，发现自己已经变得不能被人"冷待"了。如果哪次别人说话不够客气，笑容不够灿烂，反而感觉被得罪了。我已经觉得，人们之间互相客气，灿烂笑容是必须的、理所当然的，根本不需要理由，不需要原因。为什么不呢？

这时我发现，商店的店员即使知道你不可能是回头客，也会对你满面笑容；市长和议员即使知道你不是美国公民，没有选举权，一样对你热情洋溢地握手拥抱；图书馆即使知道你不过是途经此地的外地人，想用他们的电脑查邮件，一样服务周到，还对你说谢谢。他们没什么求着你，并没有在制度上受制于你，却一样对你笑容灿烂。这时候，我才领悟，人们互相之间的态度，恐怕不仅是制度上的原因。

事实上，制度上的原因已经潜伏到了下面，别人并不是因为有制度上的约束才对你客气的。人家完全就是习惯，只是保留了人类社会人与人之间互相客客气气的"正常状态"。"人之初，性本善"，其实人本来是天生就客客气气的，他们的制度只是有助于维持这种正常状态而已。相反，到处都是"铁板面孔"的状况，是这种"正常状态"受到了破坏。

财产公有而公权力被私有，是正常状态被破坏的原因之一。"铁板面孔"久而久之也会成为习惯，成为一种文化现象。

记得"文革"前夕"山雨欲来"的时候，我所在的中学里曾组织讨论，如果在马路上看到一个老太太过马路，你应该不应该去搀扶她？讨论的结果是，如果你不认识她，就不应该去搀扶她。因为，她可能是一个地主婆，可能是一个坏人，可能过马路就是去搞破坏的。十几岁的中学生，竟然在老师、组织的策划下，做出了如今看来如此匪夷所思的讨论，得出了如此冷酷而没有人性的结论。可是和随后的"文革"相比，这根本就是小菜一碟，算不了什么了。人和人之间互相关系的"正常状态"遭到毁灭性打击，非常状态反而得到了制度性巩固，久而久之，也成为一种文化。

如今，我们正在进行各项改革。在这种背景下，我们还有一个艰巨任务，那就是"拨乱反正"，改变人和人之间冷漠、粗暴、怀疑、刁难的非常状态，恢复人和人相处本来就应该有的客客气气的正常状态。（2005年1月16日《新京报》，作者：林达）

这篇文章就是从生活经验中一层层发现"灿烂笑容"原因，并且原样重述了这个发现的过程，带着生活和认识的原生态。应该注意到，这样的结构展现的层次，不是事物本身的层次，而是个别的、具体的认识主体认识过程的层次。实际上，后面得出的认识，否定了前面的认识。这其实是"叙述"的结构，而非"论证"的结构，它作为专栏文章可以，但作为新闻评论则没有传播的效率。实际上，这就是一篇专栏文章。专栏文章所对应的阅读节奏更为舒缓一些，不像新闻评论那样紧张和讲求效率。

第二种：按照事物本身的层次或发展进程，一层层进行评论。例如：

"懒得搞倒"背后

据《山西发展导报》报道：某村支书和村民委员会主任等一帮"村官"，既贪又不公道，村民们平时怨声很多，但很奇怪，他们竟一直连任，坐得稳稳的。村民们说，不是搞不倒他们，只要整党时照实说，换届时不举手，就没有搞不倒的，是"懒得搞倒"。

这是令人震惊的。在较长时期试行基础上进行修订，1998年

11 月 4 日，九届全国人大常委会第五次会议通过了《村民委员会组织法》。自 1987 年实行村民自治以来，已有 6 亿农民接受了民主训练。这个法律一颁布，潮流不可阻挡广大农民想必会踊跃地行使自己的民主权利。在这样的潮流中，见到"懒得搞倒"现象，自然不能不平添一份忧心。他们是怎么想的呢？

其实，村民们的考虑也很实际。倘若民管不了官，谁在这个位置上都一样。既然已经"喂饱"了，就这么"喂"下去，总比把"瘦"的重新"喂饱"省心。

这些村的上级党组织和政府也许会说：给了你们民主权利，为什么不用呢？固然，我国农民有自己的局限性，尚缺乏民主政治所要求的精神，"懒得搞倒"就显然过于消极。但是，村民们做出的选择，可能恰恰反映的是民主权利得不到有效保障、政治参与渠道不畅通的现实。村级民主的关键，在于各个环节都能真正确保村民的主人地位无可动摇，仅仅在选举时得以行使一次民主权利是远远不够的；更重要的是要保障村民对他们选举出来的人还有日常监督、制约的权利。从该村村官腐败的事实看，村民们平时是行使不了民主权利的；他们只能在整党和选举时才能"搞倒"村官，这仅仅是事后监督，不能避免最坏的情况发生。

据报道分析，村民们深层次的顾虑是大环境风气不正。在较大范围风气不正的情况下，要在基层推进民主建设，确实有一定的困难。作为基层的领导，要造福一方，很大程度上离不开上面的支持。上面的风气决定着下面的作为。如果上面风气不正，基层要么是以浑对浑得花钱，要么是以清对浑办不成事。这种顾虑不是多余的，对于某些地方的村民来说可能恰是一种很无奈的现实。从这个角度看，转变党风和社会风气，进一步扩大社会主义民主，也是十分重要的。

乡村是政权的基础所在。发生在遥远小村庄的事情，尽管是极其特殊的，但反映了我们社会的一部分现实，折射了不可忽视的社会情绪和心态，可资我们对制约社会主义民主政治发展的种种因素进行深入认识。（作者：徐雪莹，选自《中国青年报》"冰点时评"）

在这篇文章评论的客观事物中，事物的表层是村民之"懒"——对民主权利的消极态度；而事物的深层，则是村民的这种选择背后基层民主权利得不到有效的保障的事实。评论结构随着不断加入新的叙述而逐层深入，每一层都有有效的判断，尽管判断先浅后深。这与上面那一篇后面的判断否定了前面的判断很不相同。这样的结构是适合新闻评论的。

第三种"层层递进"的含义，实际上是由两个以上各自完整的论证前后相连，每一层有确定的判断（结论）。前一个论证过程达到的结论，成为后一个论证过程的前提。在两位美国学者 Edward S. Inch 和 Barbarrw Warnick 合著的《批判性思维与交流：论说中的推理应用》一书中，这被称为论证链（argument chain，如图 6-2）。

我们来看我国早期报纸的一篇短评：

图6-2 论证链

时事批评

巴拿马河工不可往，往者非病即死。

美人招巴拿马工尤不可往，往者非病即受虐。

此其理由，国人知之，政府知之。然美公使仍向政府诸求不已，何也？必政府未尝拒之也。政府固尝闻议拒矣，然而奸民辈能立合同，回国招工，何也？必政府拒之而未尝决绝也。

谓政府不知，而政府岂真聋聩？谓政府不理，而政府竟无人肝？无以名之，名之曰，非真爱民。故吾不责奸民，而惟责政府。[①]

（载1907年1月18日上海《时报》）

这篇新闻评论可以说是层层有判断，甚至每一句话都是判断。而前一个层次的判断，构成后一个层次判断的前提，最终达到一个判断，就是事件深层原因的判断：（政府）"非真爱民"。

2005年3月10日《新京报》社论《居民身份证更是公民"权利证"》一文有这样两段推论：

从"居民身份证"的名称来看，尽管看起来只是一个身份证明，表明一个人的户籍所在地，但是，其仍然是以"公民"为前提的，也就是说，身份证首先明确了一个人是中华人民共和国的公民，然后才能通过身份证件表明这个公民的户口所在地。没有"公民"的前提，就谈不上"居住地"的问题。"皮之不存，毛将安附"，把"居民"和"公民"割裂开来，只认可"居住地"身份而忽略"公民"的身份，这是公民意识淡漠的表现。

---

① 引自曾建雄《中国新闻评论发展史（近代部分）》附录。

　　既然认可身份证中的"公民"身份，那就必然要认同其"权利"
含量。公民是指取得某国国籍，并根据该国法律规定享有权利和承
担义务的自然人。中国的宪法和法律对公民的权利和义务都有详细
的规定，公民领取了居民身份证，表明其应该承担相应的义务，同
时也应当享受相应的权利。

　　这两段的关系就是"递进"：第一段通过推理得出的结论：身份证具有公
民身份证明的含义；第二段就把这个结论当作前提（"既然认可"），继续推出
"居民身份证更是公民'权利证'"这样一个最终结论——也是全文的论点。

思考练习题

　　1. 根据你自己的评论写作经验，想一想，你的结构是怎么选择的？它在
什么时候开始产生？

　　2. 简单的结构对于新闻评论具有什么样的价值？在什么样的情况下会
出现复杂的结构？

第七章　新闻评论的标题

本章要点

● 新闻评论标题的进化轨迹是信息含量越来越大，传播效率越来越高。

● 新闻评论标题的实际制作的考虑，是针对具体对象在不同的信息之间进行权衡取舍。

● 学会从信息含量的角度来评价评论标题。

● 传播效率最优的评论标题是表达论点的标题。

第一节　新闻评论标题与信息传播效率

任何文本标题的一般要求，是要反映文本的内容。但标题能不能反映文本内容，在怎样的程度上反映内容，不同文本的标题其实差别很大。就拿古代《四书》中的标题来说吧，《论语》中的《学而》、《为政》、《八佾》、《里仁》等这样的标题，其实只是挑出了该篇中第一句话的两个字：《学而》篇中第一句为"子曰：'学而时习之，不亦悦乎？'"《为政》篇的第一句话为："子曰：'为政以德，譬如北辰，居其所出而众星共之。'"而《孟子》中的《梁惠王上》、《公孙丑下》等标题，也不过是标出该篇中的一个人物而已。一篇古代议论文的标题《六国论》、《封建论》，只是反映了议论的大致范围。而一部小说的标题《红与黑》、《悲惨世界》，又在多大程度上反映了其全部内容呢？新闻文本的标题就完全不同了。就消息而言，有许多人都是通过只看标题来了解一天新闻的，这是因为消息标题一般来说非常有效率地反映了消息的内容。新闻文体发展出了最能够反映文章内容的标题技术，这是由现代大众传播与接受的特殊性决定的。

任何新闻传播的形式，都有一种效率性的要求。消息写作如此，评论写作也如此；消息标题如此，新闻评论的标题也如此。从传播效率的角度认识新闻评论的标题，我们可以从一般议论文的标题中认识新闻评论标题的特殊规定性。

怎么认识新闻传播的效率呢？效率是收益与成本之间的一种量的关系，新闻媒体是传播新闻信息的。新闻传播的效率当然应该从信息量的角度来认识。

> **观点：**
>
> 　　作为传播新闻信息的新闻传播过程，它首先追求的必然是尽可能大的新闻信息流量，我们称之为"最大新闻信息流量追求律"。这看似常识的认知，恰好是所有新闻传播过程遵循的最基本的法则。
>
> 　　　　　　　　　　　　　　　　——杨保军《新闻价值论》

在一般的意义上，效率表现为收益与成本之间的比率。从传播者的角度来看，效率传播表现为文本传播的信息量与传播成本（字数、版面、播出时间）之间的比率。喻国明表示为：

新闻作品的信息含量 = 新闻信息/信息符号[①]

信息符号就是传播的成本。信息含量，就有传播效率的含义在内，因为它总是一定量的信息符号所传播的信息。

当然，新闻信息的传播很难有绝对的量化标准。而且新闻信息的传播效率，也不能仅从传播者的角度考察信息的"输出量"，其更重要的标准，是从受众的角度考察接受的效果。这种接受效果可能有三个标准：

其一是受众的接受、理解速度。它在反面表现为读者眼球在信息符号上的延滞时间，前者时间越短，传播效率越高；同时正面表现为信息保存在读者记忆中的时间。后者时间越久，传播效率越高。

其二是确定性。它指评论标题反映评论内容的确定性。它的反面表现为评论标题对读者理解新闻评论的误导程度、产生歧义的程度。它的正面表现为评论标题与评论内容的关联度，它可以这样来考察：如果不看内容，只看标题，有多少人能够正确地猜测评论的内容？如果看了内容，回头再想到标题，有多少人会觉得标题准确地反映了内容，并且因为标题而长久地记住内容？

其三，单就新闻评论的标题来说，还要有概括性。这是指对评论观点的概括性。因为评论标题就是要反映评论观点的，而观点本身相对于事实来说，就有抽象性。而且一篇评论的观点（论点），总是要经过推理论证的过

---

① 喻国明：《嬗变的轨迹——社会变革中的中国新闻传播与新闻理论》，23 页，中央编译出版社，1996 年版。

程，往往体现在全篇中的许多句话中。仅仅单独挑出评论中的任何一句话，可能都不足以涵盖观点，所以标题需要概括。同时，从传播效果的角度看，概括的话，往往总是给人留下更深刻的印象。

比如：2005年1月6日《21世纪经济报道》的社论《仁政减天灾》，议论的是亚洲国家从印度洋海啸中应该得到的经验与教训。文章认为：

"灾害的考验将提供亚洲国家治理模式的转型契机。"——第三自然段的分论点；

"灾难的关键教训因此在于亚洲国家应该发展起与其经济发展水平相协调的公共事务能力。"——第四自然段的分论点；

"亚洲国家面临在发展经济的同时发展经济的挑战。"——第五自然段的分论点；

"灾难对亚洲国家的教益在于，必须为经济增长的诉求找到仁政的价值基础，从此构建一套保护公民利益与安全的防灾赈灾系统，发展避免社会一盘散沙的制度整合能力，以减少灾难的损失。"——第六自然段的分论点。

最后一段总结说："逝者长已矣，来者犹可追。以民为本的仁政和在此基础上的社会团结，才是每个现代国家最终战胜挑战、弥平创伤、政通人和的依托所在。"

我们来看，即使说最后一段已经归纳出了全文的论点，标题"仁政减天灾"的概括也仍然显得非常有力。

一、新闻评论标题的进化轨迹

从中国近代以来新闻评论的发展轨迹来看，新闻评论的标题，约略有如下这样一个进化的轨迹：范围题→对象题→判断题→附加、补充信息题。这个轨迹反映了传播效率的不断提高。下面依次说明：

（1）因为我国近代早期新闻评论——也是我们在本书的前面提到的"论说"时代——基本上是从古代议论文（主要是"策论"一流）而来，因此，新闻评论的标题也自然带有古代策论的模式。比如，《富民策》、《论妓》、《少年中国说》，这些信息抽象而概括，只标明论说的大致范围，不标明评论的具体对象，可以称之为"范围题"的类型。其确定性差一些。

（2）评论由"论说"时代进入到"时评"时代之后，或者说，评论由"政论本位"时代进入到"新闻本位"时代之后，因为早期的"时评"基本上是针对新闻事件单纯的就事论事，所以标题就往往只标出事实性内容，像是一个消息题，比如《马加罗甫死》、《韩国建官》、《俄人车站执事之潜逃》。这些信息虽然具体、确定,但仍然是单一的,可以说属于"评论对象"的类型。

(3)随着时评文体的发展和丰富,特别是其选题与内容的开阔,除了事实性信息,作者的论点进入评论标题,它们往往是一个标准的判断句。它们兼备评论对象的事实性信息和评论主体的观点性信息,可以称"判断题"或"论点题"。可以说,这是确定性最高的评论标题。如近代名篇《大乱者救中国之妙药也》。在当代,这类评论标题比较普遍。

(4)传统的新闻评论标题一般只有一行,表达空间局促。当代新闻评论标题的一种新趋势是通过附加题以补充信息。具体做法,就是在大字号的短题之下,附加一个小字号的实题,标明具体判断或评论对象。这在国际报纸上已有明显表现:2004年9月3日英国《金融时报》社论评的是欧盟各国在商订"稳定与增长公约"遇到的问题,标题为:

回到生活(Back to Life)

(附)稳定公约改革需要成员国支持

2004年9月3日《华尔街日报》社论,评论布什政府的"不让一个孩子落后"法案(No Child Left Behind Act),标题为:

有些孩子落后了(Some Children Left Behind)

(附)布什的教育改革者们难以推行他们的政策(Bush education reformers aren't enforcing their own law)

2004年11月16日,《华尔街日报》社论版刊登文章评论国务卿鲍威尔辞职,标题为:

鲍威尔的教训(The Powell Lesson)

(附)或许国务院现在会支持美国政策了(Maybe the state department will now support U. S. policy)

可以看出,这些标题的"主标题"都是传统习见的评论标题,或者过于简略,或者过于静态,只有单一的信息。而其附加题,则为具体、确定的判断,填充了主标题留下的语义空间。

新闻评论"附加题"在我国报纸也时有所见,《中国青年报》"青年话题"版2004年10月29日在头条位置发表童大焕的评论:

爱惜警察务请慎用警力

(附)对于《治安管理处罚法(草案)》的五点建议

如果只有主标题,就过于抽象,没有反映具体的论题;但是如果只有下面的附加题,则体现不出这篇评论的精神所在。所以,两行标题虚实相补。

新闻评论"附加题"的趋势,也表现在异军突起、方兴未艾的电视评论方面。

由于电视是动态的，还可以随着评论的进程不断地变换附加题，以提示观众进入新的评论层次。

如中央电视台《体育今日谈》节目：

　　让裁判与金牌同步

　　[最先出现的附加题]"裁判现状与我国体育综合实力不符"

　　[再次出现的附加题]"知识结构欠缺影响高水平裁判成长"

评论我国花样滑冰运动员的：

　　演绎宋氏王朝，强化中国风格

　　[最先出现的附加题是]"更换音乐注重艺术表现"

　　[再次出现的附加题则是]"中国特色打动世界"

2005 年 1 月 5 日

　　[主题]明星与海啸

　　[第一次附加题]田亮拍写真集引来非议

　　[第二次附加题]明星应承担更多的社会责任

二、新闻评论标题的信息取舍

以上我们是从历时态的角度展示了新闻信息与传播效率在新闻标题中的体现。现在我们从共时态的角度——也就是当代新闻评论标题中不同要素的取舍的角度，来展示新闻评论标题的信息含量问题。

新闻评论的标题，完整的要素，包括事实与观点——这就是两类基本的信息量。这也是为了效率：一眼看到标题，不知你评论的是什么；或是知道你评的什么，但看不到你的观点，只有在文章的最后才看到你的观点，读者也许就放开不看了。也有标题光标出抽象的观点，不标出评论的事实。其毛病在于：人们的观点总是远远少于新闻事实。在这篇评论中表达的观点，可能同样适用于那篇新闻评论，如果标题只表达抽象的观点，那么这篇评论和别的评论在标题上就很难区别开来。把事实因素加进去，实际上是加上了标题的区别性因素。

但是，如果评论标题既要客观信息，也要标出主观信息，这就不仅需要很强的概括能力，而且还要很艰难的取舍——要在标题中不得不放弃一些信息。一名编辑常常要在评论标题的事实信息与观点信息之间作出权衡。事实信息具体，而观点信息抽象。编辑实际上是在具体与抽象之间作出权衡，更实际一点说，是在什么信息更吸引人的问题上作出判断。

我们来看一下要素较全的新闻评论标题：

　　由超生罚款到缴纳社抚费

　　——一个非同小可的进步

　　（2002 年 1 月 23 日《中国青年报》"冰点时评"）

整个标题两行，可以看做是一个"判断题"，表达了全文的论点。来稿原题就是"一个非同小可的进步"，是一个缺省具体对象的判断。当初编辑考虑这个标题比较抽象，因为在当代体现社会进步的政策不断出现，这样一个标题就缺少区别性因素。所以就把评论的对象即"由超生罚款到缴纳社抚费"这样一个政策变化写入了标题。这样两行如此长的评论标题并不多见，它远离了议论文标题稳定、静态、简约的传统，但是，就全面体现评论内容信息这方面看，的确比较舒畅。

　　司法介入证券欺诈　　过渡方案有欠周全

　　（2002 年 1 月 21 日《21 世纪经济报道》社评）

这是《21 世纪经济报道》社评标题的一般风格。该报的社评一般置于头版下方，往往通栏刊出，有比较宽阔的标题空间。这个标题就包括"司法介入证券欺诈(的)过渡方案"这样一个客观信息和对这个对象的判断——主观信息"有欠周全"，也是全面概括论点的标题。

我们来看单一信息的评论标题：

　　6000 死魂灵侵吞千万养老金

　　（2003 年 1 月 31 日《中国青年报》）

这个标题只有事实性信息，没有观点性信息，令人疑为一篇消息或通讯的标题。这样的标题，在当代新闻评论中确实很少了。

　　嫖娼和强奸决不是性爱

　　（载《品质》2003 年第九期）

这个标题虽然从句型上看也是一个判断。但这是一个过于普遍的判断，实际上，它相对于这篇文章所评论的事实来说也相隔较远，属于转喻——这篇评论批评的是某地在旧城危房改造中"强奸民意"的政府行为。由于评论对象的客观性信息并未出现在标题中，信息单一，这个标题就离完整地概括文章论点的标准相距过远，让人看了不知所云。

这样两种标题现象都说明，新闻评论标题做得好不好，最基本的问题是信息的选择和取舍问题，其次才是修辞问题。

我们从不同媒体评论编辑对标题的修改中，也可以看到这种信息的取舍。比如《中国青年报》2002 年 1 月 30 日有这样一篇评论，批评武汉违反防洪法规,在长江河道内耗资 1.6 亿元建"外滩花园",以及南京耗资数百万元在紫金山上建观景台,最后不得不炸掉这样两件事。原标题是:

　　　对工程建设审批制的反思

　　应该说是切合文章的中心的。但是,这样一个标题的观点信息被高度抽象了,相对静态,没有点出目前人们所关心的新闻事件,像是一篇论文的题目,这就不能吸引读者注意。后来,被网站转载就被改成:

　　　违法观景台是怎么盖到五层的

　　这是因为网站编辑对怎样吸引读者的"眼球"(注意力)比报刊编辑更为敏感,所以他一定要突出事实性信息。

　　2002 年 11 月 25 日,《中国青年报》发表一篇评论,评论的是广东省安排吸毒人群从指定药店购买清洁针具,并通过工会系统陆续向省内非国有企业的 100 万名未婚打工妹免费提供安全套,以保障她们的性生活安全,以及重庆市政府将广泛实施安全套干预计划,向高危人群(吸毒、卖淫、嫖娼等)发放安全套等一系列政府行为。这些行为在评论中得到了积极的价值肯定,被认为虽然表现上是对不良社会现象管理上的"退步",却是政府为了争取更大的社会价值的"现实思维"。评论的标题定为:

　　　"退步"政策的现实思维

　　但是,在这样一个标题中,具体的新闻事实(评论的对象)被高度抽象化的"退步政策"指代,而"现实思维"也是一个比较抽象的概念,因此,这样一个标题肯定不能吸引注意力。于是,当这篇评论被网站转载时,标题就被改成了:"清洁针具和安全套彰显的人道"。

　　这些不同的修改,既反映出评论编辑对不同信息的选择倾向,也反映出评论标题中信息的不同的抽象层次的接受效应。

　　实际上,不同媒体由于定位不同,对评论标题中的信息,确实有不同的侧重取舍。比如,《新京报》的社论标题在规范上要求必须含有新闻事件的客观信息,而新闻事件的客观信息必然压缩主观信息、情感信息以及修辞的空间,因此标题总体上就显得实一些;而从另一方面看,其神采就差一些。比如:

　　　"流浪求助款提前告罄"的原因及对策
　　　30 个项目被叫停:"环评"利剑初露锋芒
　　　第三者责任立法:平衡利益是关键
　　　公布新闻发言人电话符合新闻规律
　　这种标题信息含量的倾向是与该报社论坚持事件性选题的制度有紧密联

系的。除此之外，由于《新京报》的社论作者中的大部分特约评论员是各个领域的专家学者，因此社论选题多为涉及一些对策性话题、技术性话题，或者是从政策性、技术性层面进行思考的话题，这也使得标题显得更实一些。

第二节　新闻评论标题的信息评价

新闻评论标题的信息评价的标准，应该在标题与评论内容的关系中建立，它应该体现为标题对评论内容的反映程度。这当然不可能是定量的评价，而只能是定性的、等级性的评价。

新闻评论的标题，从反映内容的信息上来分，可以分为：

（1）直接表达论点的

（2）间接表达论点的

（3）不表达论点的

20 世纪 30 年代的新闻学家郭步陶曾说：新闻评论标题"怎么叫做好？就是要把评论中最重要之点完全揭出，放在题目以内，使看报的人，一看题目就被它吸引住了，非把这篇评论看完不可"。[1]

那么，一篇评论中这"最重要之点"具体是什么呢？他没有明确说出。其实，当然就是评论的论点。这一点，后来有专家给予明确："在很多情况下，评论的题目所表达的，就是评论的论点。"[2]

而直接表达论点的，一般是一个判断句。因为论点的最直接最有效率的表达就是判断。因此也可以称作"判断题"。"判断性的题句，很明显地告诉读者对某一问题所应有的认识。"[3]体现了核心论点的判断，全面、确定地反映了评论内容，它对评论内容的传播也最有效率。同时，传播学中信息处理的"概略理论"表明："人们倾向于将来自证据的结论贮存起来，而不是将证据贮存起来。"[4]"概略"最容易为受众所记住，因此，它应该是评论标题在信息传播上的最优选择。

比如：

1911 年 7 月 20 日《大江报》评论：《大乱者救中国之妙药也》

---

① 郭步陶：《编辑与评论》，174 页，商务印书馆，1933 年版。

② 邵华泽：《同研究生谈新闻评论》，43 页，人民日报出版社，1999 年版。

③ 林大椿：《新闻评论学》，94 页。

④ [美]沃纳·赛佛林、小詹姆斯·坦卡德：《传播理论——起源、方法与应用》，华夏出版社，2000 年版，64 页。

1941 年 6 月 29 日《解放日报》社论：《苏必胜，德必败》

1948 年 11 月 10 日《大公报》社评《和平无望》

1995 年 10 月 9 日《人民日报》评论《名牌是民牌》

2002 年 2 月 27 日《北京青年报》社评：《"黑熊事件"是精神健康的危险信号》

《解放军日报》评论员写作的一篇反"台独"的评论获得第十一届中国新闻奖言论一等奖。其标题起初拟了几个类似于《一个中国的原则是祖国统一的基石》等，都不太令人满意。经过再三推敲，最后才确定为《"台独"即意味战争》。

作者后来介绍说："应该说现在这个标题'一竿子插到底'，简洁明快，朗朗上口，顺耳好记，给人一种痛快淋漓的畅快感，充分表明了评论作者鲜明的政治态度和观点。"[①]

1941 年，重庆《新华日报》为批驳《大公报》社论《可耻的长春之战》写了一篇社论，原来起的标题是《驳大公报社论》，周恩来将题改为《可耻的大公报社论》，大家都认为更加有力。其实，这恰是因为把原来不是判断句的标题改成了一个判断句——把一个标出"对象"的题目改成了一个标出论点的题目。

《中国青年报》的一位作者写一篇评论，原题为《"平庸快乐"为什么不得人心》，见报时被编辑改了标题为：《成功者在文化中垄断了快乐》。作者看到后吃了一惊，打电话给编辑："我没敢说这个话啊！"编辑笑着说："这就是您文章中的原话啊！"你看，编辑是把一个非判断句，改成了直接的判断句；原标题标出的是问题，而修改后的标题则直接标出了对这个问题的答案。编辑对此的解释是：能够直接说出来就应该直接说出来。

间接表达论点的可以分为这么几个层次：

1. 判断的主词缺省

主词其实在文章内容之中，加上主词，就是一个完整的判断。新闻评论标题信息内容的"缺省"，是新闻评论标题的常态。为什么要"缺省"？一是因为在操作传统上评论标题空间有限；二是因为作者可能确实要留一些悬念。由于判断句的主词缺省，留在标题中的往往是判断句的宾词，这是一个名词结构。

---

① 刘格文、谭健、刘新如：《"识见"即评论——<"台独"即意味战争 > 写作谈》，2001 年 11 期《新闻战线》。

比如，香港《大公报》1984 年 12 月 20 日社评的标题是：

世界文明外交的光辉典范

这个标题就是一个缺省了主词的判断句，它的主词就是文章的评论对象，也即文中第一句话所叙的中英两国政府就解决香港前途问题的《联合声明》的正式签署。

邵飘萍于 1922 年 7 月 14 日发表在《京报》上的时评：

事实上之行贿

这也是一个主词缺省的判断。判断的主词就是评论的对象，它在文章中，就是"国务院已通过以若干万元豢养八年议员及新议员诸君，尽聘为顾问咨议"这件事。

邵飘萍 1924 年 7 月 12 日的时评：

不平中之最不平者

这个判断的缺省的主词也在文中——即"本报所屡向帝国主义各国抗议之关税问题。"

2. 表达事物关系的"并列题"，其本身就是对两个事物"有关"的缺省判断

比如马克思 1853 年为《纽约每日论坛报》写的社论《中国革命与欧洲革命》，文中的核心判断是："欧洲各国人民的下一次的起义，他们下一阶段争取共和自由和争取比较廉洁的政体的斗争，在更大程度上取决于天朝帝国（欧洲的直接对立面）目前所发生的事件。"简单来说，就是"中国革命"与"欧洲革命"相关。

而 1946 年 2 月 25 日《解放日报》社论《重庆事件与东北问题》的标题，则表明当前"重庆事件"的认识，应在"东北问题"的大背景下理解。

当然，并非所有的"并列题"都是要着意于判断两个事物之间的关系。在实际写作中，人们"有时还可以把毫不相干的几个概念并列在一起，做成标题，如《马尾巴？蜘蛛？眼泪及其他》。这类标题也比较含蓄。它靠这种并列的概念、问题之间究竟有什么联系去吸引读者，寻找答案"。①

针对上述情况，在这里，我们有必要把新闻评论传递信息的功能与杂文故意含蓄以吸引读者的动机区别开来。如果有故意含蓄的动机，那就是放弃信息的确定性，回避信息的畅达传播，应另当别论。因为这时标题就不是传播信息的手段，而是遮蔽信息的手段了。而我们之所以认为新闻评论的标题

---

① 范荣康：《新闻评论学》，295 页。

有必要以两个概念并列，是因为：第一，它比只有一个概念包含更多的信息；第二，它传递出评论的内容是涉及两个概念所代表的事物的关系——因此更具体、更确定。

不表达论点的评论标题，则往往表达论题，这也分为几层：

标出要评论的新闻事件，即把评论的对象标出来。这是早期事件性新闻评论的选题用得比较普遍的题型。例如：

《北京掠夺事件》（1902 年 2 月 8 日《新民丛报》第 1 号"国闻短评"）

《马加罗甫死》（1904 年第一期《东方杂志》时评）

《苏日中立条约》（1941 年 4 月 15 日《大公报》社评）

《日本投降了》（1945 年 8 月 16 日《大公报》社评）

《毛泽东先生来了！》（1945 年 8 月 29 日《大公报》社评）

《蒋介石走了》（1949 年 1 月 22 日《文汇报》）

《欧元来了》《Here Comes the Euro》（2002 年 1 月 1 日《纽约时报》社论）

这种标题类型，也往往加上一个代表评论体裁的词，例如：

梁启超：《评一万万元之新国债》、《湘军滋事感言》

王芸生：《读雅尔塔秘密协定有感》

毛泽东：《评蒋介石发言人谈话》、《评战犯求和》

在标出评论对象的基础上，也可以通过修辞等方法透露更多的主观信息：暗示出作者的倾向、评论的方式、角度或重点。比如"驳什么什么"，就比"评什么什么"多了一重否定性信息。

梁启超曾有一篇著名评论《异哉所谓国体问题者》，对于"筹安会"为袁世凯称帝作"理论宣传"而提出的所谓"国体问题"进行批驳。标题中"所谓国体问题者"即标出了评论的对象，而"异哉"二字则标出了表达质疑的主观信息。

"从什么看什么"的标题，暗示出这篇评论的逻辑结构和论证方式是一种移动和推演、扩大或缩小、转移视野的方式。比如王芸生写的《大公报》社评《由新民报停刊谈出版法》，就暗示出从一个具体事件论及普遍规范的逻辑思路。1996 年 3 月 9 日，《农民日报》评论员文章《从政治的角度认识农业》，也显然标出了"认识的层次"。

也有通过修辞手段在客观信息的标题流露出评论者主观信息的方法，比如 2001 年 6 月 13 日韩国《朝鲜日报》有一篇评论，评的是大韩航空飞行员的罢工，评论标题为：1 亿高薪者的罢工。这个标题，我在讲课中让同学们评价其信息，有同学说表达"冲突"，也有同学说"留出悬念"，都是因为人们通常看到的和同情的罢工，都是低收入者为提高工薪举行的罢工。而年薪"1亿（韩元）高薪者"的罢工，则似乎不在人们的意料之中。其实，作者正是以这个标题表达批评的。文章说：

　　　　导致航空运输业空前大乱的大韩航空飞行员的罢工，越来越暴露出这只是一次除了当事者以外得不到任何人响应和同情的盲目的企图。尤其是年薪高达1亿多韩元的高薪阶层举行的罢工，只能给市民情绪带来巨大的反感。

　　我们来看，如果标题为"大韩航空飞行员的罢工"，就是一个纯粹的客观信息性标题；但以"1亿高薪者"来置换"大韩航空飞行员"，信息的确定性虽略有牺牲，但主观性信息——否定性倾向却有所增加。

　　标出问题来。这种题也被称作"设疑题"。以"为什么"字句开头的评论标题，先透露出的是：这种标题比仅标出评论的对象包含更多的信息——明示评论侧重于分析新闻事件的原因。比如：

　　《为什么要统一国家财政经济工作》（1950年3月10日《人民日报》社论）

　　《国产名牌何以流失？》（1996年3月25日《解放日报》评论）

　　标出议论的范围来，是早期报纸（政论时代）常用的评论标题，从发展的眼光看，这样的标题确定性的具体信息含量较低，已不适应现代新闻评论的标题。比如：《论妓》、《富民策》、《变法通议》、《时局观》。但现在的思想性评论中往往还有这样的标题，比如：1996年1月30日《人民日报》"人民论坛"的《论潇洒》。

思考练习题

　　1. 如果说表达论点的评论标题是效率最优的标题的话，为什么还会有别种类型的标题？

　　2. 新闻评论标题要达到的凝练、概括的效果与信息具体的要求之间有没有矛盾？如何看待这个问题？

　　3. 如果一个新闻评论标题，在读完全文之后才能理解它的话，这个标题是否还有意义？

第八章　新闻评论的文风与语言

本章要点

● 新闻评论文风与语言受社会历史条件的制约与推动。

● 新闻评论文风与语言应该体现新闻文体的传播效率。

● 理性的文风与语言既是新闻评论传播效率的一种形式要求，也是提高全民理性素质的一种社会历史要求。

评论的语言风格就像评论的结构一样，一般也可以说是"文无定法"。我们这里讲的并不是文风和语言的具体规范，而是站到当代新闻评论的格局和现代大众传播规律的背景下，展示和理解涉及新闻评论文风和语言的一些基本问题。

第一节　文风和语言的体制性问题：官话与民话

文风问题不仅是党报的问题。但在长期的党报实践中，媒体文风和语言一直得到政治层面的高度重视。中国共产党 1942 年的"延安整风"，其中之一，就是要整顿文风。1942 年 8 月 4 日延安《解放日报》社论《报纸和新的文风》写道："建立新的文风，是整顿三风中的一件大事，同时又是报纸、和报纸有关的一切工作者首先来倡导的事情。"毛泽东在 1942 年写的《反对党八股》中说："主观主义、宗派主义和党八股，这三种东西，都是反马克思主义的。"并且说："中央现在作了决定，一定要把党八股和教条主义等类。"所谓"党八股"就是一种文风，当时把它与诸种错误思想并列，提高到"反马克思主义"的地步，是提得相当高的，有着当年特定的时代政治背景。1957 年《人民日报》改版社论《致读者》："文风不好，不但读者不愿意看，而且还会造成有害的风气，不利于思想文化，也不利于政治经济。"这些都反映了媒体文风与政治的重要关系。"文革"所代表的左倾路线对中国新闻评论文风和语言的恶劣影响，更从反面证明了这种关系。①

文风不仅是表现形式和传播效果问题，而且是媒体与受众的关系问题。文风之所以与政治有着重要的关系，其实就是反映着作为执政党的中国共产党的党报体系中党的领导机关、干部工作作风、党报的新闻工作者与人民群众的关系。当然它的直接结果是传播效果问题——党的路线、方针、政策能否更好地为人民群众理解、接受的问题。

我国新闻媒体几十年来都不断地纠正文风，主要是纠正媒体语言脱离人民群众、高高在上的文风，这是为什么呢？就是因为这种文风总是顽固地存在，纠正一段之后，又会出来。为什么会这样呢？这就不能仅仅从媒体从业者的思想作风上着眼了，而应当从媒体的体制上看问题了。

从评论的写作来说，长期以来，媒体承担的基本上是单向传播功能，也就是通过评论引导舆论、教育群众的功能。评论写作的参与者有限，基本上是同一身份，即承担着引导、教育使命的身份。这样单一的写作身份，是很容易居高临下、耳提面命的。纠正一段时间，当然有效；但不断地反复也是事实。另一方面，媒体格局相当单一，基本上都属"机关报"体制。这种"机关报"体制下的评论，也很容易把"机关作风"和"机关语言"移植过来。实际上，一些评论写作，特别是社论，就是"机关"授意、"机关"审阅的。因此，在新闻评论中"祈使句"用得比较多，因为它直接表达号召、命令；而判断句用得较少，因为后者更个人化，更有认识本身的风险。价值判断多，事实判断少，也是同一个原因。

中国当代新闻评论的文风与语言，正在由"官话"转向"民话"，这是由两个因素引起的：

其一，政治民主在新闻媒体上体现为言论写作广泛的社会参与。各个媒体开办了更多的言论空间（如报纸的言论版），各种社会身份的人进入评论写作，打破了过去单一写作身份、单向传播的格局。

其二，媒体格局单一化的结构，也有所松动。一些原有的机关报体制下的媒体集团，通过跨地域联合办报的形式，产生了一些"边缘体制"的媒体。比如南方日报集团与光明日报集团联合在北京创办《新京报》；上海文广新闻传媒集团、广州日报报业集团、北京青年报社在三地联合创办《第一财经日报》。这样的"联合体制"多少松动了原有的"机关体制"束缚，而使媒体更接

---

① 参见胡文龙主编：《中国新闻评论发展研究》第十九章《"文化大革命"时期的报刊评论》，中国人民大学出版社，2002年版。

近市场和读者。

其三，广播、电视评论和网络评论等参与性、交流性特别强的评论形式，给评论语言带来了新的冲击。

这些变动，都对媒体的文风和语言产生着从未有过的重要影响。那就是，个人化的选题、个人化的视角、个人化的判断和个人化的语言增多了。因为，一个政党、一级党委、一个党的机关刊物虽然可以作为一个集体的认识主体，但对于纷繁复杂的社会生活而言，特别是对于新闻事件而言，认识的主体基本上是个人。评论文风的变化，首先是人的思想和评论选题的开阔，是思想解放、言路开放的一个结果，其次才是表达形式的多样化。

比如，新华社浙江分社主办的《现代金报》，在其言论版《金评天下》中，每期都有编辑以"版主"的名义与其他评论参与者针对新闻事件的对话栏目，这在形式上明显融会了电视谈话节目和网络论坛的交流性特征，对传统的报刊评论文本的局限进行了突破。但其深层则反映出传播者已经放下了居高临下的身份，而采取了与其他评论参与者平等对话的姿态。编辑时寒冰总结"对话"栏目的优势，介绍这个栏目的具体操作：

其一，相对于那些生硬的说理，它更生活化，更口语化，容易为人们所接受。其二，"对话"可以通过几个人的讨论把一个问题说清楚说透彻，能满足读者在单独的一篇时评里所不能得到的更为丰富的信息。其三，"对话"是观点的高度浓缩和集中，直截了当，开门见山，因而，观点明确，旗帜鲜明，容易引起读者的共鸣。其四，对话可以同时包容正反不同的观点，这个优势更是一篇评论文章所不能相比的，因为，假如一篇文章出现了两种完全对立的观点，这篇文章肯定是失败的。……

时寒冰介绍，《对话》的具体操作程序是："《对话》栏目，首先是选题，看哪个选题值得做《对话》。而后是选文章，看看时评人的来稿中，有没有适合做《对话》的，《对话》要求观点有层次感，有深度，最好有碰撞，能出彩，如果来稿中没有合适的文章，或者更好的观点，就约人来谈，我做记录。"

实际上，"对话"文体不仅是一种新闻评论形式创新，更是当代新闻评论文风和语言中民主精神的体现。

[对话]

打击胎儿性别鉴定

版主：昨天的《现代金报》报道，中国国家人口和计划生育委员会主任张维庆近日透露：政府有意通过修改《刑法》来遏制人为因素造成的中国新生儿性别比例持续失衡问题。增设有关条款，加大依法打击非医学需要的胎儿性别鉴定和选择性别的人工终止妊娠行为的力度。如何看这件事情呢?

刘吉涛(山东,法学讲师):在修订《刑法》时,如果把非医学需要的胎儿性别鉴定和选择性别的人工终止妊娠行为规定为犯罪的话,必将产生巨大的威慑力,最起码基本上能把医院这条路堵死.因为绝大多数医生决不会为了一个"胎儿性别鉴定问题"而让自己成为犯罪人。

版主:您认为通过修改《刑法》能遏制中国新生儿性别比例持续失衡问题吗?

刘吉涛:未必。B超固然是当下鉴别胎儿性别最准确的方式之一,但并不是惟一的方式。众所周知,民间还有许多辨别胎儿性别的"土经验、土办法",在一个性别歧视倾向十分坚定的人眼中,完全有可能仅凭这些"土经验和土办法"来进行性别选择。

刘彦华(河北,职员):我认为解决性别比例失调问题不宜过分依赖法律。

版主:为什么?

刘彦华:因为问题并不是出在法律上。新生儿性别比例严重偏离正常值不是一年两年形成的,而且我们也并非没有相关的法律、法规:中国在近几年已经颁布了《人口与计划生育法》、《中华人民共和国母婴保健法》等法律法规来打击选择新生儿性别的行为。国家人口和计生委资料显示,目前中国已有29个省(区、市)在当地的人口与计划生育条例中对非医学需要的胎儿性别鉴定和选择性别的人工终止妊娠行为作出了禁止性规定。山东、福建、广西等省还为此制定了专门的地方性法规。

版主:这些可谓是"有法可依"了,为什么还造成了严重的比例失调?

刘彦华:新闻报道中有这样一段话:"据统计,近两年来,中国查处的此类非法案件达3605例,处理当事人240人,查封没收B超机978台。"有可依的法,有违法的情况存在,但是,比例失衡带来的是男孩子比女孩子多了几千万人,虽然不能说多出的几千万人都是非法鉴定和选择性别的产物,但也绝不止978台B超机和2409人在鉴定。被查处的和没有被查处的比例又是多少呢?

版主:可见问题并不出在没有法,而是出了违法不究、执法不严上。

刘彦华：所以，我认为问题的关键并非在于是否应在《刑法》中写入相关的条款，而在于能否真正有效地打击胎儿鉴定行为。与此相关，还需要进一步强化社会人群的平等意识，让男女平等的意识真正深入人心。否则，一味地去渴求法律来约束，则可能是开错了药方。

（2005 年 1 月 8 日《现代金报》第二版）

评论语言的变化，也同样表现在社论这种报纸最高规格的言论中，比如，2005 年 2 月 9 日《南方都市报》的元旦社论《恭喜发财红包拿来》开头的一段：

> 今晨一觉醒来，有没有听见喜鹊叫，感到左眼跳，发现窗外明媚，屋内别样地亮堂——别说那只是因为家里刚刚搞过大扫除。又或者，是不是借着初醒的情绪，还没理顺思路，却已涌出了无理由的高兴、生出来无目的的期待——别说昨夜熬夜看节目、逛花市，现在只想再睡个回笼觉。不行，那可不行，严格地说，一年几百几十几天都可以，就今天不行。告诉你，今天大年初一！"昨夜斗回北，今朝岁起东"，请酝酿好笑脸，抖擞出精神，穿上红彤彤的新装，揣好红艳艳的红包——有人要来拜年啦！

在任何社会里，作为大众传播媒体的新闻媒体本身，永远是稀缺性资源；传统的传播形式和传统的体制，使这种稀缺性更为突出一些。因此，传播者本身的文风、语言，也不可避免地要打上这种资源稀缺性和体制稀缺性的烙印。长期以来新闻评论中的"官话"文风即是这种烙印之一。清醒地意识到这一点，不断地修正自己的文风和语言，使它们更接近受众——也就是广大人民群众，是可以做到的。另一种根本性的条件，就是开放媒体，给公众更多的发言空间和机会，比如现在更多的言论版。事实证明，只有"民话"才能根本上改造"官话"。在一个充满人民群众生动活泼语言的言论空间里，居高临下的、刻板单调的"官话"，自然会相形见绌。而如果只有媒体从业人员的"官话"空间，就如过去长期以来报纸只有社论、评论员文章（至多有少数杂文栏目）一样，那么，"官话"，就会成为话语的摹本——写评论，大家就觉得应该这样写，这样写似乎才算"评论"。这就是过去一些年里即使是人民群众的来稿也有"官话"风格的根本原因。这就是评论的语言与文风的相互影响机制。

第二节　评论语言的文体界线问题：直笔与曲笔

评论的语言问题，除了体制性因素之外，还有一个文体因素。新闻评论使用的语言与其他文体有什么不同的要求吗？

新闻评论的语言，就像新闻评论的结构一样，以传播效率作为第一重要的价值。因此应该平白易读、讲求"直笔"，多用概念和判断。不应该曲折枝蔓。任何影响效率的文采和韵致，包括比喻，都应该牺牲掉。

而其他议论文体，比如杂文，则在传达思想的同时，更多地注重语言本身的美感和韵致，更多地使用形象化的语言，不避旁枝逸出。

> **概念：**
>
> 文体是指相对独立的篇章的体裁，是篇章构成的一种规格和模式。不同的篇章，由于内容和目的的不同，其表现形式也就必然产生一定的差异，这种差异的存在，是文体形成的根本基础。文体虽然从总体上属于篇章的形式范畴，但实际上，它却体现了篇章从内容到形式的整体特征。具体来说，文体是对篇章的内容、结构、语体、形态、表现手法等方面特征的总体概括。
>
> ——齐元涛等著《篇章应用通则》

宋代严羽对"直笔"的风范有这样一段说法："仆意谓：辨白是非，定其宗旨，正当明目张胆而言，使其词说沉着痛快，深切著明，显然易见；所谓不直则道不见，虽然得罪于世之君子，不辞也。"

他当然说的不是新闻评论。但"不直则道不见"，却的确可以用来说明新闻评论语言对于传播观点所应有的效率。新闻评论语言的文风，宜直而不宜曲。曲笔所损失的正是传播的效率。

当然"直笔"在某种情况下，确实需要写作者的勇气、相对宽松的舆论环境与相应的法治环境，曲笔有时难免。我们这里所要说的是，曲笔不应该作为新闻评论的一种语言追求或者"韵味"的追求。实际上，对于新闻评论的接受者来说，明确的、毫无含糊的，乃至"一语说破"的语言，具有更大的感染力和冲击力，也会给人留下更深的印象。例如：

事实上之行贿

传闻国务院已通过以若干万元豢养八年议员及新议员诸君，尽聘为顾问咨议，使若辈出售议席，不再滋闹。诚哉，其有不得已之苦衷！但吾人不欲加以批评则已，倘令吾人言其当否，惟有下一极明了之判语曰：事实上之行贿耳！（原载 1922 年 7 月 14 日《京报》，作者邵飘萍，引自方汉奇主编《邵飘萍选集》）

在语言词汇的选择上，新闻评论应该尽可能使用确定性的概念，而少使用形容或转喻性的词汇，因为新闻评论主要靠概念—判断—推理这样的逻辑方法。确定性的概念反映事物的本质，可以作为判断与推理的基础，而形容与转喻则不能作为判断与推理的基础。当然，形容或转喻的词汇在感觉上确实要好看一些，一篇评论，满纸抽象的概念，很可能给人以干枯的印象。但尽管如此，仍然要从量和质两个方面控制形容与转喻的词汇。量的控制，即形容或转喻的词汇不要太多、太滥，不要使它们构成词汇的主体，否则好看虽好看，却淹没了理性的表达；质的控制，即不要用形容与转喻来代替论证与判断。太多的比喻成分可能有益于理解，但却削弱了论证，实际上是削弱了人们通过理性把握事物本质的能力。

第三节 文风与语言的演变轨迹：情感与理智

我们的语言是具有情感与理智这两重性的。单独看，确实有一些语言富于情感性，而另一些语言富于理智。由这些不同的语言词组成一篇文章，就会形成情感化的文章或是理智化的文章。而组合的过程及结果，比语言词汇单独考察更复杂一些。

在一定程度上，评论的情感性与形象性是达到好的传播效果的手段。这也是人的一种接受规律。因为它的传播对象是有情感的人，而且人们普遍地比较容易接受形象化的表达。但是，语言的情感性与形象性在意见传播的伦理上和效果上都是值得警惕的。因为：其一，情感性与形象性的语言容易越过接受者头脑中的"理性审查机制"而达到劝服对方接受的目的；其二，情感性与形象性的语言，也可能干扰评论者所要表达的观点的理性内涵——人们可能接受了你的结论、你的倾向，却没有接受你得出这种结论与倾向的理性思考。因为，理性并不只是单纯的结果，它是人们思考问题、看待事物的方式。新闻评论除了在其目的上要促进一个社会的理性选择，还要在思考方式上促进一个社会整体的理性素质，这是历史上的任何"劝服传播"所不包含的使命与功能。千百年来人们的劝服活动的目的都很直接和功利化，而当代新闻评论的目的和功能，则是要潜移默化，把理性的思考方式通过大众传播媒体深入人心。

对于情感与理智这两种语言倾向，许多教科书都告诉我们要"情理兼备"。情理兼备的确是一种理想的平衡状态，但如果做不到怎么办？宁要理胜于情，不可情胜于理。有时候，情感控制比情感张扬更具有打动人的力量。

读雅尔塔秘密协定有感

王芸生

前天，莫斯科、伦敦、华盛顿同时公布了一个外交文件，乃是去年二月十一日罗邱史三巨头在雅尔塔会议时签订的秘密协定。国际间早已传说雅尔塔会议有未经宣布的秘密，而且是与中国有关的；但是，我们却不曾知道得如此完备。现在这个秘密宣布了，人们读了这个雅尔塔秘密协定，尤其我们中国人读了这个秘密协定，不能无所感慨。

这件事，一定是出于罗斯福总统的苦心。罗斯福为什么签这个协定？是为了取得苏联对日宣战的保证。作为代价的交换条件是什么？（一）外蒙古独立；（二）南库页岛归还苏联；（三）辟大连为国际港，苏联保有优越权利，旅顺由苏联租用为海军基地；（四）中东铁路南满铁路中苏共营，苏联保有优越权利；（五）千岛群岛割与苏联。这几项，除了南库页岛及千岛群岛属于日本的范围外，其余各项皆属于中国的范围。罗邱史三巨头作如此重大的决定，且直接涉及中国的领土主权，在签订之前是否取得中国的同意呢？我们由这文件的本身研究，可判断当时并未曾征求中国的同意。因为这协定中曾有这样的文字："惟上述关于外蒙古、旅顺、大连，以及中东南满两铁路诸点，必须征得中国蒋主席之同意。"可见当时并未征得中国的同意。未经征得中国的同意，而三巨头就如此决定了，不啻代为主持，这可见中国是处于受支配被处分的地位。这是我们引为感慨的第一点。

这秘密协定的本身，还有一段很难看的文字，就是："苏联为恢复以前俄罗斯帝国之权利。"这些权利就是旅顺大连两港，中东南满两路。以前的帝俄与沙皇，是极丑恶极落伍的，经一九一七年的十月大革命，把丑恶而落伍的帝俄连根革掉了命，而产生了灿烂崭新的苏联。帝俄的丑恶，帝俄的罪恶，列宁与斯大林两大革命领袖皆曾无情地指斥过，揭发过。十月革命之后，苏联曾经发表过神圣的宣言，声明废弃帝俄与中国缔结的一切不平等条约。租借旅顺大连两港，建筑中东南满两路，是一八九六年李鸿章在莫斯科与帝俄政府签订的不平等条约，那个条约及由那个条约所获得的权利，早经苏联宣布废弃了。苏联今日重新需要旅大两港中东南满两路的权利，就重新主张重新要求好了，何必在文字上公言"恢复以前俄罗斯帝国之权利"？岂不难看？这是我们引为感慨的第二点。

虽然如此，我们绝对承认去年八月十四日在莫斯科签订的中苏友好同盟条约，是中国的独立的意志，是中国的心甘情愿。我们承认了外蒙古的独立；我们承认了辟大连为自由港，并聘苏人为 harbor master；我们承认了中苏共同使用旅顺港；我们承认了中苏共同经营中东南满两路。我们以此酬谢苏联的对日作战，我们并以此取得苏联的盟好合作，都是值得的。虽然我们的宋院长和王外长到莫斯科签订中苏友好同盟条约好似为雅尔塔秘密协定补行手续，我们却绝对承认是中国独立的意志所为，所以我们绝对尊重中苏友好同盟条约所规定的义务与权利。本报就是赞成中苏友好同盟条约的。当中苏友好同盟条约公布之时，本报就曾经说："到今天，日本战败了，我们应该收回东北了，但在中东南满两路大连旅顺两港上留了一道痕迹。这道痕迹，就是我们对苏联建立盟好关系的一种代价，也是我们奠定东亚大势以从事努力建国的一种代价。"这代价，中国业已出了。我们就希望所出的代价十足的付出，同时也不可超过彼此所心甘情愿而同意的限度。忆去年十一月六日莫洛托夫先生在十月革命纪念会上的演说，曾有这样一段话："还要提到的，便是我国对于满洲铁道的权利的收回，还有我们对于满洲南部旅顺港区域和大连区域的权利的收回。我们对于所有这些区域，以及对于芬兰领土上卡拉乌得港中我们的海军基地区域，都必须予以适当的注意，而因为这些都是新的苏维埃领土。"这是不是把旅顺大连两港及中东南满两路的权利也解释为"新的苏维埃领土"了呢？这些"权利"，在帝俄时代也不曾认为是俄罗斯的领土。我们希望那只是莫洛托夫先生一时口滑，其本意并不如此。

总之，东北（即所谓满洲）是中国的领土，中国应该把它收回；在那块领土上我们所许与苏联的权利，也绝不吝惜。目前东北的情形，苏联原有协助我国民政府接收东北及于本年二月一日以前撤退苏军的约束，我们就竭诚希望接收东北的工作能够顺利进行，苏军如约撤退。我们已如雅尔塔秘密协定所安排，付了我们的代价；我们并绝对忠诚于中苏友好同盟条约，与苏联永久友好合作。（1946

年2月13日《大公报》社评）

这篇社评就是一篇高度控制情感的文字。文章所评论的事件，严重伤害了中国的主权和中国人民的情感。对这样的事件进行评论，很容易热血沸腾、慷慨激昂。因为在当时中国虽然抗战胜利，但仍然国力衰弱，处于大国之间复杂的国际关系之中。过于情感化的评论语言，很容易激起社会民众的反苏情绪，不利于中国微妙的国际地位。但是，这篇评论也绝不是观点含糊、委曲求全的，它把曲直是非说得很清楚，毫无掩饰，只是在选择语汇上压低了情感化的"量级"，尽可能选择那些"低度"的词汇，陈述明确的道理。因此，给人的感觉就是一种控制和压抑情感的理性表达，这既体现了在复杂、微妙的社会舆论中一个大报负责任的态度，也体现了中国人民在对外关系中有礼有节却又不屈于强势的形象。

从历史的角度上看，评论的语言倾向，反映着社会心理的倾向，在不同的时代，评论的语言或者情感化一些，或者理性化一些，这种"浮动"是很正常的。但是，从中国近代以来新闻评论的发展轨迹来看，的确有一个清晰的从情感化到理性化的趋势。这从近代一些评论家的变化上可以明显看出来。

我们以梁启超这位著名的评论家为例。梁启超的评论是影响了几代人的文字。他对中国新闻评论文体以及新闻评论的广泛传播有着重要的影响；他自身文风的变化，也反映了中国新闻评论文风语言的走势。

曹聚仁在《报章文学》一文中写道："康、梁捧着少年光绪皇帝来变法维新，到了戊戌政变，便告一段落，政治生命是很短促的。接下来，便是《新民丛报》时代，梁启超成为言论界的彗星，创导所谓'新文体'（即报章文学 reportage）。"梁启超曾自述写文章的方法："启超夙不喜桐城古文，幼年为文，学晚汉魏晋，颇尚矜练。至是自解放（指《新民丛报》时期），务为平易畅达，时杂以俚语、韵语及外国语法；纵笔所至不检束。学者竞效之，号'新文体'。老辈则恨诋为野狐；然其文条理明晰，笔锋常带情感，对于读者，另有一种魔力焉。""这种'新文体'，影响非常之大，真是风靡一时，《新民丛报》虽是在日本东京刊行，而散播之广，乃及穷乡僻壤。"①

胡适也曾在《五十年来中国之文学》一文中写到："梁启超最能运用各种字句语调来做应用的文章。他不避排偶，不避长比，不避佛书的名词，不避诗词的典故，不避日本输入的新名词。因此，他的文章最不合'古文义法'，但他的应用的魔力也最大。""这种文字在当日确有很大的魔力。这种魔力的

---

① 曹聚仁：《文坛五十年》30、31页，东方出版中心，1997年版。

原因约有几种：(1)文体的解放，打破一切'义法'、'家法'，打破一切'古文'、'时文'、'散文'、'骈文'的界限；(2)条理的分明，梁启超的长篇文章都长于条理，最容易看下去；(3)辞句的浅显，既容易懂得，又容易模仿；(4)富于刺激性，'笔锋常带情感'。"①

但是，这样的文字，也是铺张的、泛滥的、过于情感化而不注重表达效率的。如方汉奇指出的：

> 无谓的堆砌，繁缛的铺张，复沓的排比，充斥篇幅。本来，出于内容的需要，当作者感情激动的时候，在行文中偶而用一点铺叙排比词藻华丽的句子，还未始不可。但是堆砌得如七宝楼台，铺张得如镶金嵌玉，排比得如涂花饰草，用得多了，就不免成为恶趣，惹人生厌。同时，感叹、惊叹式的句子也用得太滥，动不动就是"呜呼哀哉"！"耗矣哀哉"！②

这一点，其实前人早已指出，比如曹聚仁说："时常用叠辞复句增加语句的力量，时常用刺激性的感慨语调增加论断的语气，梁氏所谓笔端常带感情就是这个意思。""梁氏之所以成功，乃在诉之于情感；所以读他的文字，觉得十分痛快，可是经不起仔细的检讨的，一检讨就发现其矛盾百出了。"

梁启超文字的上述特征，在其著名的《少年中国说》中有非常典型的表现，这篇文章被选入当代中学课本，影响很大，至今读来朗朗上口，齿颊生香，被认为是"好文章"，我们其实可以以新闻评论的标准来看一看，它是不是"讲道理"的文章和有效率的表达。文章很长(3800 余字)，节录如下：

> 欲言国之老少，请先言人之老少。老年人常思既往，少年人常思将来。惟思既往也，故生留恋心，惟思将来也，故生希望心。惟留恋也故保守，惟希望也故进取。惟保守也故永旧，惟进取也故日新。惟思既往也，事事皆其所已经者，故惟知照例，惟思将来也，事事皆其所未经者，故常敢破格。老年人常多忧虑，少年人常好行乐。惟多忧也，故灰心；惟行乐也，故盛气。惟灰心也，故怯懦，惟盛气也，故豪壮。惟怯懦也，故苟且，惟豪壮也，故冒险。惟苟且也，故能灭世界，惟冒险也，故能造世界。老年人常厌事，少年人常喜事。惟厌事也，故常觉一切事无可为者，惟好事也，故常觉一切事无不可为者。老年人如夕照，少年人如朝阳；老年人如瘠牛，

---

① 引自《胡适学术文集·新文学运动》116、117 页，中华书局，1993 年版。
② 方汉奇：《中国近代报刊史》，145～146 页，山西人民出版社，1981 年版。

少年人如乳虎；老年人如僧，少年人如侠；老年人如字典，少年人如戏文；老年人如鸦片烟，少年人如白兰地酒；老年人如别行星之陨石，少年人如大洋海之珊瑚岛；老年人如埃及沙漠之金字塔，少年人如西伯利亚之铁路；老年人如秋后之柳，少年人如春前之草！老年人如死海之潴为泽，少年人如长江之初发源。此老年与少年性格不同之大略也。任公曰：人固有之，国亦宜然。

……梁启超曰：我中国其果老大矣乎？是今日全地球之一大问题也。如其老大也，则是中国为过去之国，即地球上昔本有此国，而今渐渐灭，他日之命运殆将尽也。如其非老大也，则是中国为未来之国，即地球上昔未现此国，而今渐发达，他日之前程且方长也。欲断今日之中国为老大耶？为少年耶？则不可不先明"国"字之意义。夫国也者，何物也？有土地，有人民，以居于其土地之人民，而治其所居之土地之事，自制法律而自守之；有主权，有服从，人人皆主权者，人人皆服从者。夫如是，斯谓之完全成立之国。地球上之有完全成立之国也，自百年以来也。完全成立者，壮年之事也，未能完全成立而渐进于完全成立者，少年之事也。故吾得一言以断之曰：欧洲列邦在今日为壮年国，而我中国在今日为少年国。

夫古昔之中国者，虽有国之名，而未成国之形也。或为家族之国，或为酋长之国，或为诸侯封建之国，或为一王专制之国。虽种类不一，要之，其于国家之体质也，有其一部而缺其一部。正如婴儿自胚胎以迄成童，其身体之一二官支，先行长成，此外则全体虽粗具，然未能得用也。故其唐虞以前为胚胎时代，殷商之际为乳哺时代，由孔子而来至于今为童子时代，逐渐发达，而今乃始将入成童以上少年之界焉。其长成所以若是之迟者，则历代之民贼有窒其生机者也。譬犹童年多病，转类老态，或且疑其死期之将至焉，而不知皆由未完全、未成立也；非过去之谓，而未来之谓也。

这篇文章，原载1900年1月10日第35册《清议报》，属于典型的"报章文学"，有的文章学家称其为"新体古文的一个变种。"①我们以新闻评论的标准来衡量它，固然不合适，这里只是要显示两种语言系统的区别。从逻辑上看，"国之老少"与"人之老少"并没有可比性。实际上，"国之老少"只是一种拟人化的比喻，一个国家的发展前途，应该从国家的文化历史资源和当代

---

① ［日］佐藤一郎：《中国文章论》，267页，上海古籍出版社，1996年版。

物质资源、制度资源，以及人民的创造力方面进行论证，不能只从"老少"这种个人的生命周期中单独推导出来。但是，梁启超不仅在"人之老少"这个问题上花费了大量的词汇铺排，即使是在论证"国之老少"时，也仍然按照人的生命周期，推出"欧洲列邦在今日为壮年国，而我中国在今日为少年国"这样一个与当时人们的实际经验不能符合，实际上也没有意义的结论。这个说法当然可以鼓舞信心，但却不能让人信服。因此，这篇文章就不是说理，而是"独断"。读着让人热血沸腾，却没有什么平实、理性的判断。

胡适曾列举梁启超一段"恶劣"的文字：

> 虽然，天不许罗兰夫人享家庭之幸福以终天年也！法兰西历史世界历史必要求罗兰夫人之名以增其光焰也！于是风渐起，云渐乱，电渐迸，水渐涌，諤諤出出，法国革命！嗟嗟咄咄，法国遂不免于大革命！[①]

把罗兰夫人这样一个历史人物提高到不适当的历史地位，是梁启超的偏爱，把自己的偏爱推到"不讲理"的地步，即使再加上多少自造的表达强烈情感的语助，也是没用，只能表现偏激。

梁启超对于自己的评论中的偏激曾经这样解释说：

> 某以为业报馆者，既认定一目的，则宜以极端之议论出之，虽稍偏稍激焉而不为病。何也？吾偏激于此端，则同时必有人焉偏激于彼端以矫我者，又必有人焉执两端之中以折衷我者，互相倚，互相纠，互相折衷而真理必出焉。若相率为从容模棱之言，则举国之脑筋皆静，而群治必以沉滞矣。夫人之安于所习而骇于所罕闻，性焉，故必变其所骇者而使之习焉，然后智力乃可以渐进。彼始焉，骇甲也，吾则示之以倍可骇之乙，则能移其骇甲之心以骇乙，而甲反为习矣。所骇者进一级，则所习者亦进，驯至举天下非常异义可怪之论，无足以相骇，而人智之程度乃达于极点。[②]

这种"偏激效应"应当是那个特定的时代才适用的，很难说是普遍规律。否则，人人相率偏激，一个社会就只有偏激，而没有平和与理性了。

曹聚仁这样解释当年这种语言倾向的社会历史背景：

> 依当时的政治动向，和《新民丛报》对立的《复报》、《民报》的言论，比君宪派激进得多。《民报》那一群执笔的人，如章炳麟、汪

---

① 见《胡适学术文集·新文学运动》117页。
② 梁启超：《敬告我同业诸君》，《饮冰室合集》第二册。

精卫、胡汉民，也都能写煽动性的文字，其时，人心在反动时期，所受的压迫很大，人人有打破现状的意欲，也只有感情激越的文字，才配合大家的胃口。①

以上所述，都是梁启超早年的文风，其实特别有意义的是他的文风和语言的转变：

> 梁启超中年的文章，《国风报》《庸言报》时代的文章，把早年文章的毛病渐渐的减少了，渐渐的回到清淡明显的文章。

胡适还在论及清末革命派与改良派的论战时写道：

> 这种笔战在中国的政论文学史上有一点良好的影响，因为从此以后，梁启超早年提倡出来的那种'情感'文章，永永不适用了。帖括式的条理不能不让位给法律家的论理了。笔锋的情感不能不让位给纸背的学理了。梁启超自己的文章也不能不变了。②

曹聚仁也说：

> 到了中年的梁启超，已渐渐脱去了早年的浮夸、叫嚣、堆砌。到了1912年间，章士钊的《独立周报》、《甲寅杂志》出来，他们这一群人中，有李大钊、陈独秀、黄远庸、李剑农、高一涵、张东荪这些政论家，撇开了古拙的学术文和放纵的梁体时务文，建立起谨严的政论文体，这才是报章文体的正轨。

梁启超后来写了许多具有时评风格的新闻评论文章，运用他掌握的近代法学、经济学、财政学知识来判断当时的新闻事件，如《评一万万元之新外债》、《亘古未闻之预算案》，以及本书前面介绍过的《米禁危言》、《北京户口调查之报告》）。这些文章体现了认识的理性和表达的效率性，是我们学习新闻评论的宝贵资源。

梁启超1910年的《国风报叙例》反映了他在评论语言方面的深刻反思：

> 近儒之研究群众心理者，谓其所积之分量愈大，则其热狂之度愈增。百犬吠声，聚蚊成雷，其涌起也若潮，其飙散也若雾。而当其热度最高之际，则其所演之幻象噩梦，往往出于提倡者意计之外，甚或与之相反。此舆论之病征也。而所以致病之由，则实由提倡者职其咎。盖不导之以真理，而惟务拨之以感情，迎合浅伮之性，故作偏至之论。作始虽简，将毕乃巨。其发之而不能收，固其

---

① 曹聚仁：《文坛五十年》，32页。
② 见《胡适学术文集·新文学运动》，117页。

所也。故节制尚焉。

　　嬉笑怒骂之言，徒使人怨毒，而不能使人劝使人惩，且夫天下虽至正之理，至重之事，而一以诙谐出之，则闻者亦仅资以为谈柄，而吾言之功用损其十八九矣。①

1947年，程仲文在《新闻评论学》一书中就说道：

　　现代评论有一个进步的趋向，就是循民主与科学的路线，不作呐喊式的狂吼，而作事实的分析；"滔滔雄辩"在评论中的地位降低了，代之而起的是理智的说明。用资料代替议论，用资料加强论据。主观的成见可以减少，客观的真理更易突出，这是比较能够获得良好效果的评论方法，是进步而科学的评论方法。

　　梁启超的文风语言的转变，以及上述胡适、曹聚仁描述的一个时代的语言文风的转变，从一个角度反映了中国近代以来评论语言文风的总体趋势，是由偏重情感转向偏重理性。当然，近代以来的中国也是历经磨难和民族危亡，政治上一直面临斗争，思想文化上一直面临批判，很少有国家平稳建设、社会心理平衡的时候，20世纪中期还发生了对文化和社会心理都产生了很大破坏的"文革"。因此情感激越的评论语言和文风，时时而生，一直不绝，这都是应和着社会心理的需要。但也正是由于这些社会历史原因，新闻评论中那种理性的语言文风，虽有佳作，但一直没有成为明显的主流。如今，我们国家进入了一个历史上难得的稳定发展的建设时期，这样一个历史时期所对应的，应该是人的思想认识的理性与清明，人的心态的平和，这就要求，对大众意识有着潜移默化的深刻影响的新闻评论的语言，应该取理性与平和的倾向。在这方面，确实需要新闻评论的参与者有清醒的责任认识；也需要在我国近代以来理性、清明的前辈优秀评论作品中汲取养料。曾经有一段时间，有的媒体编辑以语言尖刻、激烈的所谓"酷评"为时尚和用稿标准，使得一时间"酷评"成风，这虽然也是应和着文化市场的一部分心理需求，但对于整个社会的理性思考和理性讨论的风气的建立不利，对于整个社会的理性化不利。如果说，在民族危亡关头，新闻评论工作者的道义责任，就是以情感激越的文笔唤起民众的热情的话，那么，在国家进入稳定的建设时期，新闻评论工作者的伦理责任，就是用自己理性的笔，去促进民众的理性。

---

　　① 《饮冰室合集》第三册。

思考练习题

1. 回想一下，在我们的阅读经验中，有哪些是"情理兼备"的新闻评论文章？试着分析一下，它是如何实现"情理兼备"的？

2. 你是不是觉得注重理性分析总是不够有力，不那么有刺激感，不会引发读者积极的阅读反应？那么，你会因此放弃这种努力吗？

3. 讨论一下下面这篇评论的文风与语言倾向：

万牲园的新牲口

颜惠庆在万牲园大宴北京议员，表面是联络议员，其实是在挖苦议员。现在的北京议员是猪仔，谁不知道，而万牲园又专为罗致牲口之地，颜惠庆在万牲园宴人面兽心的议员，不是明明的拿他们当猪仔吗？颜惠庆现在算是农商总长，万牲园牧猪，似乎与农业也很有关系，那么颜氏此举，也正是尽他的责任了。(1924 年《民国日报》)

4. 孔子说"辞达而已"，又说"言之无文，行而不远"。这是关于文章语言文采的两种矛盾的看法吗？对于新闻评论来说，"达"的标准包括哪些？它对于语言的文采是否有所依赖？

第九章　新闻评论的伦理

本章要点

● 新闻评论的伦理责任与它对受众的影响相关。

● 新闻评论的伦理问题,既涉及评论者的利益、立场、动机、写作方法,也涉及媒体的评论制度。

● 新闻评论－伦理标准,要在社会公众的媒体批评实践中逐渐建立。

　　正像新闻报道和新闻编辑存在伦理问题一样,新闻评论写作也存在伦理问题。只是长期以来,我们新闻伦理问题的探讨和新闻伦理规范的建设都没有深入,特别是没有深入到具体的操作层面。因而新闻评论的伦理问题,没有得到充分重视;对新闻评论的伦理问题的判断,没有形成公认的标准。目前,中国的新闻学界已经开展了对新闻媒介的技术批评;在公民中逐渐普及的时评写作已经开始触及针对新闻媒体报道的伦理批评;但是,针对新闻评论的伦理批评还没有真正到来。因为后者的问题比前者更复杂一些。本书安排这一章,在结构和涉及的问题上并不完备,只是为了突出其重要性,为评论教学与实践留出一个开放的空间。

第一节　新闻评论的伦理责任

　　"伦理学就是人们对于行为规范或者说正当性的反省。"[①]伦理问题就是关于人的行为是否正当、是否合乎道德的问题。

　　美国学者康拉德·芬克在《媒介伦理学》一书中说:"伦理是一个原则系统,一种行为的道德或规范。它是被个人、群体或文化确认了的价值和生活准则。它寻求指导人们的行为:什么是好的,什么是坏的;什么是正确的,

---

① 何怀宏:《底线伦理》,14 页,辽宁人民出版社,1998 年版。

什么是错误的。"①

　　对于传播者而言，伦理道德问题，首先是责任问题。新闻的伦理责任，是基于新闻媒体对于公众的重要影响而产生的。它是新闻媒体和新闻传播的参与者的社会责任问题的一部分。新闻评论的伦理问题，本质是新闻评论的写作者、传播者与评论的受众的关系问题。它既应当表现为写作、传播动机的道德性、公益性，也应当表现为客观社会影响的道德性、公益性。新闻传播的伦理目标，应当是使传播对象眼更明、耳更聪，在与传播主体的关系中更自由、更自主，更具辨识力，而不是相反——更容易被传播主体左右、操纵、控制。新闻评论同样如此。

　　"言论是一种试图影响人、改变人——改变人的价值观、行为和信仰——的文本，因此，它不能不受到伦理的审视。""就像论说可以用来帮助人们做出更好的决定并改变他们的生活一样，论说也可以破坏和伤害人们。作为民主社会的公民和'私民'，我们必须以监督和批判的眼光审视我们所制造和接受的论说。"这是两位美国学者 Edward S. Inch 和 Barbarrw Warnick 合著的《批判性思维与交流：论说中的推理应用》一书中针对普遍的"论说"行为的伦理思考。实际上，这部著作在第二章就着重探讨了言论的伦理问题。新闻评论作为以大众传播媒体传播的言论文本，更加符合这样的规律。

　　新闻评论的伦理责任，体现在媒体的评论制度、写作者的个人行为和具体评论作品这三个方面。在层次上也可分为原则层面和具体的操作层面。

　　20 世纪 40 年代由美国一些大学教授组成的新闻自由委员会提出："大型大众传播机构应该将自己视为公共讨论的共同载体"，"社会中所有重要的观点与利益都应该在大众传播机构上得到反映"。② 这实际上是为新闻媒体确定了评论制度的伦理责任。美联社会员组织"美联社编辑主任协会"制定于 1975 年的伦理规则明确要求："报纸应为人们交流评论与批评提供论坛，特别是当那些评论与社论立场相反的时候。"③这表明，美国新闻界在新闻评论中接受了这种伦理责任。

　　日本新闻协会 1944 年制定的《新闻伦理纲要》有如下内容："撰写评论，故意违反事实以党同伐异，实在违反优良的报业精神。"它还对"评论原则"

　　① Conrad C. Fink：*Media Ethics in Newsroom and beyond*，Mcgraw－hill Book Company 1998，P5.

　　② 展江、王征、王涛译：《一个自由而负责的新闻界》，13 页，中国人民大学出版社，2004 年版。

　　③ *ASSOCIATED PRESS MANAGING EDITORS CODE OF ETHICS*，引自 Conrad C. Fink：*MEDIA ETHICS IN THE NEWSROOM AND BEYIOUNDG*，1988 by Mcgraw-hill inc.

作出如下表述："评论应为撰写个人信念的直率表现，而非阿谀取媚的言辞。更有甚者，撰写人在写评论时，应秉持服务公众的精神，成为那些没有机会发表意见的代言人。"①这是关于评论作者个人的伦理原则。

在我国，早在 1910 年梁启超的《国风报叙例》这篇重要的新闻文献中就提出了"欲尽报馆之天职者，当具八德"的主张，即"忠告"、"向导"、"浸润"、"强聒"、"见大"、"主一"、"旁通"、"下逮"。因为当时的新闻界还主要是政论性报刊当家，所以梁启超提出的新闻伦理，也主要是评论的伦理。

比如"忠告"："对于国民言之，无论政府国民，苟其举动有不轨正道不适于时者，皆当竟吾才以规正之而不可有瞻徇容默，不可有所袒庇假借，而又非嬉笑怒骂之谓也。"

比如"主一"，指的是评论者自身基本立场观点保持的稳定和统一，才能取得公信力，"凡所论述，百变而不离其宗，然后入人者深，而相孚者笃也。若乃闒阘杂报专务射利，并无宗旨，或敷衍陈言，读至终篇不知所指，或前后数日持论矛盾，迷于适从，则等诸自侩，可无讥焉"。

在涉及新闻评论的写作的问题上，梁启超还提出了"凡时评不攻击个人，非避怨敌，以得失之大，原不在是也"，"凡论说及时评，皆不徇党见，不衍陈言，不炫学理，不作恢语"等具体操作的伦理标准。

我国早期新闻学者徐宝璜提出社论写作应该：

> 宗旨正大，否则纵有所代表或创造，无非不健全之舆论耳。主持笔政者，应有洁白之胸怀，爱国之热心，公平之性情，听良心之驱使，作诚恳之文章，为众请命，或示人以途，总以国利民福为归，虽有所触忌，亦见义勇为，当仁不让。如是则其所撰之社论，自为读者所重视，政治因之改良，社会因之进步。若以此为凭借，择一二要人而肆其攻击，或行其奉迎，因以博官猎贿，或受人人一派之指挥，发不问事实专偏袒一面之议论，是不明记者之责任者。②

老新闻学家郭步陶在 1933 年出版的《编辑与评论》中写道：

> 评论是社会中公开的作品，对于国家政治、人心风俗等，都有极大的影响。所以在下笔时，须先自己警戒道：凡是妨害公安的言论，妨害人名誉的言论，妨害社会风化的言论，都是法律所不许的。能常记心中，那些一味谩骂，不负责任的空论，自然不会写出来了。

---

① 引自周鸿书：《新闻伦理学论纲》附录，新华出版社，1995 年版。
② 引自《新闻文存》，351～352 页，中国新闻出版社，1987 年版。

又有一事可以说，而在法律上或道德上有所限制的，作评论的人，也不可不知道一二。例如诉讼评论，须在断案以后；文艺评论只能批评文艺，不能批评到作此文艺的人，其他可以类推。[①]

这些论述，涉及评论者的社会责任、写作宗旨到写作方式、写作动机，是我国较早的新闻评论伦理资源，在今天仍然有其珍贵的价值。

下面介绍当代国外的研究。

美国的《批判性思维与交流：论说中的推理应用》一书提出了言论的两个伦理目标：强化个人（strengthening the individual）和强化社群（strengthening the community）。

所谓"强化个人"的个人，是指言论的直接接受者。

评论应提供给受众多种机会，（由他们自己）做出自由的、知情的、重要的选择，而不是限制他们的选择。

评论者应该意识到，评论受众并非被操纵的客体，而是意见交流中平等的参与者。"

美国学者 Wayne Brockried 在一篇题为《评论者作为情人》（Arguer as Lovers）中把评论者与受众的关系分为三种不同的类型：强奸者、引诱者和情人。作为"强奸者"的评论者，他把与受众的关系看做是单边关系（unilateral），把受众客体化（objectify），并试图操纵之。强奸者要取得和保持的是一种优势地位，在精神上使他的意志取得胜利，在人际关系上压倒对方。（参见《批判性思维与交流：论说中的推理应用》）

《批判性思维与交流：论说中的推理应用》一书写道：

> 不论我们是否愿意承认，论说强奸（argument rape）行为是一个普通行为，许多人身处其中，可连想都没有想到过这一点。但是，我们生活在一个对抗性的社会里，一个人的胜利往往意味着另一个人的失败。只要是胜利，无论以什么样的代价取得的，总要比失败好得多。对于论说者而言，"强奸"他们的接受者是容易的——尽管他们自己也许意味不到这种行为。

关于论说者与受众的另一种关系——"诱惑"，Brockried 写道：

> 诱惑者与强奸者一样，他也把与对象的关系看做是单向关系，尽管他也许对受害者的态度并不是侮辱性的，但是他同样对他人的特性与完整性毫不顾惜。所不同的是，强奸者强迫对方接受，而诱

---

① 郭步陶：《编辑与评论》，174 页，商务印书馆，1933 年版。

惑者则迷惑或者哄骗对方接受。有许多办法可以哄骗受众，不同类型的谬误制造的错误看起来就像是很有道理很可以相信一样。狡诈的论说者通过使用谬误可以使受众相信一个错误的观点。同样，控制部分信息，半真半假的陈词，使论据脱离开它所依赖的语境、虚构论据，还有其他一些欺骗术，都可以成为论说者愚弄受众的工具。

《批判性思维与交流：论说中的推理应用》一书就此继续评论说：

　　论者与受众的第三种关系是情人。论说者作为情人致力于通过论说增强受众的力量，使受众耳聪目明。按照 Brockried 的说法，情人需要的是"力量均等"，在这样的关系中论说者与受众平等地分享与交流。与强奸者和诱惑者同对方处于对立的关系中不同，作为情人的论说者是要在与他同等人的之间建立起双向的关系。

　　在作为情人的论说者关系把论说中的论证过程看成是一个以人为中心的事业。其中心原则用托马斯·尼尔森的话概括起来就是："无论什么，只要发展、增强、推动人类个体，就是好的；只要限制、贬低、伤害人类个体，就是坏的。"对尼尔森来说，这意味着论说者应该总是给其受众有意义的选择。这意味着给予受众的信息，由他们得出自己的结论。

所谓强化社群(Strengthening the Community)是指：

　　致力于加强社会的论者寻求各种机会去更有效地帮助由生活和工作在一起的人们构成的各种团体。他们寻找平等分享资源的各种途径，并为受众提供各种方法来做出困难的决定。①

这个目标看起来比较抽象。大体而言，它涉及言论者的动机、宗旨，也涉及言论者对各种社会生活的实践问题的研究与体察。中国过去有句话"一言兴邦，一言丧邦"，在现代民主政治的言论环境中，这种特别大(极端)的言论传播效果是根本不可能出现的。但是，获得大众传播机会的言论仍然是一种稀缺资源，占据这种资源的人们，仍然对公众产生着比较大的影响，因此他们有责任促进社会公益。

这里要说明一下的是：言论作为一种稀缺资源的含义，过去可能意味着新闻媒体的专职评论员的作品。现在随着新闻媒体越来越多地为公众的评论

---

① *CRITICAL THINKING AND COMMUNICATION：The use of Reason in Argument*，32～36 页，2002年第四版。

写作提供空间(比如报纸的言论版),特别是海量的网络评论的出现,言论资源原有的稀缺性的确在一定程度上被打破了。但是,由于人们"注意力资源"的根本性的稀缺,即使一个通过长期的个人写作而成名的作者,他的发表机会与影响力,仍然是稀缺性的资源。人们有理由要求他的评论正当、公益、合乎道德。

《批判性思维与交流:论说中的推理应用》一书认为论说者与接受者都有伦理责任。

论者的伦理

1. 作为言论的生产者,论者对他们的作品的质量、道德性负责。如果他们误导受众,或者用胡乱编织的言论激发受众采取错误的行为,那么论者应负道义的责任。有的时候,论者可能持这样的观点,即认为行为的责任全在受众自己,意即做和不做的最终选择权取决于受众自己。如果真是这样的话,那么这种观点就忽略了言论在互动中的作用——一种潜在的、作为催化剂的作用。没有言论的影响,受众也许不会做出那种行为。因此,论者要对言论负伦理的责任。

2. 论者要提供有意义的选择。这就是说,论者应该为受众提供一种能力,不受物质的和心理的压迫,自主做出选择。论者应该提供最可利用的信息,使受众可以在充分掌握信息的情况下做理性的决定。这意味着论者保证受众意识到信息的来源、可能的选择和决定潜在的后果。更进一步,受众应该意味到那些试图影响他们的人们的动机和资格、他们所持的价值观、他们的目的何在。如果论据是伪造的或是被错误表述的,如果论者有意利用逻辑谬误,或者,采取任何其他行为和言论来干预他人做出理性的决定,那么,论者的行为就是不道德的。

3. 论者应该致力于与受众建立积极的关系。一种积极的关系,以论者的观点看来就是,受众应该是决策过程的参与者。这样,论者的工作并不是把自己的观点强加于受众,而是向受众提供必要的信息,让他们自己做出决定。

受众的伦理

1. 论者应该意识到想要影响他们的那些企图。我们每个人每天都受着他人有意识的影响,从广告到公共演说,告诉我们怎样投票,怎样花钱,或者设计我们的关系。如果我们接受了他们的建议，而对其后果和含意并没有清楚的考虑和理解的话，我们的行为就是不负责任的。言论的消费者应该时常发问："我正在怎样受到影响？"他们应该理解，论者的言论中反映着他们的偏见与观点。这意味着，我们需要透过言论的表面去考察其有效性与价值，并致力于理解那些论点背后的观念和偏见。我们也许会选择接受这些论点，也许不会，但是选择必须是经过考虑的。

2. 接受者应该被提供信息。尽管不可能懂得所有的东西，言论的接受者被提供那些涉及重要话题的信息。如果我们受众完全依赖于那些鼓吹者提供那些必要的信息，以决定我们自己面临的问题，我们就是在天真地认为，那些论者的论点总是代表我们最大的利益。尽管依赖那些言词会比花些时间调查那些言论的力量要容易得多，但那时间还是值得一花的。我们有必要问一问自己："是否还有另外的答案，同样好或更好？"或者"是否还有另外一种可能，仍然没有被发现？"负责任的接受者寻找替代选择，并注意其他的出路与问题。对于论者来说，劝服那些信息闭塞的受众是容易的；而对于受众来说，对不道德企图的最好的抵御就是知识。

3. 受众应该意识到他们自己的偏见。我们每个人都有自己想要听到的言论，也有想要避开的言论。我们喜欢听那些支持我们立场的言论来确证我们的决定。我们倾向于那些看起来是攻击我们，而且既不能确证我们的世界观，也不能肯定我们自己的言论。我们倾向于既避开那些与我们的立场不同的观点，也避开那些我们感到不快的信息。负责任的接受者应该放开胸怀，面对许多不同的观点。

4. 接受者应该明白谬误是怎样起到劝服作用的。各种谬误，就像我们讨论过的那样，有着极大的吸引力和能量劝服受众采取错误的行动。我们应该意识到论者如何利用各种劝服策略和谬误来限制和混淆我们对事件的理解，以影响我们的决定。

第二节　新闻评论的伦理问题

对于中国新闻评论界而言，评论的伦理问题是随着新闻评论在当代社会的比较充分的发展、评论的参与者不断扩大和评论日益增长的社会影响力而逐渐受到重视的。长期以来，我国新闻评论工作者，特别是党报评论工作者，承担着宣传党的政策、引导舆论的使命，有着充分的职业自信和道德感；加上评论写作群体的单一化和评论发表渠道比较狭窄，新闻评论与评论的读者之间的关系比较简单，因此新闻评论的伦理问题并不突出。如今，随着媒体发表评论空间的开放，评论的主体也日益开放，日益多元化，他们往往代表着社会不同的利益和个别的利益。这实际上是开放社会中新闻评论的正常现象。但也正因为这个背景，涉及新闻评论的一些新的伦理问题也出现了。比如，评论写作者的利益冲突问题。评论写作的正义性与道德性，也就不再是一个无需审视的前提。因此，对于新闻评论来说，也就需要一种从普通公民立场出发的审视、怀疑的视角，分析工具和辨识能力、判断标准。实际上，为广大受众不易察觉的新闻评论伦理问题已经出现，比如有业内人士注意到，一些评论人员以多个笔名专门写作符合某个特定企业利益的评论，并且接受企业的报酬，而在表面上让人看来这还是正常的观点争论。

再比如，评论者的署名问题以及是否应该注明身份的问题，过去不是问题，现在成了一个评论伦理问题。这个问题，已经在中国评论界引起讨论了。清华大学李希光教授就曾撰文认为：

既然，学术界对新闻的客观性都提出了疑问，那么，新闻媒体上的言论更是有偏见的。有偏见不怕，怕的是大众媒体把这些有偏见的言论匿名或笔名发表出来，使读者看不出作者来自那一个利益集团，误使公众相信作者代表了全体公众的利益。事实上，在中国迈进市场化的今天，中国的公众可能是一个比美国的公众还要复杂的混合体，任何一个个人的言论都不能被视为公众整体意见的代表。

在这方面，国内媒体做得就很令人失望。在一个面向大众的媒体上，就公众所关心的问题发表言论或批评，报纸必须署上作者的真名实姓和供职单位（如果无职业，也要表明是无业人员。无业人员也代表着一种利益集团）。

作为一家向公众负责的报纸，其刊登的任何言论，如果作者讲敢对自己的言论负责的话，必须表明其作者的真实身份。①

注明评论者身份的做法，已经被一些媒体实践，比如《新京报》。但是这样的做法，并未得到普遍认同。比如，2003 年 11 月 26 日，有人在《新京报》上发表文章《注明作者身份纯属多余》；同年 11 月 28 日另有一文《当心注明

---

① 李希光：《新闻学核心》，109 页，南方日报出版社，2002 年版。

身份干扰审稿和阅读》，都担心编辑和读者"以人取文"。这些也都是实际的考虑。像这种不能取得共识的评论伦理问题还有一些，比如在互联网发表言论是否应该实行"实名制"的问题；自由撰稿人或网站的"签约评论员"是否应该以其观点介入媒体之间的竞争或在观点上"忠于"签约媒体的问题。

当然，新闻评论的伦理问题主要还是表现在写作之中。在写作中，评论可能产生两类伦理问题：其一是在论证的逻辑方面；其二是在事实的引述方面。逻辑学告诉我们，推理论证是存在着多种产生谬误的可能的，由于论证者没有严格遵守推理的规则，导致结论不真。但是，大多数评论的读者并没有逻辑学的训练，看不出来。如果评论作者没有意识到自己的逻辑谬误，这属于论证的水平问题；但是，如果他意识到了自己犯了逻辑谬误而硬要得出大家看不出来的错误结论，这就是不忠实、不公正的伦理问题了。

在新闻评论的论证中，特别是驳论中，一定要明确：评论的动机应该是共同接近正确的认识，而不是"击败"对方而"获胜"。在这一点上，古代论辩，无论是我国的诸子，还是纵横家、古希腊的智者，他们的论辩的目的都在于在辩中取胜；而不像今天的论辩目的在于促进认识的进步。特别是纵横家和智者，还不像诸子那样有原则，他们的目的非常功利化，因此在论辩时可能使用一些违反规则的"花招"，这都是现代评论的论辩中所不应采取的。《庄子·天下篇》有这样一段话涉及论辩的伦理："桓团、公孙龙，辩者之徒，饰人之心，易人之意，能胜人之口，不能服人之心，辩者之囿也"。

从今天看，这样一段话涉及的正是论辩的伦理问题。以这个观点来看，我们从古代文献中看到的一些所谓精彩的论辩，在论证的伦理上都是有问题的，比如宋玉著名的《登徒子好色赋》，就是靠着诡辩而把白说成黑的典型。

如果说，评论作者在论证中的不忠实毕竟还是摆在文面上的话，那么，他对事实的引用的不忠实则是在文面之外的。从一定意义上讲，读者对事实的判断一方面受评论者论证的影响，另一方面还要受他引用的事实的影响。后者的影响可能更大。一个人作评论，主张自己的观点，当然要选择支持自己观点的事实论据。但是，如果他确实看到了不利于自己的事实材料而故意不提，甚至歪曲事实以适应自己的观点，这就是伦理问题了。还有在论辩中对反驳对象观点的引用，也存在着一个对对方是否公正的伦理问题。对反驳的观点"断章取义"就是不容易在文面上直接看出来的不公正。如何解决这些伦理问题？一方面当然要靠评论写作者的自律，另一方面也要形成新闻评论之外的伦理批评。如果一个评论作者经常被人指出评论伦理问题，那么读者和媒体编辑必然会对他提高警惕。他的作品的影响力，以至发表机会都将大打折扣。我们目前，还没有这样针对新闻评论作品的伦理批评。

随着社会公众越来越多地参与新闻评论写作，一个过去并不特别显著的伦理责任问题可能会越来越突出，那就是评论者对于传播的真实性及其结果的责任问题。一般来说，评论是传播观点的，不是传播事实的，但由于新闻评论的广泛的客观影响，作者的判断不慎，确实可能传播并非真实的消息。比如我们在第五章中曾例举的 2004 年 8 月 24 日《中国青年报》评论《为什么第二代身份证要日本企业造》一文，就被《新闻记者》杂志列为 2004 年十大假新闻之一。[①] 这是其中唯一的由评论造成的"假新闻"。评论者也是传播者：新闻评论既是观点的传播者，也是事实的传播者。应该明确新闻评论者对事实的传播责任。而这一点，一直以来在人们的观点中还是模糊的。其实，对假消息的判断力，应该包含在一名新闻评论者应有的判断力之中；而评论者更不应在评论中自己制造假消息的传播效果。无论是职业的，还是非职业传播者，只要参与了大众传播，就应当承担起传播责任。非职业传播者主要参与的是意见传播——新闻评论，他们的传播经验要差一些，但这并不是免责的理由。联合国新闻自由小组委员会制订的《国际新闻道德信条》说："发表任何消息或评论的人，应对其所发表的内容负完全的责任——除非在发表时已明白并否认这种责任。"[②]社会公众对新闻评论广泛的参与权与他们应当承担的传播责任并不矛盾，而是相称的。当然，职业新闻评论者更应承担这种责任。

新闻评论的伦理规范建设是一个巨大的工程，但是，概括说来，它应该包括这样几个方面的内容：

（1）内容：在民主、法治和社会基本价值观（在我国就包括"四项基本原则"）的底线之上，表达积极、进步，有利于社会和谐稳定发展、人民团结的各种观点。

（2）形式：在论证中不得使用不利于读者把握、理解事实，独立、清醒地进行判断的论证方法或修辞手段。

（3）评论者的行为规范：不论评论者持有什么样的观点、立场，或者有着什么样的利益背景，都应该公开坦荡地表达自己的观点，不得通过隐瞒等手段影响受众的理解，以致误导舆论。

新闻评论的伦理规范的对象，与新闻伦理的一般规范的对象有所不同，

---

① 《2004 年十大假新闻》，《新闻记者》2005 年第 1 期。

② 引自陈桂兰主编：《新闻职业道德教程》附录，复旦大学出版社，1997 年版。

它不仅仅包含职业新闻工作者，也包括在大众传播媒体上发表评论的一切参与者。

我国新闻评论的伦理建设，应当从具体的批评实践开始，而不一定从一整套规范开始，因为只有批评，才能发现问题，引发思考和认同。通过来自于广大受众的具体的批评，使人们重视新闻评论的伦理问题，并且逐步掌握观察、发现、分析新闻评论伦理问题的能力，在广泛讨论和广泛认同的基础上，逐步建立约束新闻媒体评论者与社会各界评论者的普遍规范。

思考练习题

1. 媒体评论编辑为了使评论版面更为吸引人，邀请持不同观点的评论者针锋相对地就一个问题发表意见。这是当代言论版操作的常态。那么，如果找不到持不同观点的人，自己充任这样的角色，或者请一位评论者自己写出一篇与自己不同的观点，这样做是不是正当的？

2. 匿名写作新闻评论的现象有没有问题？如果一个评论者总是以不同的笔名发表观点相同或者观点不同的新闻评论，有没有问题？

3. 一名在媒体的评论工作者化名以社会作者的名义在自己的媒体上发表评论，这有没有问题？

4. 同一网站的签约评论员是否应在观点上保持与该网站的一致，特别是在不同网络媒体在同一问题上发生争论的时候？

5. 在新闻评论的阅读中寻找、发现可能存在的伦理问题，并与同学进行讨论。

第十章　社论制度及其文体

本章要点

● 社论写作的制度性特征。

● 社论"时评化"的历史轨迹。

● 中外社论的不同特征。

第一节　社论的制度性

　　从本质上说，社论不是一种特定的文体，而是一种写作制度。它的最基本的规定性，不是文体(如语言、结构)的特征，而是"代表报刊、通讯社、广播电台、电视台编辑部的权威性言论"；"它集中反映并传播一定政党、社会政治集团或社会群众团体对当前重大事件和迫切问题的立场、观点、主张，是影响并引导社会舆论的有力的评论形式。政党机关报的社论一般代表同级党组织的意见"。①

　　我国党报是作为执政党的中国共产党及其各级党委指导工作的重要渠道，所以社论的指导性表现得尤为突出。比如，从1982年11月17日到1983年2月10日，近三个月时间内，《人民日报》先后发表了七篇反对"大锅饭"的社论……这组社论对于打破旧的经济体制起了积极作用。②

　　这样重要的选题与这样重大的社会影响，当然与《人民日报》在社会的意见传播格局中的特殊地位是分不开的。它当然是报业体制决定的。这是从宏观层面来说。从微观来说，社论与同一新闻媒体上发表的其他评论的区别，在于它是一种职业化操作的评论，它所对应的是一套职业化操作的制度。

　　社论的这样一种重要地位和特殊的规定性，在一定的程度上确实会对评

---

　　① 甘惜分编:《新闻学大词典》

　　② 于宁:《评论员札记》，123页。

论的语言风格产生一定影响、约束和要求，比如"宗旨正大"（徐宝璜《新闻学》），选题重大，文字庄重，结构严整。但是，一般来说，它"主要表现在规格的掌握上、报纸版面的处理上……与评论本身的表现方式和方法并没有直接、必然的联系"。① 而社论的规格特征尤为明显，这正是其制度性特征。在新闻实践中，一篇评论，往往不易一字，即可当作社论发表，正体现了这一点。

社论在制度上代表媒体。对于写作者来说，这是一种原则意识。《大公报》主笔王芸生在一篇文章中写道："这些文字是我自己写的，但却未必无折扣地表达出我的意思。因为文字既要在公开的刊物上发表，地方又是在国难前线的天津，写文章时便不得不顾虑到地方的环境和刊物的地位，尤其是报上的'社评'，文章既由报馆负责，写文章的人便需忘掉了自己。"②

这样的"代表性"靠什么保证呢？当然也要靠制度。郭步陶在《编辑与评论》一书中说："评论不是个人发表意见的文章，也不是报纸中一种装点门面的空话；是全报社对于社会中某一问题的主张，由一人为之笔述。要是没有这样一类人，聚成一部，共同研究，所作的评论，便只能代表作文的这一个人，不能代表全报社，更说不到代表舆论了。"

集体讨论是社论写作的基本制度。在新记《大公报》早期，总编辑张季鸾、总经理胡政之和社长吴鼎昌三人即有约定："由三人共组社评委员会，研究时事问题，商榷意见，决定主张，文字虽分任撰述，而张先生则负整理修改之责，意见有不同时，以多数决之，三人各各不同时，从张先生。"③

这当然只是社论制度的雏形。后来，《大公报》还成立了人数更多、更为制度化的社评委员会。

在当代欧美媒体，由社论委员会集议社论选题，更是一种普遍的基本制度。以美国《亚特兰大日报》为例："每天上午9点，在所有成员看完当天的晨报以及《纽约时报》或（有时候）《华尔街日报》之后，编委会就开会……讨论那些认为报纸应该加以评论的主题。编辑委员会成员根据新闻报道内容及其个人兴趣分配论题。……每次会议上，编委会成员都提出他们计划的论题。然后对每个论题进行讨论。有些论题激不起多少反响，而有些则犹如投下一颗原子弹。有的选题还要投票才能确定。编委会每周三次接待那些希望

①　王振亚、李舒：《新闻评论与电子媒介》，18页，中国广播电视出版社，2004年版。
②　《芸生文存》第一集"自序"，上海大公报馆，1937年版。
③　周雨：《大公报史》，139页，江苏古籍出版社，1993年版。

在一些对其利害攸关的论题上支持他们的来访者。"①

此外,李子坚《纽约时报的风格》,我国新闻工作者胡舒立在《美国报见闻录》,辜晓进的《走进美国大报》,唐亚明在《走进英国大报》、王尔山《提问是记者的天职——与英美报刊主编对话》等书中也都详细介绍了英美报纸社论集议制度。

我国当代报纸近来也有建立社论委员会的动向。如《新京报》每天发表两到三篇时评性质的社论,其选题过程是这样的:首先,每天下午17:15召开新闻版组选题会,评论部人员参与,在各版准备第二天刊出的新闻中初选社论选题目标;接着,在18:30召开社论委员会,在上述选题目标和各社论委员通过阅读当日各报新闻事先准备的(每人准备三个)选题目标中,按照重大性、象征性、关注度、关切度的标准一个一个筛选,最终选定这四个标准最大交集的二至三个社论选题。然后根据选题涉及的知识领域,再确定是由本报评论员撰写,还是在一个逐渐形成并稳定下来的社外特约评论队伍中选择作者。

周报的社论选题以《经济观察报》为例:每周由专设的"社论助理"从当周诸多重要新闻事件中列出10到20条作为备选社论题材,然后由社论委员会在周四开会,一条条筛选,从中确定有哪些新闻适合撰写社论,然后在社内各在其职的记者编辑中,根据其不同知识和经验积累确定作者,当晚撰写——社内记者编辑中,大致有一个社论撰稿人圈子。第二天星期五,也就是报纸组版的时间,由总编辑从写成的数篇中确定哪一篇放在一版,不署名发表,哪几篇放在社论版署名发表。

这都是以新闻事件作为社论题材的选题程序,比较典型地反映了选题的实际运作。当然,还有传统党报非新闻性的社论选题,因为并非每期刊出,时间上相对从容,但政策性更强,选题也更为审慎,有时还要上报到上级党委审阅。

社论应该体现媒体的立场这样一个命题,内含着媒体应该对新闻事件有自己的立场。这种立场在社论中应有明确的表示。比如,1926年11月27日美国《波士顿先驱报》发表社论《我们认为》,对意大利移民尼古拉·萨科和巴托洛缪·范泽蒂被指控抢劫谋杀一案提出明确的看法,其中几乎每段都有

---

① 康拉德·芬克:《冲击力:新闻评论写作教程》,31页,新华出版社,2002年版。

"我们认为"的表达，给人印象非常深刻①。再如：1946 年 2 月 25 日延安《解放日报》社论《重庆事件与东北问题》写道："我们与重庆学生一样关切中苏谈判与东北问题的现状和前途，我们确认，只有确保中国（包括东北）领土主权的独立完整，确保中苏两国在中苏友好同盟条约基础上的友谊之巩固和发展，才是中国与远东之福……"

下面是 2003 年 2 月 9 日《纽约时报》就哥伦比亚号航天飞机失事发表的社论《遥远世界的召唤》的前两段：

> 哥伦比亚号航天飞机悲剧性的损失正在使许多人产生疑惑：人类是否能够在外层空间扮演一个有用的角色？人们的争议远远超出了庞大的空间预算和航天飞机的修理费用。最深的问题是：人类对太阳系的探索是否应该仅仅因为危险太大、费用太高而停止？

> 我们的观点是：天空纯粹的吸引力和神秘感驱使人类探索在我们的地球经验之外的世界。自然在我们的人类天性中就安排了好奇心和对知识的渴求。正是这些东西使我们人类不可避免地继续在太空中冒险，即使今天不，在将来的某一个时候，也会这样做。

我国当代许多报纸长期没有社论，主要原因是对于具体的公共事件没有自己明确的立场。一些报纸没有社论，却没忘了在言论版上注明"本版所发表评论不代表本报态度"。但这种情况，已经有所改观。在《经济观察报》的社论中，"我们认为"、"我们的判断是"频繁出现，几乎成了"口头禅"，比如我们在第二章中全文例举的《欢迎职业政治家》。再如，《新京报》对于城市划定禁讨区的提议，一直采取反对的立场，为此发表多篇社论，下面其中之一：

我们为什么反对"禁乞"

> 自北京市政协提出划定"禁讨区"的建议后，本报连续发表评论提出自己的不同意见。其实，自从去年北京地铁传出"禁乞"的消息，以及全国有些地方"禁讨区"风行之时，本报曾先后发表几十篇评论表达不同意见。

> 我们对划定"禁讨区"提出不同意见，反对"禁乞"背后所隐藏的行政权力的随意性以及行政权力的无限扩张。去年以来，国内部分城市都不约而同地设立了"禁讨区"，于是，一些为生存挣扎的人

---

① 见展江主译评：《新闻与正义——普利策新闻奖获奖作品集》，622 页，海南出版社，1998 年版。

就被赶来赶去——赶出主干道，赶出商业区，被赶出文明都市。这样的现象不禁让人产生疑问，在没有经过民意广泛讨论，没有经过科学论证，没有征求行政相对人——乞讨者意见的情况下，如此动用行政权力、动用国家机器对一个弱势人群采取强制措施，这样的做法显然过于随意，显然涉嫌违背"以人为本"的执政理念，值得高度警惕。（略）

《北京青年报》的社论，也有同样的表现：

为什么"揪住"机场高价不放

洋快餐开始进入虹桥机场，不日还将落脚首都机场，给人一种"春江水暖鸭先知"的感觉。

去年，本报就首都机场服务价格过高的问题做了系列报道，并刊发了《有感于经济学家喝咖啡》和《"特殊场所"的物价谁来管》两篇社评，引起了社会的广泛共鸣。几个月之后，国家计委发布了"首都机场餐饮价格监管有关问题的通知"，要求北京市物价部门加强对首都机场餐饮价格的监管。随后，首都机场开始了整改，新的租金计收办法也将在春节后出台。正是在这种"气候"下，洋快餐进军国内机场的步伐才突然加速。

我们一再报道首都机场的服务价格问题，并非要跟什么人过不去，而是呼吁建立一种普遍有效的、公平的经济制度，完善我们的经济环境，从而创造一个以人为本的生活空间。在市场经济的机制里，在公平、公正、透明等价值得到广泛确认的时代，不应该还存在什么无视规矩的特殊场所、特殊行业和特殊群体，不应该听任违反经济规律和游戏规则的行为长期存在，不应该给价格欺诈、暴利、不正当竞争以宽松的生存空间。对于那些逾越游戏规则、侵害消费者权益的行为，一旦发现，都应该由管理机构予以惩罚，这样才不会出现制度之外的"飞地"——正是出于这样的信念，我们才"揪住"首都机场不放。

我们相信，用不了多长时间，人们不但能在首都机场买到"国际统一价"的汉堡包，还能够享受到更为优质的服务。（2002 年 2月 1 日）

应该指出的是，评论中出现的"我们"，并非都是确指的一个群体。至于一些个人评论中的"我们"，则根本就不着边际，它们不足以表达明确的立场观点，却更易混淆明确的立场，不值得提倡。而社论中的"我们"，那种明确地代表媒体确定立场的"我们"，则是应该提倡的。

　　社论的制度性还表现在，长期以来，在我国党报，社论是一种评论的最高的等级、规格。在社论之下，还有本报评论员文章、本报特约评论员文章、编者按等媒体内部专职化的新闻评论。但这样的言论等级规格，在国外媒体中并不多见。正因为这种制度上的规格等级，使得我国媒体，特别是主流媒体的社论目前发表的数量很少。这个问题早已引起新闻界重视。

　　胡乔木 1991 年 9 月 7 日同人民日报负责同志的一次谈话中说道："报纸应该每天有社论。这对于统一全党的思想非常重要。现在还没有充分发挥中央机关报的作用。需要培养一支队伍。以前社论都是，由毛主席、周总理、少奇同志审批、修改、定稿。这个问题有机会要向中央提出来，中央不支持，做不好。全世界报纸没有一家报纸不是每天发社论的，甚至一天不止一篇。延安解放日报、人民日报五十年代基本上每天发表社论。"①

　　胡乔木以世界报纸的规范要求每天发表社论是理由正当的；但是如果按照他所说的每天要中央领导同志审批、修改、定稿这样的程序，要保证每天都发是不可能的。这实际上是机关报的运行体制与市场化的报纸运行体制的差别。

　　总的来说，代表报社（媒体）的观点，是社论的基本制度；但在这个基本制度之下，机关报更要代表它主办的"机关"的观点，对于我国党报来说，就是一级党委的观点。这是机关报社论的特殊规律。把这点差别说清楚了，我们就能够看清楚不同媒体社论在选题、发表频率、运行程序方面的差别。机关报的社论，因为更多地承载了政策宣传功能，所以它们的选题更重大，确定选题的程序更审慎、持重，周期更长，因此其发表频率较低，有的媒体长期没有社论。它的内容与形式，也就不能不带有"政论本位"的色彩。而市场化的报纸，每天针对新闻事件发表具体判断的社论，选题范围较广、选题周期较短，也就不能不带有"新闻本位"的时评化色彩。

　　近年来，当主流媒体依然保持着年节、重大会议才偶尔露面的社论规格的时候，一些走向市场化的报纸和新报纸上，则不声不响地出现了每天一篇、每期一篇甚至数篇的时评风格的"社评"栏目。比如以挂"本报评论员"并真实署名的《北京青年报》每天二版的"今日社评"、《工人日报》每周五期评论版的以本报评论员真实署名的社评；发表在报纸头版、不署名的《21 世纪经济报道》社评、《经济观察报》社论。《南方都市报》、《新京报》甚至以特

---

　　① 《胡乔木谈新闻出版》，403 页。

约稿件、来论充作社论。这些实践，以变通的方式淡化着社论在我国长期以来的规格、等级性色彩，恢复了社论对新闻的敏感反应，实际上是强化了社论的新闻评论品格。这样的趋势，与世界范围内新闻媒体社论的通行规范接近。

应该说明的是，尽管在我国传统上狭义的社论单指明确标出"社论"的不署名评论，但在国际报业的通观视野中，它所对应的，就是不署名的报纸评论。不署名本身就是规格和制度。而在当代中国，包括由本报评论员署名的"社评"、"评论员文章"在内，一些明确代表报社并固定刊出的署名评论，实际上也可以看做社论。比如新华社参考消息报社主办的《国际先驱导报》每期头版头条位置署名"商汉"的国际评论；《东方早报》在言论版每期由"本报主笔"署名的"东方评论"；《新民周刊》每期位于刊首的"言论"，都拥有特殊的地位。它们与国际媒体社论的一般规范的区别，只是署名而已。这是因为我国媒体在传统上把社论看得比较重，不轻易用"社论"名义；也是因为媒体在心理上不习惯以一"社"之重来承担一篇言论所可能带来的影响，因此宁愿选择比社论名义"低半格"的署名评论来代替社论。随着社会言论环境的宽松，这样一种局面，可能会改观。

第二节 社论文体演化的源流：社论时评化

从制度的角度看，社论与一般新闻评论有所不同。但是，如果我们从历史发展的动态角度来考察，社论也有一个发展变化的趋势。这个趋势在内容上表现为在世界范围内由"政论本位"到"新闻本位"的变化。社论最初都是政论性的，因为从报业史的角度看，世界各国都有一个"政党报刊时期"。比如，18世纪英国的党派斗争，起初是以政治小册子的形式进行宣传的。当时的一些著名作家，如笛福、斯威夫特等都曾各支持一党，写过政治小册子。后来"艾迪生首创了社论，用以代替小册子和短文。笛福把小册子的形式加以改造，使之成为社论，又使新闻记叙成为报纸的一部分内容"[1]，"在我国，社论作为政论体裁最早发端于清朝末年，我国第一份由中国人主办的《循环日报》(1874年2月4日创办于香港)，该报主编王韬是中国历史上第一位报刊政论家。该报日出四开两张(星期日停刊)。每日于报首发表'论说'一篇，

---

[1] 参见哈罗德·伊尼斯：《传播的偏向》，124页，中国人民大学出版社，2003年版。

也即社论"。①

本节以中国近代新闻评论史的角度来考察社论的演变。

社论的选题与一般时评的选题最开始是不同的。梁启超在 1910 年所作《国风报叙例》中谈到这个问题，那个时候的社论还称为"论说"："凡论说，本报之精神寓焉，其对象，兼政治上与社会上。政治上者，纳诲当道也；社会上者，风厉国民也。其选题，则兼抽象的与具体的。抽象的者，泛论原理原则也；具体的者，应用之于问题也。"

"凡论说所论，则事之应举措也；凡时评所评，则事之已举措也。"

可以看出，时评是针对新闻事件进行评论，而发表社论则不见得有新闻事件。这样一个界线后来被打破了。这是本书的第二章中曾讲到中国近代新闻评论发展的轨迹，即"社论时评化"的过程。早期报纸的社论皆为政论，并不直接涉及新闻。时评产生之后，由于其就事论事"事评"特征和短评特征，与社会形式特征相距较大，因此别立一体，刊于社论之后。但这种后起的文体由于符合新闻传播规律，逐渐浸入社论，那种"泛论原理原则"的政性社论逐渐消退。这就是社论时评化的过程。

1899 年出版、1903 年译入中国的日本松本君平著《新闻学》写道："日日所作之社说，其论议述作，亦宜以当日之新闻相关联。"②

我国新闻学的开创者徐宝璜早在 1919 年出版的《新闻学》一书中就写道："社论须以当日或昨日本报所登之新闻为材料而讨论之，此理甚明。"③

我国台湾新闻学者林大椿在《新闻评论学》中说："到了新闻本位时期，报纸每天的社论，应根据当天的新闻，有此新闻，才有此社论。不但如此，而且要根据本报的当天新闻。不能无新闻而有社论，不能以一二日前的新闻作题材，拿来写社论，尤其不能以'报载'字样引用他报新闻。"④

在此，我们以复旦大学出版社，2002 年版《大公报一百年社评》所录社评的标题的年代变化来显示其由"政论"到"时评"的演化过程：

1902 年：《开民智法》

1903 年：《敬告吸烟缠足者》

1903 年：《论中国宜重道德》

① 胡文龙、秦珪、涂光晋：《新闻评论教程》，214 页，中国人民大学出版社，1998 年版。
② 见《新闻文存》79 页，中国新闻出版社，1987 年版。
③ 徐宝璜：《新闻学》，81 页，中国人民大学出版社，1994 年版。
④ 林大椿：《新闻评论学》，第 2 页，台湾学生书局，1982 年版。

1903 年:《爱国心》

1905 年:《说官》

1907 年:《立宪问答》(有新闻由头:七月十三日上谕)

1907 年:《党祸株连实为促国之命脉》(评秋瑾被捕。第一句:"近自皖抚被刺案出,警电纷驶……")

1908 年:《时局观》(无事件性新闻由头)

1909 年:《对于张相国死后之论定》(有新闻事件:张之洞去世)

1910 年:《朝廷立宪真伪之评决》(在全国立宪派抵京递交速开国会请愿书同日发表)

1911 年:《此次革命时期中国民之损失》(有新闻事件:辛亥革命武昌起义)

1912 年:《痛告朝野勿再偷生》(有新闻事件:日本提出二十一条)

1919 年:《论外交失败之原因》(有新闻事件:巴黎和会)

1926 年:《跌霸》(有新闻事件:军阀吴佩孚兵败。第一句:"安国军总司令由孙传芳等十五人之推戴,已于 1 日午后在蔡家花园就职矣。"发表于 2 月 4 日)

1927 年:《蒋介石之人生观》(发表在蒋与宋美龄结婚两日后,评蒋论婚姻的言论)

1928 年:《敬告爱国青年》(新闻事件:"这几天为了外交问题,各种团体个人寄来宣言投稿……")

1930 年:《军国下之呻吟》(第一句:"前日京电")

1931 年:《行矣第一机》(第一句:"在东北沦陷国难严重之关头,西北航空之第一机,明日将由北平习新疆,开拓航路,此民国史上可特记之一大事也!")

当年《大公报》主笔张季鸾"看完大样写社论",无非是社论时评化操作正常反映。比如 1939 年 4 月 5 日《大公报》社评《汪精卫的大阴谋》,起笔一句:"本报今天很痛心地发表一段新闻,就是汪精卫通敌卖国之事……"

请看张友渔 20 世纪 30 年代为北京《世界日报》撰写社论的情景:

写社论的时间,由于报纸出版时期的限制规定得是很死的。10 点开始写,凌晨一两点钟必须截稿。为了争取出报时间,其他稿子先发排、拼版,给社论留下一个位置。张友渔同志把社论整体考虑成熟，写出一段，发排一段。最后把分散发排的几段集中到一起，在小样上修改。如果写出的社论多于当晚留出的1200字或1500字的位置，在小样上删改，以免拼到大样式再做改动。有时必须删改大样的话，那就只能删改几字、添改几字，或者删去整行，用加条的办法补充这几行的位置，或者改换整个一段，不致牵动整个版面的改版改拼，以保证准时出报。①

这种紧张的写作过程，也是社论时评化写作的典型情景。

我国改革开放以后时化的社论也不乏其例：1982年12月7日，《福建日报》在《一定要严肃处理经济上和其他的犯罪案件》栏题下，发表了两则处理走私案件的消息，同时刊登一篇短社论。全文如下：

> 今天本报公布了两个重要案件。坏人受到揭露处理，这很好。
>
> 有些问题群众看得清楚，干部也有很多议论，问题的性质已经非常明白。但是就是处理不下去，而且长期处理不下去，为什么？
>
> 一是自己屁股有屎；
>
> 二是派性作怪；
>
> 三是软弱无能。
>
> 还有什么呢？也许还有其他原因，但主要是这三条。你这个单位的问题长期处理不下去，是什么原因，算哪一条，不妨自己想一想。

现在《北京青年报》"社论社评"和《新京报》、《南方都市报》社论后缀的"相关报道见今某版"，也同样是"看完大样写社论"操作模式，是"社论时评化"的历史过程的重演。

实际上，社论的时评化不仅是中国近代以来的新闻评论发展的倾向，早在19世纪的欧美报纸就已经成为常例。以马克思19世纪在英国伦敦为美国《纽约每日论坛报》写的社论为例，不仅几乎每篇的篇首都有标明写作时间、地点的"电头"，而且几乎都是以新闻事件的报道作为评论的由头或对象的，充满了类似"昨晚"这样的时间性标记。比如写于1853年6月10日，发表于6月25日《纽约每日论坛报》的《不列颠在印度的统治》，是马克思的一篇著名政论，包含了他对近代亚洲殖民地国家问题的深刻的历史思考。但是，它作为一篇美国报纸的社论，却有着明显的时评化形式：

> 据维也纳电讯报道，那里对于土耳其问题，撒丁问题和瑞士问

---

① 王迪：《张友渔同志当年写社论》，载张友渔《报人生涯三十年》，重庆出版社，1982年版。

题的和平解决都很有信心。

　　昨晚下院继续辩论印度问题，辩论情况同往日一样平淡无味。布莱克先生责备查理·伍德爵士和德·霍格爵士，说他们的发言有假乐观主义。内阁和董事会一批辩护士对这个责难极力加以反驳，而无所不在的休谟先生则在结论中要大臣们把法案收回去。辩论最后决定改期举行。

　　印度斯坦——这是亚洲规模的意大利……

纽约时报2002年9月6日第一篇社论 *Congress Returns to NewYork* 是一篇以国会在纽约召开会议为由头的社论，会议就在出报的当天召开。社论围绕着会议的所涉问题的背景展开。下面是它的第一段：

　　上一次国会在下曼哈顿开会是1790年，当时大多数国会的立法者们把纽约看做是一个不公正和傲慢自大的地方。有些东西至今也没有改变。但是，今天，当国会回到这个曾经作为美国第一个首都的城市，在华尔街的联邦大厅再次开会的时候，它要表明的是对这座经历了"9·11"灾难的城市的深切同情。无论一些国会议员至今对纽约有着什么样的成见，他们都将信守早些时候与布什总统共同做出的承诺，在今天的考验中帮助纽约。今天早上一个小时的联席会议，将会使人们记住这座城市被给予了多大的敬意，也会使人们记住还有多少工作需要人们来做。

2002年12月22日《北京青年报》的"今日社评"为《扫雪铲冰到了最关键的时候》。它的前两段是这样的：

　　今天，北京今年第二场降雪进入第四天。由于市政、交通、环卫、城管等部门预案充分，行动迅速，措施得力，本市各方面秩序井然，运转正常，长时间的雾雪天气没有对市民的工作和生活造成大的影响。

　　但是从昨天开始，不少市民发现，一些胡同和较偏远的路段出现了结冰，市区街道有少数人行道由于扫雪不及时，路面也变得十分湿滑，行人稍有不慎，就有摔倒的危险。本报记者在采访中也注意到，这两天外出的人较下雪之初似乎有所减少，看来随着降雪的继续，人们对雪天的畏惧心理也越来越加重了。

"社论时评化"具有如下的意义：

（1）它使社论的题材更为丰富，更有新闻性；使社论这样一种多年来已经濒临僵化的报纸文体重新焕发出了生机。

（2）它使社论的刊发频率更高，真正实现每天发表社论这样一个世界报纸的普遍规范。

（3）它使长期以来社论在党报体制之内的崇高地位有所下降。因为社论每天都对具体的新闻事件作出判断。社论发生错误的可能性无疑大大增加。这一方面固然使社论的权威性与指导性受到了动摇，但另一方面，也为人民群众批评社论，与报纸平等交流提供了空间。《新京报》创刊之始即设立了"社论批评"栏目，几乎每天都有对前一天社论的读者批评，效果很好。

（4）它使得社论有可能脱离抽象层面的政论，而更多地触及地方的社会生活。

《甘肃日报》的评论员李天伦对2003年11月《南方都市报》刊发的社评做了一个统计。"统计发现，该报社评除了在记者节、消防日、乙肝歧视、台海局势等社会重大新闻上坚持有自己的声音外，一半以上的评论都是本地化的"，"在外地的一些报纸，如深圳的《晶报》、陕西的《华商报》、杭州的《都市快报》，他们都在尝试着走社评本地化的路子"。

李天伦认为："只有社评本地化，才能让当地的公众和被批评者最大程度地知晓、评论，点点滴滴地促成着社会的进步。可以说，地方报纸只有实现社评本地化才能最大限度地展示评论的力量，特别是针对一些独家报道社评，可以使报道和社评互动，更深入，更有价值。这样做，虽然有着较多的风险，但是，它会很快带来回声和反应。"[①]

我国新闻界前辈胡乔木曾说过这样一句话："社论就是一般的评论，要与一般评论加以区别是不怎么容易。"[②]这个论断其实正反映了"时评化"了的社论所体现出的一般新闻评论的性质。

第三节　中西社论的对比

尽管中国媒体与西方媒体的社论在"代表报社观点"这点上有着共同的规定性，但在表现方式上仍然存在着较大的差异。

首先是刊登位置不同。中国报纸社论从一开始就是单独刊登于头版，以示其重要。西方报纸社论则一般刊登在几十页新闻版以后的社论版，以示与新闻报道严格划分。这是中西不同的报业理念造成的：中国认为报道与评论

---

① 《新闻记者》2004年第2期。

② 1954年《关于新闻班讲义稿的谈话》，《胡乔木谈新闻出版》，143页。

是一体的，相互配合。西方认为报道是客观的，它属于公众；而社论是主观
的，属于报纸自己。

其次是分量不同。社论选题要重大，中外都如此。但是，中国的社论一
般并非每天都有，既有也只刊登一篇；西方的社论每天多达三四篇。选题轻
重自然相差很大。《纽约时报》一天数篇社论中，有的是国家大事，有的就是
社会生活。比如《纽约时报》6 月 25 日第一篇社论是议论政治的，第二篇社
论就是《吸烟更危险了》(*Smoking Looks Even Worse*)，因为出现了更新的研究
结果。这第二篇在我们中国报纸很难想象被当作社论来发表。《巴尔的摩太
阳报》2002 年 6 月 29 日一篇社论《给狗带上齿套》(*The Canines that bind*)，全
篇以散文笔法，似乎只是在讲一个小狗的故事，实际上是在讲邻里关系。至
于一些地方都市类，它们的最后一篇社论，往往就是一篇富于情趣和情感的
小文章。比如加拿大《多伦多星报》(*Toronto Star*)2003 年 3 月 27 日社论版第
三篇社论是这样一篇文章：

街区父母的终结

有差不多 30 年了，"街区父母"的标志是多伦多非常熟悉的景
观，在居住区的窗户上到处都可以看到。

这样一个标志告诉孩子们：这一家是安全的，当他们遇到麻烦
和危险，可以随时走进去寻求帮助。

令人伤心的是，"街区父母"计划本周就要在多伦多寿终正寝
了。几乎很少人注意到这一点，更少的人去关心它。

这个计划死亡的原因意味着缺乏公众支持。

在一个 260 万人口的城市里，只有不足 600 人志愿把"街区父
母"的标志贴到家里的窗户上。

更早一些时候，布拉姆顿在同样的地区已经终止了"街区父母"
计划。在米西索加，这个计划或许很快也要终止了。

活动的组织说，"街区父母"减少的原因，一方面是留在家中的
妇女减少了；另一方面是参加其他志愿组织的成人增多了。

警察则坚持认为，孩子们不会再有那么多危险了，所以这个计
划也就结束了。他们说，孩子们比 70 年代更聪明了，对街道也更了
解了。同时，有更多的成人开车接送孩子上下学，以及参加各种课
外活动。

尽管如此，那个充满着温情暖意的"街区父母"的标志，仍然是
我们这个城市的一部分，它们令人怀恋。

下面是 2002 年 3 月 27 日《纽约邮报》的第四篇社论《祈祷下雨》的全文：

"我们的城市处于 10 年来最严重的干旱之中。即使下了很多雨，旱情仍然不能改观，我们水库的蓄水仍然在一个危险的低线上。我们劝告每一个人尽最大可能节省用水。"——布隆博格市长昨天宣布全市进入紧张干旱状态。

这些国外地方性报纸的社论，与我们国内通常的社论相比，其选题似乎要"轻"得多，但也正因如此，"社论"也比我们用得多、用得普遍，用得更接近市民生活。

不同的传统和不同的新闻理念是不可能轻易改变的，它们都对应着不同受众的接受期待。我们在这里作一些比较的目的，只是为学习新闻评论的同学们开阔眼界，因为，无论怎样，我们已处于一个开放的新闻传播环境之中，新闻评论的学习，也应该有一个开放的视野。

旅居美国的老新闻评论家梁厚甫曾写过一篇文章《中外社论之不同》：

外国人的社论，叫做 editorial。此字的原意，本来就是"编者的话"，完全没有"论"字的意味。中国的社论，则由"史论"而来，所不同的，前者是论已成事实之史，后者是论将成为史的事实而已。

外国人写社论之目的，是希望读者对当天所发生的事，能作进一步的理解。举例说，某政变的背景，从来不会论定发生政变应该不应该。即使要论定，也不过是指出几种可能的趋势，让读者去自行判断。

外国人写社论的方法，是"大滑头"的方法，但是，在"大滑头"的方法的后边，读者感到舒服，因为这是尊重读者，认为读者有学识，有判断能力。

中国人写社论的方法，完全不同。一定要论定，如果不论定，似乎对不起社论的"论"字。其后果，是引起读者的反感。正如厨师捧了一盘菜出来，说自己的菜好，等于侮辱食客，认为食客本来是不知味的。其实，厨师认为上好的菜，食客会不同意的。①

梁厚甫的这个说法，在一定程度上反映了中西社论的不同。西方的社论，不能说完全没有论断和论证，只能说不一定非要有论断和论证。明确地表达媒体的观点和斩钉截铁的论断，是社论的当然本色，西方社论中比比皆是。但是，没有明确论断的社论也经常有。比如 2002 年 11 月 11 日是《纽约

---

① 《梁厚甫文选》，854 页，新世纪出版社，1999 年版。

时报》社论《再想一想弹道痕迹问题》(*Rethinking Ballistic Fingerprints*)，就是一篇没有明确论断的社论。美国私人持枪者众多，由此发生的枪杀事件很令政府头痛。在 2002 年美国著名的连环枪杀案发生之后，为了能够对类似案件及时破案，有关部门提出了一个枪支管理办法：每一支新枪售出之后，即在有关部门留下弹道擦痕的记录——它们就像人的指纹一样，是一支枪的特征记录。这样，当罪案发生，也可以用现场留下的弹壳上的弹道擦痕作为破案线索了。但是，这个办法引起了很大争议。这篇社论讲明了国家建立枪弹痕迹数据库对于防范恐怖枪杀事件发生的必要性，同时也举出了对此担心和不赞成的观点。比如，持枪者利益集团的观点，他们认为枪支可能因反复开火而改变原来登记的痕迹；还有专家担心这种检测方法分辨的精确度太低等问题。而联邦专家则认为他们自己的试验精确度比较高。因此社论说有关技术方面的争论，以及这种方法的成本还有待进一步的评估。而主张"枪控"的专家认为，如果再要继续研究的话，那恐怕会把这个建议耽误了，应该制定一个最后期限。

这样翻来覆去列举了几方面观点之后，社论的结论只是这样一句："这样一个系统如果成功的话，那收益无疑是巨大的；但是，如果它失败了的话，对于美国控制非法使用枪支的整个努力也会产生很大的反作用力。"

显然，以两个不确定的、方向相反的假言判断结束社论，不能说有自己明确的判断。这样一种社论，在我们中国可能是不予发表的。

与上述论断方面的差别相关，中西社论比较明显的差别在语言风格方面。

我国机关报长期的社论写作实践，逐渐形成了一种特定的语言风格：它的基本特征就是庄重、规整、平衡、稳定。比如，只要确定了社论的题目，确定了一个核心概念之后，文中的每一段都是对这个核心概念的开掘和解说，因此论述部分，几乎每一段的开头，都是以这个概念打头，实际上这种结构非常简单，容易看懂。但这种结构缺乏变化的文章，也限制了社论作者个人激情和创造力的表达。

我们著名新闻人胡舒立在《美国报海见闻录》一书中这样介绍《圣保罗报》的女社论作者安的社论文章：

安的文章的确是充满爱心的。

可我又想，这专栏不像通常理解的"言论"呀，为什么登"社论·言论"版呢？我还读过安写的其他专栏文章，有一篇题为《春，吻醒了斯摩克山》，写她在斯摩克山度假时所见到的生气勃勃的大自然景象；有一篇题为《雪鹰凝望冬日苍穹》，写她与朋友们躺在湖面积雪上用胳膊扫雪做成雪鹰表达了她对北方冬日的爱和童心；一篇题为《让青年友人写出真话》，介绍美国一个关于中学生出版物的法规给学生带来的压抑等等。

我说："安，你的文章感染力很强，寓意也深。可按我们中国报界的分类法，这些文章可以叫散文，叫报道，至多叫述评，不会登在言论版上的。"

安答："在我们美国报界看来，记者和社论作者的文章主要不是由体裁来区分的。关键是记者的文章是客现的，社论作者的文章是主观的。换句话说，记者告诉人们这个世界是怎样的，社论作者告诉人们这个世界应当怎样。这才是二者的本质区别。"

出于对报纸社论的特别关注，我读过美国许多报纸的社论。对于安代表一社立论的写作风格——那种浅近、中肯，那种蕴含在文章中的殷殷之情，那种没有高谈阔论的"教诲"，居高临下的"训斥"，抑或慷慨激昂的"号召"的质朴平等的语调——并不感到生疏。

当然，从新闻评论的专业角度看，这样"散文化"的社论，其传播意见的效率性，恐怕也值得怀疑。在社论写作中，风格的多样化、个性化，与传播的效率性是一对矛盾，应该找到一个适当的平衡点。风格的多样化、个性化无非为了增大感染力，给读者留下更深的印象，求得更好的传播的效果。但过多的个人情感表达、词藻的铺张，则肯定降低传播和接受的效率。因为它毕竟是新闻评论，而不是散文。

美国优秀社论写作的突出特点，与其说是语言风格，不如说是结构风格。实际上，一些优秀社论的结构，本身就具有强大的论证力量。

麦金尼备忘录

（《盖恩斯维尔太阳报》1964 年 10 月 20 日）

肮脏的道路上，黑人小男孩因重压在他肩上的大木桶而疲惫不堪。他从喷泉到这儿走了两个街区，每周这个孩子都要走 3 到 5 次。

这个孩子和其他 3 人居住在一个长 24 英尺、宽 18 英尺的房子里。

好几扇开着的窗子上没有玻璃。

没有前门。

屋顶的两处破漏使阳光透射进来。

这孩子的一家与另外一家共用后院的外屋。

房中不仅没有洗手间，也没有自来水、淋浴或热水供应。

房子的侧面已腐烂，烟囱需更新，地基高出地面。

当孩子跨上台阶进房子的时候，水从桶边溢出。

现在，麦金尼市长，让我提醒你，这是这家人一周用水量的三分之一至五分之一。

而且是用来饮用的水。

这家人居住在佛罗里达州盖恩斯维尔市区内的东北区。周租金5美元。这是佛罗里达"大学区"，该州的科技、教育和医疗中心。

现在，麦金尼市长，请你再次对我们说，如同你去年8月所说的那样，住房问题无须顾虑。请再一次告诉我们，如你上周所说的那样，最低住房标准有待讨论。毕竟自1955年来，妇女选民会和盖恩斯维尔居民住房委员会在调查研究的基础上，已把没有室内供水及管道饮水系统的房子列了出来。

10年了，市长先生。

请你对那个在肮脏的道路上背负饮用水的孩子说，实施最低标准住房是不必要的。

在我们的心中，我们愿意用爱默生的话来抚慰那个儿童："上帝总是仁慈的。有失必有得。世界，正如你心中意愿，自我调节。任何秘密都将昭示于天下，任何美德都将有善报，任何恶行都会有恶报。毋庸置疑。"（引自展江主译评《新闻与正义——普利策新闻奖获奖作品集》，韩扬译）

这篇文章的结构，前半部分几乎用电影分镜头一般的白描，一个打动人的孩子形象，表现了该市穷困居民住房问题的具体困境。然后让这个情境与该市市长关于"住房问题无须顾虑"的言论迎面相撞，形成非常强烈的对比冲突。用事实代替雄辩。

思考练习题

1. 社论既然代表媒体观点和立场，如何理解目前国内一些报纸以个人署名发表的社论？

2. 你对一些媒体开放式的社论写作队伍有什么看法？

　　3. 你认为社论应不应该保持一定的规格？频繁地发表社论，是不是会降低社论的权威性？

　　4. 社论适宜评论哪些话题，不适宜评论哪些话题？

第十一章　言论版制度

本章要点

● 掌握国际报纸言论版的一般知识和形式特征，学会辨识言论版与社论。

● 掌握读者来信的多种处理方法。

● 中国报纸言论版的发展状态。

● 从言论的交流与争议的内在规律中处理言论版不同内容的关系，办出一块活跃的、平衡的言论版。

言论版是我们报纸目前方兴未艾、百花齐放、尚未定形、不完备的言论形态。而相较而言，国外报纸言论版已经形成比较稳定的形式规范。因此，讲授言论版不能局限于国内尚未发展充分的实践经验，而应该以国外言论版作为参照体系来讲授，既顾及不同政治、文化传统之下言论版的区别，也着眼于言论版普遍的规范。言论版的问题，不是单篇作品的写作问题，而是报纸以什么样的制度安排不同言论的问题。

第一节　言论版概述

言论版是现代国际报纸言论的一种发展成熟的形式。我国报纸近年来随着社会需要和自身的市场化运作，也符合规律地产生了这种形式，并且正呈蓬勃发展之势。与报纸的评论栏目一样，言论版也是承载言论的一个空间。但是，它又不仅仅是一个空间，而且是关于言论的一种操作方法、操作理念和制度。

从世界范围来看，汇集着社论、读者来信与专栏文章等多种言论的言论版，实际上已经无分主流与非主流、大报与小报、东方与西方，而成为当代报纸的普遍规范和制度，有着基本的、稳定的格局。比如美国纽约《每日新闻》，标"思想与观点"（Ideas and Opinion）；加拿大的《多伦多星报》（Toronto Star）第一页言论版直接称"社论与意见"（Editoria & Opinion）；《华尔街日报》两块言论版都称"意见"（*Opinion*）；新加坡的《海峡时报》（*The Straits Times*），两块言论版都称"评论与分析"（*Commentary and Analysis*）。《纽约邮报》包括"社论版"在内的三块言论版都叫"邮报观点"（*Post Opinion*）。而斯里兰卡的《星期日观察者报》（*Sunday Observer*）的社论版叫做"评论"（*Comment*），另一块言论版则叫做"表达"（*Expressions*）。但不管叫什么，这些报纸言论版的基本格局大体都是一样的：内容上包括社论、读者来信、专栏文章、漫画、新闻图片；形式上有"内报头"、"对页"。版次一般放在新闻版组的最后。这种差不多一样的格局在一定程度上反映了以西方报纸强势的文化传播的一种结果，在一定程度上反映了西方报纸认识言论的理念、处理言论的方法，但也在一定程度上反映了言论作为意见传播的普遍规律。

我国台湾学者程之行在《评论写作》一书中给出了美国报纸言论版的简单发展里程：

1841 年《纽约论坛报》开辟社论版。

1910 年，赫斯特报系所有社论版移到最后一版。

1920 年《纽约世界报》提出社论版"对页"（OP/ED）。[1]

埃默里的《美国新闻史》在述及 20 世纪初的《纽约世界报》时，也讲到了该报的社论版"对页"。[2]

可见，今天世界范围内报纸言论版的基本形态是比较早地形成的，经历了较长的发展过程。

中国报纸言论版兴起于 20 世纪 90 年代末，到 20 世纪初，数年间已蔚然成风。较早创办和有一定影响的有《中国青年报》的"青年话题"、《南方都市报》的"时评版"、《经济观察报》的"社论版"。形态、内容、版次和组合方式上可谓百花齐放，但总体上目前还没有形成言论版的稳定的主导模式。

第二节　言论版的构成要素

言论版的构成要素分内容要素与形式要素。我们放在一起说，是因为它们紧密相关。

---

① 程之行：《评论写作》，72~73 页，三民书局，1984 年版。这本书在国内学者的论著中较早地明确提倡开办言论版，以三章的篇幅对国外社论版进行介绍。当时，无论是大陆还是台湾，都还没有言论版。

② ［美］迈克尔·埃默里，埃德温·埃默里：《美国新闻史》第八版，250 页，新华出版社，2001 年版。

国外报纸言论版的一大形式特征就是集中。社论是国外言论版普遍的重要内容。所以，言论版在国外也被往往称作社论版（editorial page）。一般来说，现在世界上一些国家报纸的言论版，都有前后连的两到三个版。其中一块版上有形状大小不一的内报头作为标志。而一般在内报头之下的不署名文章就是社论（美国习惯上称editorial，英国习惯上称leading article 或 leaders，前者直译就是"编者的话"，后者直译就是"领导文字"）。欧美报纸的社论一般是"内报头"以下从上到下排列三四篇（见图 11－1），选题分别为国际、国内和本城；亚洲报纸则一般只有一篇。总之，以有着内报头和社论的版面为核心，国外报纸的言论集中发表在数页言论版之内。

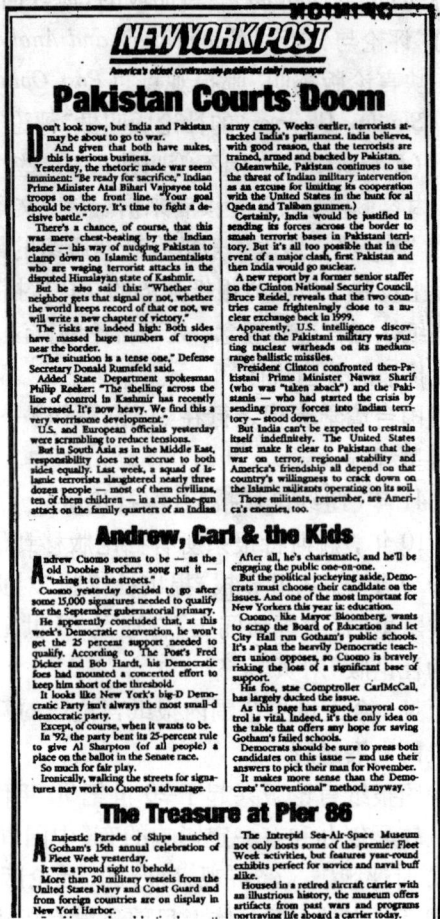

图 11－1　《纽约邮报》社论栏

内报头是国外言论版标志性的形式要素。一般置于社论版的左上角，是一个缩小了的报头样（包括字体与图案）。这样一个内报头作为一种传统，表明社论版特殊的地位。当然，内报头也有在其他位置的，比如《华尔街日报》放在第二张言论版的左下角；《曼谷邮报》的内报头就在社论版的左下角；泰国的《国家报》社论版的内报头则在其右下角。内报头的内容有简有繁，有的只是报头字样的缩小，有的还有图案，有的还要加上从发行人到总编辑、社论版编辑一干人等的大名、读者来信的方法。国内少数报纸如《经济观察报》、《新京报》的社论版均有内报头，这是它们与国外报纸言论版"接轨"的一个表征。顺便说到，不能认为言论版的形态应该"定于一尊"。但是,大致统一的、"标准化"的言论版形态,至少可以增加传播与接受的效率。就以统一的版次和内报头标志为例,至少可以让不熟悉一张报纸的人不为找到该报的言论版而费劲(见图11－2,11－3,11－4)。

图11－2 2005年1月9日《新京报》社论/来信版

图11－3 2003年4月14日《今日美国》社论版

图11－4 2003年7月21日《经济观察报》社论版

　　我国报纸的言论传统上普遍分散于报道版面。近年来一些报纸创设了言论版，但其他报道版面仍然保留了言论栏目。这主要是因为关于言论与报道关系的规范和传统有所不同：中国传统上是要以言论配合报道，不放在一起，就难以实现配合；而西方的新闻规范，则强调言论与报道的分开——包括在空间（版面）上分开。后者其实是言论版产生的一个原因。

　　我国报纸的社论在传统上置于要闻版单独发表，表明特别重要。许多创办了言论版的报纸，仍然坚持社论置于头版的传统。所以，这些报纸的言论版普遍地缺少社论这一内容。实际上，除了一些报纸近年来选择了"社论时评化"的道路之外，由于我国报纸长期以来社论政论化的传统，社论不可能像国外报纸那样每天都有，甚至不可能保证一周发表一篇社论，所以言论版上自然没有社论。没有社论的言论版，自然全是来论。虽然来论也可以是丰富多彩、形式多样的，但言论版因此没有主导性的声音，未免显得平面化。至于有的报纸的言论版上公开标明"本版言论不代表本报立场"，实际上是放弃了在一个开阔的言论空间中报纸自身的主体地位，并不足取。

　　国外报纸言论版上的另外一个重要品种，是读者来信。从欧美报纸来看，左边刊登数篇社论，右边刊登更多篇数的读者来信，是一种基本模式。英国的《金融时报》的第一张言论版就干脆称"社论与来信"版（*Leaders & Letters*）。美国纽约的《每日新闻》社论版右侧的读者来信，栏题有个专门的名称：《人民之声》。而有的报纸则是左边刊登数篇社论，右边刊登其他来论，把读者来信专门安排在相对一页。比如，《华尔街日报》和加拿大《多伦多星报》，便直接叫做"来信（Letters）版"。我国《新京报》二版为"社论／来信"版，上下分开排列，明显是略有变化的国际模式。

　　国外报纸的读者来信都比较简短，内容虽然广泛，但大多是由本报日前刊发的报道或评论引发的，与报纸的内容有着紧密的呼应。这些来信针对的文章，有的是社论，也有的是消息，还可能是报纸刚刚刊登过的其他人的文章、来信。《今日美国》报在社论版读者来信栏的下方有一固定的启事栏《请评论》（To comment）："我们欢迎你对社论、专栏文章、《今日美国》报上其他话题，以及对你来说任何重要的话题发表评论……250个或更少的字数最有机会发表……"。

　　国外报纸的读者来信，有单篇、单题发表的，也有由编辑按照主题或针对的事件相同"合题"发表的，比如2002年5月23日是《纽约邮报》观点版以《石油供应者，或者不是，沙特仍在支持恐怖主义》为题刊登7封一组读者来信，题下还特地加框标出来信讨论的争点："事项：布什政府是否应该继续与沙特打交道?”

刊登读者来信，美国、加拿大报纸有一种流行的编辑方法，就是“抬头”都是一个“Re”(回应、针对)，加上一篇文章的标题。在这个标题之下，还要标明一个日期。这封来信，就是针对那篇刚刚刊登过的文章发表看法的，而那个日期，就是读者所针对的那篇文章的刊登日期。这样，针对性很强、很明确，表现形式也很有效率。当然也有别的更自然的形式。比如《金融时报》的读者来信，起首均为来信者的姓名，比如:“来自菲利普·詹宁斯先生”(from Mr. Phlip Jennings)。来信抬头为“先生”——这是读者在对编辑说话，保持了来信生动的气息。大多数报纸都在社论版或来信专栏的显著位置刊登联系方式与电子邮件地址，以方便读者来信。

在这里，来信就是来信，其形式特征很明显。有的就是三言两语，既没有完整的结构，也没有完整的论证，却带着直抒胸臆的生动气息。稳重的社论与尖锐的来信，这言论的“两极”，形成一种活跃的、生动的、交互性的话语空间和言论生态。

2003 年 4 月 3 日《纽约时报》社论/来信版刊发同题读者来信。我们来看 2003 年 4 月 3 日《纽约时报》社论版以《一边进行战斗；一边反击批评》为题刊载这样一组关于美国对伊拉克战争的读者来信(见图 11 -5)：

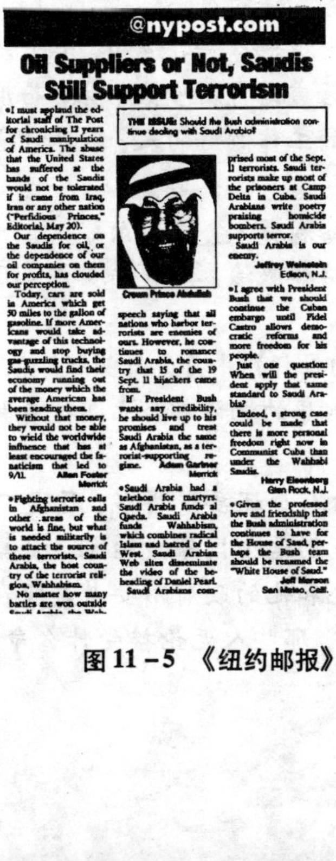
@nypost.com

Oil Suppliers or Not, Saudis Still Support Terrorism

THE ISSUE: Should the Bush administration continue dealing with Saudi Arabia?

•I must applaud the editorial staff of The Post for chronicling 12 years of Saudi manipulation of America. The abuse that the United States has suffered at the hands of the Saudis would not be tolerated if it came from Iraq, Iran or any other nation ("Perfidious Princes," Editorial, May 20).

Our dependence on the Saudis for oil, or the dependence of our oil companies on them for profits, has clouded our perception.

Today, cars are sold in America which get 50 miles to the gallon of gasoline. If more Americans would take advantage of this technology and stop buying gas-guzzling trucks, the Saudis would find their economy running out of the money which the average American has been sending them.

Without that money, they would not be able to wield the worldwide influence that has at least encouraged the fanaticism that led to 9/11. Allen Foster Merrick

•Fighting terrorist cells in Afghanistan and other areas of the world is fine, but what is needed militarily is to attack the source of these terrorists, Saudi Arabia, the host country of the terrorist religion, Wahhabism.

No matter how many battles are won outside Saudi Arabia, the Wah-

Crown Prince Abdullah

speech saying that all nations who harbor terrorists are enemies of ours. However, he continues to romance Saudi Arabia, the country that 15 of the 19 Sept. 11 hijackers came from.

If President Bush wants any credibility, he should live up to his promises and treat Saudi Arabia the same as Afghanistan, as a terrorist-supporting regime. Adam Gartner Merrick

•Saudi Arabia had a telethon for martyrs. Saudi Arabia funds al Qaeda. Saudi Arabia funds Wahhabism, which combines radical Islam and hatred of the West. Saudi Arabian Web sites disseminate the video of the beheading of Daniel Pearl.

Saudi Arabians comprised most of the Sept. 11 terrorists. Saudi terrorists make up most of the prisoners at Camp Delta in Cuba. Saudi Arabians write poetry praising homicide bombers. Saudi Arabia supports terror.

Saudi Arabia is our enemy. Jeffrey Weinstein Edison, N.J.

•I agree with President Bush that we should continue the Cuban embargo until Fidel Castro allows democratic reforms and more freedom for his people.

Just one question: When will the president apply that same standard to Saudi Arabia?

Indeed, a strong case could be made that there is more personal freedom right now in Communist Cuba than under the Wahhabi Saudis. Harry Eisenberg Glen Rock, N.J.

•Given the professed love and friendship that the Bush administration continues to have for the House of Saud, perhaps the Bush team should be renamed the "White House of Saud." Jeff Morson San Mateo, Calif.

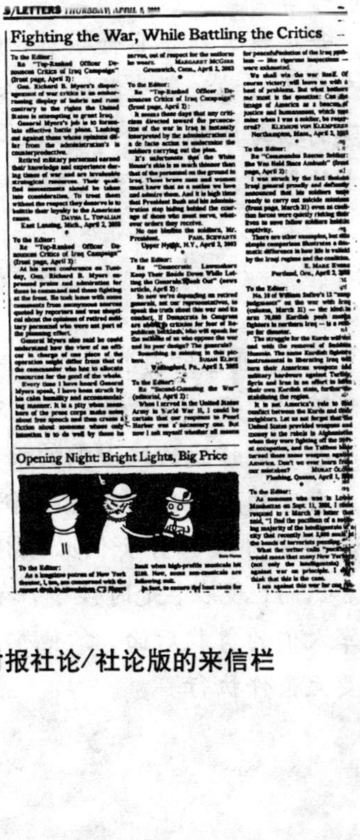
LETTERS

Fighting the War, While Battling the Critics

Opening Night: Bright Lights, Big Price

图 11 -5　《纽约邮报》、纽约时报社论/社论版的来信栏

致编辑：

回应《高层官员指责人们对伊战的批评》(4 月 2 日头版)。

理查德·麦耶将军对于人们对伊战的批评所采取的轻蔑态度，只是展示了令人尴尬的狂傲自大，同时表现了对联合国确认伊拉克地位的努力的相反立场。

麦耶将军的工作是制定有效的战斗计划，大放厥词攻击那些与政府不同的观点达不到任何作用。退役军事人员在战争期间拥有他们自己的知识与经验，他们有价值的战略资源，他们的论断应该得到考虑。对他们不给予应有的尊重，是蔑视他们对美国的忠诚。

丹诺尔·托普利安
密歇根州东兰辛，2003 年 4 月 2 日

致编辑：

回应《高层官员指责人们对伊战的批评》(4 月 2 日头版)

在 4 月 2 日的新闻发布会上，麦耶将军表达了对在前线指控与作战的人们的赞扬。他从记者报道中引用的匿名消息来源的有关评论中引述了一些退役军事人员的观点，并且对这些看法表达了怀疑。

麦耶将军还说到，他可以理解为什么那些负责执行局部任务的人们的看法会不同于那些担负全面领导责任的人。

每次我听到麦耶将军讲话，我都会被他冷静、谦和、乐于助人的态度所打动。那些新闻工作者经常为言论自由吵嚷不休，而用不真实的描写抵毁那些一心只想把自己的工作做好的人，不尊重他们身上的军服，这是很可怜的。

玛格利特·麦克吉尔
康涅迪格州格林威治，2003 年 4 月 2 日

致编辑：

回应《高层官员指责人们对伊战的批评》(4 月 2 日头版)

近些日子以来，似乎任何对这场战争的批评都会立即被看做是对那些前线作战的战士们的诋毁。

白宫的皮肤比那些身在伊拉克的人员还要薄得多，这是不幸的。那些勇敢的男女们必须懂得：我们这个国家爱他们，赞美他们。然而，现在，是时候了，布什总统和他的政府不要老是躲在那些军人们的勇敢后面，拿他们来说事，那些人无论接受什么命令，都要无条件执行。

保罗·施瓦茨

纽约，2003 年 4 月 2 日

致编辑：

回应《将军们说话了，民主党议员低头不语》（4 月 2 日新闻）

现在，我们是如此依靠那些退役的将军来说出关于战争的真话，而不是我们选举出来的人民代表。如果民主党在国会中因为害怕共和党的反对而不敢批评，那么，由谁来代表我们这些数百万反对这场战争及其可怜的计划的人呢？由那些将军们吗？

在这幅图片中，有一些东西缺失了。

苏珊·克林

宾夕法尼亚州　沃灵福得，2003 年 4 月 2 日

致编辑：

回应《关于战争的预言》（4 月 2 日社论）

二战期间我在美国军中服役，我当时能够确认，我们对珍珠港事件的反应。但是，现在我问我自己：是否所有和平解决伊拉克问题的手段，比如更严格的检查，都已穷尽了？

我们将赢得战争本身。当然战争也会给我们留下一大堆问题。但是最恼火的是这样一个问题：美国是否仍然能够成为公正与仁慈的灯塔？当我还是一名战士的时候，它对于我来说就是这样的象征，它现在还能恢复这个形象吗？

克列门茨·冯·克列佩罗

马萨诸塞州　诺桑普顿，2003 年 4 月 2 日

致编辑：

回应《突击队拯救女兵：她于伏击中被俘》（4 月 2 日头版）

当伊拉克将军富于挑战性地骄傲地说，他们的士兵正准备执行自杀使命（3 月 31 日头版）的时候，我被触动了；而当我们的联军士兵正平静地冒生命危险以解救被俘的同伴时候，我同样感到震惊。

还有其他的例子，但是这样简单的对比，描绘出戏剧化的差别：伊拉克人与联军如何评价生命。

E·马克·埃沃斯

俄勒冈州　波特兰，2003 年 4 月 2 日

致编辑：

威廉·萨费尔《有关伊拉克的 13 个判断》（3 月 31 日专栏文

章），其中第 10 个主意是武装伊拉克北部 7 万名库尔德战士。这是一个导致灾难的处方。

库尔德的战斗不会随着萨达姆政权的倒台而终止。为从伊拉克争取自由的库尔德人，将用他们手中的美制武器对付土耳其、叙利亚和伊朗，加剧这一地区的不稳定。

激化库尔德人与其邻居的斗争，不是美国应该充当的角色。我们别忘了美国曾提供武器给阿富汗反抗者，帮助他们抗击苏联占领者，但后来塔利班则拿着同样的武器用来对付美国人。我们还没有吸取自己的教训吗？

穆拉特·奥尔冈

奎因斯，2003 年 4 月 1 日

致编辑：

作为 2001 年 9 月 11 日身处下曼哈顿的一员，我必须对 3 月 30 日的一封读者来信作出回应：这封来信说："在这个城市的知识分子中似乎占大多数的和平主义者中，最近一个时期以来已有 3000 个迷失在恐怖主义制造的迷惑之中。"

这位读者所称的和平主义，意味着许多纽约人（不仅仅是知识分子）在原则上反对战争。我不认为这是一个问题。

我反战的理由只有一个：我相信，与其说战争会避免不可计数的人员伤亡，不如说它会在短期内只能加速人员伤亡。在纽约，在全国各地，在最近几个月，在未来的几年，这样的事都会发生。

B·伊尔卡·托尔博

布鲁克林，2003 年 4 月 2 日

这些同一个主题，编辑在同一个标题之下的读者来信，或者针对同一个事件发表不同的观点，或者针对不同的文章发表相同的观点。看起来是七嘴八舌，却在同一个语境之中，发生着各种各样的关系，三言两语，神采毕现，保持着舆论环境中不同立场、不同观点交汇于一堂的生动气息。所以，"在《纽约时报》，虽然人们公认其社论极具权威性，可翻开'社论·言论'版，读者首先去读的仍是尖锐、生动的来信专栏"。（胡舒立《美国报海见闻录》）

再比如 2002 年 4 月 2 日《纽约时报》社论版上一组以《终止恐怖浪潮》为题的关于巴以冲突的来信：有一位读者明显站在以色列一边，他说："历史告诉我们：对恐怖妥协是错误的，因为它只能导致更大的冲突与危险。"

另一位读者则说："除非沙龙给予被以色列占领的土地上的人民以希望，

绝望和不顾一切的做法才能得到控制。"

还有一封来信说:"哪有什么成功的会谈?我能记得的只有无数由沙龙提出的单方面停火,而回答这种停火的只是更多的人体炸弹。"——这显然是同情以色列的。

接着的一位读者则对3月31日该版上一篇《自杀的谎言》(Suicidal Lies)提出批评,他说那位作者先生"没有提到在最近的冲突中1100名巴勒斯坦平民被杀死,他是不是仅仅注意到了以色列一方的痛苦、死亡和不安全?"

你看,就是这样针尖对麦芒。

2004年9月3日英国《金融时报》"社论与来信"版刊登一篇瑞士人James Synge的来信,标题为《并非所有人都因布什当政而感到更安全》。来信说:"先生,我很高兴大卫·帕尔默先生(9月1日来信)和他的家庭因布什当权而感到更安全。我不是美国人,没有这样的'特权'。我不仅担心恐怖主义对于我们日常生活潜在的冲击力(帕尔默先生肯定也如此),但是我还担心另一个事实,那就是这个世界上唯一的超级大国……"你看,作为一家国际化的报纸,《金融时报》"社论与来信"版往往容纳着不同国家的人民之间"跨国"的意见交流。

读者对社论的批评是国外报纸言论版上的读者来信的重要内容。比如2002年5月25日《纽约时报》社论版的一篇读者来信,就对该报22日的一篇社论《南亚地缘政策》提出了不同看法。这位读者认为,那篇社论"没有提到印度现在的军事集结是上一年印度议会受到以巴基斯坦作基地的恐怖分子袭击事件的结果","如果世界寄希望于印度在遭受那样对主权的象征进行的攻击之后也不要采取任何军事行动的话,那么,以同样的象征性事件,美国也不应在'9·11'之后攻击阿富汗了"。显然,那篇社论是倾向于批评印度方面的,而这位读者在为印度辩护。

我国报刊历来有刊登读者来信的传统,但最终成为报纸言论版的一个基本的内容要素,则有一个漫长的发展过程。清末出版的《格致新报》设《答问》栏,由编者组织专人回答读者来信中提出的关于科学知识的问题。到了辛亥革命后,1912年创办的《独立周报》设置的《投函》栏刊登的读者来信,已经具有涉及时事批评的性质。如《论参议院江西都督违法事》写道:

> 记者足下,仆近日读报,最有可痛心者一事,思欲以哀痛之情告于世人。以其事关国民党,国民党机关报者,既不愿自曝其非;揭诸共和党报,又有异党相攻之嫌。大报独立不倚,以大公为天下先,仆不得已诉诸大报,其允假我以条幅寸纸乎?参议院议江西都

督违法事，国民党议员某谓军政时代不可以违法事绳都督，多数赞
之，其议遂罢。呜呼！此何论也！……

1915 年创刊的《新青年》，"特辟《通信》一门，以为质析疑难，发抒意见
之用。凡青年诸君对于物情学理有所怀疑，或有所阐发，皆可直笺惠视。本
志当尽其所知，用以奉答。应可启发心思，增益神志"。①

1919 年出版的徐宝璜《新闻学》一书中谈道：

　　（社论）宗旨既正大，编辑应持研究之态度，欢迎反对者之言
论，于通信栏中代为发表。是者则承认之，非者则答辩之。遇有不
能自信之时，应别请专家代撰社论，以指导社会。②

1922 创刊的《努力周报》曾特别开设开辟专页，刊登读者对于《努力周
报》的办报意见、批评以及编者的回复，叫做《对于本报的批评》。

到了 20 世纪 20 年代中期，邹韬奋主办的《生活》周刊的《信箱》，更是把
来信的交流性发展到充分的地步。邹韬奋在一篇"编者附言"中写道：

"本址'信箱'栏，是公开的园地，留给读者们自由讨论他们所关切的任
何问题，只须有公开的价值，我们并不加以怎样的限制。"比如《生活》周刊
1933 年 4 月 15 日，刊出署名克士的《恋爱和贞操》一文，提出"恋爱没有其他
秘密，仅是两方的欲望趋向一致"，贞操不是恋爱的条件，贞操只是对妇女的
压迫而已。韬奋在编者按中写道：

"克士先生的这篇文章，也许要引起激烈的反感，倘读者有所赐教，不胜
欢迎，当在'信箱'内讨论。我个人对于这个问题的意见，暂时保留，先听听
诸位先生和克士先生的高见。景观先生对于这个问题也很有研究，将来也要
请他加入'战线'。我现在先介绍几本关于这个问题的参考书如后……"这封
来信引发的讨论，先后进行了四个半月，发表了几十篇讨论文章。

1933 年 4 月 1 日《生活》周刊刊登了一篇来稿，题目是《拿着笔杆》，作
者在文章中直接对编辑邹韬奋说：

　　"你不是说过么？因为现状乌烟瘴气，所以要尽我们的力量看
准方向去干。我看你干到今日，还是拿着笔杆，坐在生活周刊里边
看，愈干敌人愈多——虽然不干敌人也是一样的多。"作者认为，在
大敌当前的国难之中，写文章是无用的。"最后请问你几句，你能
不能以你的力量，挺身而来，作点实在的事业。不然，仍在生活周

---

① 引自《新青年》创刊号《社告》。
② 《新闻文存》352 页，中国新闻出版社，1987 年版。

刊里拿着笔杆，恐怕终是徒劳无功吧！如有篇幅，最好发表出来，供大家研究研究。"

这一封来信是火药味很浓的，也可能伤害编辑的个人尊严。但是，韬奋并不认为是对个人的冒犯，而是把它当作一种普遍社会心理的反映：在救国中如何看待文化思想工作的价值。他在编者附言中作答：

关于王先生不满意记者"还是拿着笔杆"的一层，这也许是因为承蒙王先生把我看得太重，把我的小小的"力量"——倘若有的话——估量得太重，所以有这样的感想，我捧读了这封信，只有感到深深的惭愧。我觉得关于区区个人的方面，没有公开研究的价值，现请撇开个人，只把王先生所说起的两点——笔杆和组织——提出来，略加以讨论。……

任何时代的革命事业，最初枪杆总是握在统治者的手里，握在革命者的手里就只有笔杆。况且革命事业如果真能成功，尤靠大众对正确的理论有深切的了解与信仰，在这方面的努力，笔杆在研究和宣传上的职责，只有驾枪杆而上之。到了这方面果有充分的基础，加上客观条件的具备，枪杆一拔就见功效，否则打倒了一批军阀，又来一批新军阀，枪杆只能作孽，不能造福。像俄国的革命文豪高尔基就始终靠他的一枝笔杆对苏联革命有了异常重要的贡献。记者说这句话，并非自高身价，因为我自知不配比高尔基，又自知我这笔"干到今日"，还是"无济于事"。但是这只足以证明我这枝蹩脚笔杆不行，却不能抹煞笔杆原有的效用。（略）

这样的胸怀和这种精心作答，是今天我们经营好读者来信栏目仍然值得学习的。

新中国成立之后，根据1950年《关于改进报纸工作决定》的精神，各报逐渐扩大了刊登读者来信的篇幅。一般报纸都设有读者来信或专栏。[①] 但是长期以来，在实践中，这些读者来信主要是反映读者自己的生活困苦和需要报纸帮助解决的问题，而不是读者针对报纸的报道对国家和社会生活中的普遍性问题发表看法。"1952年，《人民日报》将原来的《读者来信》专栏扩大为《读者来信》专版，此时的'读者来信'，也是反映社会生活问题，而不是对新闻媒介的批评。"[②]这样的读者来信，在报纸的分工上也自然由群众工作部负

---

① 方汉奇,张之华主编:《中国新闻事业简史》,411页,中国人民大学出版社,1995年第二版。
② 王君超:《媒介批评——起源、标准、方法》,241页,北京广播学院出版社,2001年版。

责，而不是由评论部负责。

　　随着社会进步、言论开放和人民富裕，人民群众认识水平、表达能力的提高，以及通讯手段的发达，我国报纸读者来信资源与途径比行为表现更为丰富，比如《北京晚报》有一个版面叫做"公众平台/大拇哥"（见图 11－6），竟然是专为读者通过手机短信发来的关于城市建设和对本报意见而开设的，形式新颖可观。但是，总体来说，近年来国内新兴的言论版刊登来论很多，但明确以读者来信的特定形态设立栏目或辟出专页的并不多。在选稿标准上，往往是以完整的评论稿件的标准来要求。这实际上抬高了来信的门槛，因此也难免减弱了来信的广泛性。正是由于缺少了社论与读者来信这两种立场和形态鲜明的言论品种，所以我国报纸言论版上虽然栏目花样繁多，主体的人群类别也越来越丰富，但言论的交流性与层次感明显不足。

图 11－6　《北京晚报》手机短信版

　　2003 年 11 月《新京报》创刊，开办"社论/来信"版，是一个具有典型意义的开端。中国近代以来经过漫长发展历程的读者来信，终于在与国际报纸接轨的言论版上成为基本的内容要素。该版的读者来信栏还专设"社论批评"。《新京报》言论版《开版致读者》说："《新京报》追求舆论平衡，不谋求话语霸权。我们非常乐于读者在'来信'里对本报的报道进行评论、对本报的做法提出意见。而'社论批评'栏目则专门恭候读者对本报的社论提出批评和商榷。"

该版坚持每天都对前一天的社论发表读者来信；有时即使社论已事隔数天，"社论批评"也不放过。比如，2004年4月28日《新京报》的一篇"社论批评"：

寻找犯罪原因不能忽视社会因素

读了4月25日《新京报》社论《理性永远是安全的要素》，我有不同看法。马少华先生的评断是存在问题的。

马先生指出，"在我们当下的社会罪恶和刑事案件中，确实有许多都可能归因于历史性社会变动背景下的现实的社会矛盾，或者，都能够从相应的社会条件中找到解释。人们也试图从马加爵一案中寻找这样的解释。我们不赞成这个方向上的思考，不仅是因为这样解释是'无益于事'的，而且是因为这样的解释不可能是积极的、有所作为的"。

我们承认，当下，一些人的文化素质特别是心理素质不高，一旦发作势必影响社会的安全运行，乃至祸及社会。从这个意义上说，理性永远是神圣的力量。同时，我们也应当看到，社会存在决定社会意识——这一唯物史观的定律，也是不容忽视的。因为，人们心理的疾患往往与现实社会问题存在直接或间接的联系。

也许，这样解释问题貌似凌空蹈虚或"无益于事"，其实不然。历史与现实告诉我们，消除那些有可能成为罪恶条件或"理由"的社会矛盾，以及贫穷、不公平等问题，与解决具体的个人的精神病症，是一个统一的过程，不必刻意分出个谁前谁后，更不可把二者简单割裂开来。即使某些社会问题解决起来无论多么艰难，或短期内不会有大的改观，也必须高度重视，坚持不懈。防止罪恶，如果仅止于重视具体的、当下的个案问题，而忽视从大的社会背景加以探察与考量，并积极寻求对策，建立一种长效机制，那也是短视的或片面的。□薛克智（山东教师）

国外言论版还普遍有一个形式感强烈的内容要素，就是图像。其中漫画是传统的言论版内容。在我国报纸言论版上已经普遍借鉴漫画。另外，不少国外报纸的言论版都有作者的照片。有的言论版甚至配有新闻摄影。比如2004年9月3日《华尔街日报》言论版上有一篇 Dancing in the Street，评论在曼哈顿刚刚发生的一次民众政治抗议的街头行进活动。这篇评论中就插入了一张民众在街头边舞边行的新闻照片。2003年3月25日，美国驻加拿大大使 Paul Cellucci 在多伦多经济俱乐部发表演讲，批评加拿大首相克雷蒂安不参与美国对伊拉克战争的决定；并说如果加拿大有这样的需要的话，美国就愿意"在那里"。26 日，《多伦多星报》刊登这个演讲，27 日，该报读者来信版发表多伦多一位市民的来信，对此做出激烈回应。而这封来信的上端，就刊登了美国大使演讲时的新闻照片，所占版面比来信的篇幅还要大。《今日美国》报甚至在社论版上的社论栏与来信栏各配一张新闻照片（见图 11 - 7）。言论版上的这些图像元素和新闻元素，增加了版面的视觉冲击，调节了言论版因缺少事实性信息的缓慢节奏和沉闷感。

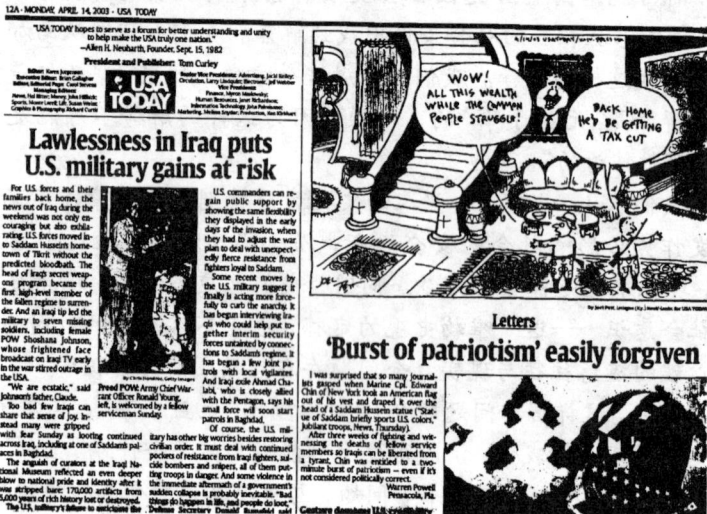

图 11 - 7 《今日美国》报社论版

第三节 言论版的内在关系与特征

言论版不仅是各种言论的集纳空间，更是一个言论的生态环境。这种生态环境表现为不同言论之间的关系：交流与争议。而如果言论各自不发生关系，则言论版只是言论的机械堆积。国内一些报纸最初创办的言论版，往往只是扩大了的言论栏目，就是因为没有注意到这个内在的动态关系。

从表面上看，言论版不过是包括评论、讨论等各种意见性信息的各种形式和功能的组合而已。但是，把许多言论放在一个版面上，与单个言论栏目、单篇言论作品相比，有什么本质上的不同呢？它比后者多出来的东西是什么呢？

从接受的角度看，把许多言论聚集一版，与单篇的言论作品相比，并非单纯量的增加，而有一种微妙的质的变化。我们知道，言论的语言、情感和逻辑，以及它所提供的事实是有一种影响人、左右人、征服人的力量的。这就是言论要达到的目的。当人们面对一篇评论的时候，无论它出自报纸编辑部，还是其他随便什么人，它的论据、逻辑、说服人的技巧和强势地位，往往使阅读者的头脑不知不觉地处于受支配、左右的地位——一个被动接受的地位。以往大多数新闻评论与读者的关系，实际上就是这种关系，更不要说编辑部在报道后面配发的评论了——那更是耳提面命，怕你看不懂。

但是，当在一块言论版上，许多篇观点不同、利益背景不同、论据和逻辑不同的言论放在一起的时候，它们各自具有的那种对读者的强势、支配力，受到了相互抵消，言论本身力量受到了弱化，而读者——一个在不同观点之间评判取舍的认识主体的地位，则不期然得到了提升。这就是言论版对于言论民主意识的贡献。

言论版的生命力，就在于容纳不同的声音。它还原了观点的原生态——因为人的观点，就是这样在社会中自然存在的；反映了言论的本质——主观的、各执一词的。它把报纸对观点的单向传播，转变为双向的、多向的传播。因此，它难免会有冲突。言论版的空间，既是交流的空间，也是冲突的空间。

争议与冲突，本来就是言论的"自然生态"。而通过言论版促进社会的意见交流，则是报纸的一种社会责任。20世纪40年代由美国一些大学教授组成的新闻自由委员会提出："大型大众传播机构应该将自己视为公共讨论的共同载体"，"社会中所有重要的观点与利益都应该在大众传播机构上得到反映"，"如果一个人的观点未被反映在社论版上，他或许可以通过以下方式告知受众：被作为新闻报道的公共声明、读者来信，在广告版位刊发的声明，或者一篇杂志文章"。① 这正是这个委员会提出的媒体的社会责任理论的一个重要内容。言论版的历史早于这个理论。但言论版的发展规律则暗合了这个理论的规律。实际上，美联社会员组织"美联社编辑主任协会"制定于1975年的伦理规则就具体体现了这种责任，它明确要求："报纸应为人们交流评论与批评提供论坛，特别是当那些评论与社论立场相反的时候。"②

《人民日报》1956年7月1日为改版写的社论《致读者》提到从三个方面改进工作，其中第二个方面即为开展自由讨论：

---

① 展江：《一个自由而负责的新闻界》，13页，中国人民大学出版社，2004年版。

② Associated Press Managing Editors Code of Ethics，引自 Conrad C. Fink：Media Ethics in the Newsroom and Beyioundg，1988 by Mcgraw – hill inc.

报纸是社会的言论机关。在任何一个社会里，社会的成员不可能对于任何一个具体问题都抱有同一种见解。党和人民的报纸有责任把社会的见解引向正确的道路，但是为了达到这个目的，不应该采取简单的、勉强的方法。首先，报纸的编辑部无论凭着什么名义，总不能设想自己是全知全能的，或着故意摆出这样一副神气，活像对于任何问题可以随时作出绝对正确的结论。不是的，事实绝不是如此。有许多问题需要在群众性的讨论中逐渐得到答案。有一部分问题甚至在一个时期的讨论以后暂时也还不能得到确定的答案。有许多问题，虽然已经有了正确的答案，应该在群众中加以广泛的宣传，但是这种宣传也并不排斥适当的有益的讨论。相反，这种讨论可以更好地帮助人们认识答案的正确性。而且就是正确的答案，也经常需要在群众的实践中加以补充和修正。我们虽然不提倡无休止的讨论，报纸的篇幅也不允许对于任何问题都去讨论，但是无论如何，害怕讨论的人总是可笑的人。在开展讨论方面，过去我们的报纸是做得很不好的，因而也减少了报纸的生气。今后我们力求改进。为了便于开展自由讨论，我们希望读者注意，在我们的报纸上发表的文章，虽然是经过编辑部选择的，但是并不一定都代表编辑部的意见。——这不是说代表编辑部的意见就不可以讨论，而是说，我们发表的某些文章的某些观点跟编辑部的有所不同，这些文章的作者的观点彼此也不同，这种情形希望读者认为是正常的。这种情形不但不妨碍而且有助于问题的解决，无论问题是由于一种观点战胜了其他的观点而解决，或着是由于不同观点在争论中互相接近而解决。在我们的报纸上发表的事实，编辑部都力求经过调查证实，但是有时某些问题(特别是读者来信中提出的问题)在个别细节上不容易很快地查得一清二楚，却有必要及时地发表出来，以求迅速解决，那么，编辑部也将加以发表，而让他们的某些细节在实事求是的讨论的过程中弄清。这也是希望大家谅解的。①

这一段话，把报纸开展讨论的意义，讨论的地位、作用，以及讨论的操作方法可以说是写全了。这样的思想观点，也可以看做我国言论版思想的滥觞。但长期以来，由于报纸自身在实践中顾忌发表与自己不同的观点，读者接受的思维定势，一般都认为只要报纸上发表的都是报社同意的观点。这样

① 引自张之华主编：《中国新闻事业史文选》，716页，中国人民大学出版社，1999年版。

一种思维定势，也反过来制约着报社不敢发表与自己不同的观点，制约着多元化的意见在表达上的实现。这种状况，只能一点点尝试着突破，实际上也正在突破。从理论上说，交流是目的，争议是过程与形式。争议，甚至冲突，是人们意见交流的常态。从文化上来说，西方文化强调冲突，言论版上的冲突性色彩更强一些，最典型的就是《今日美国》报社论版每期在突出位置刊登“今日论争”(*Today's Debate*)：一篇“我们的观点”(*Our View*)，一篇“反对的观点”(*Opposing View*)针锋相对(见图 11－8)。

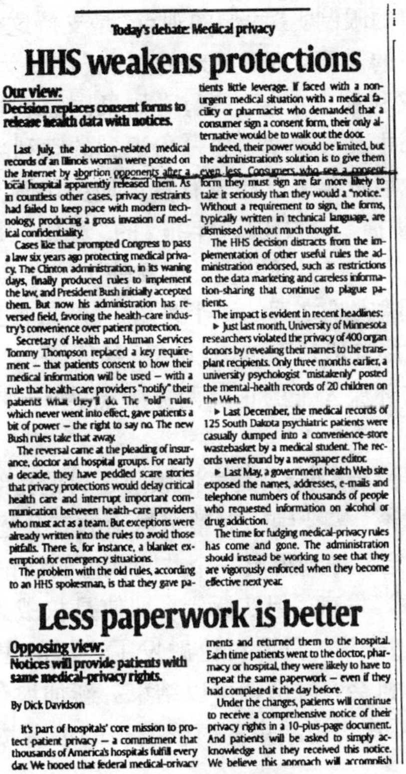

Today's debate: Medical privacy

HHS weakens protections

Our view:
Decision replaces consent forms to release health data with notices.

Last July, the abortion-related medical records of an Illinois woman were posted on the Internet by abortion opponents after a local hospital apparently released them. As in countless other cases, privacy restraints had failed to keep pace with modern technology, producing a gross invasion of medical confidentiality.

Cases like that prompted Congress to pass a law six years ago protecting medical privacy. The Clinton administration, in its waning days, finally produced rules to implement the law, and President Bush initially accepted them. But now his administration has reversed field, favoring the health-care industry's convenience over patient protection.

Secretary of Health and Human Services Tommy Thompson replaced a key requirement — that patients consent to how their medical information will be used — with a rule that health-care providers "notify" their patients what they'll do. The "old" rules, which never went into effect, gave patients a bit of power — the right to say no. The new Bush rules take that away.

The reversal came at the pleading of insurance, doctor and hospital groups. For nearly a decade, they have peddled scare stories that privacy protections would delay critical health care and interrupt important communication between health-care providers who must act as a team. But exceptions were already written into the rules to avoid those pitfalls. There is, for instance, a blanket exemption for emergency situations.

The problem with the old rules, according to an HHS spokesman, is that they gave patients little leverage. If faced with a non-urgent medical situation with a medical facility or pharmacist who demanded that a consumer sign a consent form, their only alternative would be to walk out the door.

Indeed, their power would be limited, but the administration's solution is to give them even less. Consumers who see a consent form they must sign are far more likely to take it seriously than they would a "notice." Without a requirement to sign, the forms, typically written in technical language, are dismissed without much thought.

The HHS decision distracts from the implementation of other useful rules the administration endorsed, such as restrictions on the data marketing and careless information-sharing that continue to plague patients.

The impact is evident in recent headlines:

▶ Just last month, University of Minnesota researchers violated the privacy of 400 organ donors by revealing their names to the transplant recipients. Only three months earlier, a university psychologist "mistakenly" posted the mental-health records of 20 children on the Web.

▶ Last December, the medical records of 125 South Dakota psychiatric patients were casually dumped into a convenience-store wastebasket by a medical student. The records were found by a newspaper editor.

▶ Last May, a government health Web site exposed the names, addresses, e-mails and telephone numbers of thousands of people who requested information on alcohol or drug addiction.

The time for fudging medical-privacy rules has come and gone. The administration should instead be working to see that they are vigorously enforced when they become effective next year.

Less paperwork is better

Opposing view:
Notices will provide patients with same medical-privacy rights.

By Dick Davidson

It's part of hospitals' core mission to protect patient privacy — a commitment that thousands of America's hospitals fulfill every day. We hoped that federal medical-privacy

ments and returned them to the hospital. Each time patients went to the doctor, pharmacy or hospital, they were likely to have to repeat the same paperwork — even if they had completed it the day before.

Under the changes, patients will continue to receive a comprehensive notice of their privacy rights in a 10-plus-page document. And patients will be asked to simply acknowledge that they received this notice. We believe this approach will accomplish

图 11－8　《今日美国》报社论版“今日论事”栏

比如 2002 年 3 月 27 日的《今日美国》报社论版上，“今日论争”的话题是医疗隐私(见图 11－8)。新闻事实是：美国政府卫生福利部(HHS)修改了一项必须经患者明确同意，医院才能公开其个人医疗信息的条款，而改为让患者看一个“注意事项”(Notice)。“我们的观点”文章的题目是《HHS 削弱了保护》，对美国政府在医疗信息的隐私性保护方面的退步提出了批评。而"反对观点"的题目是《少一些文字材料更好》，认为这样一个注意事项将给患者同样的隐私权。在文章结束之后，报纸还特别注明这篇反对文章的作者迪克·戴维森是美国医院联合会的主席，那位 HHS 的主席拒绝写"反对观点"。

2002 年 4 月 25 日的"今日论争"是关于美国政府的疾病控制和预防中心的一项反对生物恐怖的立法建议。这项建议要求立法机构赋予各州州长在紧急状态下的特权，包括公开患者信息，征用医院、车辆，以及对生物病毒的感染者实施隔离措施等。但是这个立法建议受到美国各州已有的保护个人信息和财产权利的法律的限制。"我们的观点"是支持这个立法建议的，认为落后的法律跟不上形势的需要。而"反对的观点"则认为这项立法建议与美国人民的一些基本的权利和自由相违背，"如果国家在这个问题上走得太远，那不啻于给世界恐怖主义分子奉上了一份迟到的胜利。"

我国报纸的言论版近年来已比较有意识地突出观点的冲突。《南方都市报》时评版的"观点碰撞"，《中国青年报》的"青年话题"版的"不同观点"，《新京报》的"观点交锋"、"社论批评"都反映了这一点。例如，2005 年 1 月到 2 月，在印度洋海啸灾难之后的一个月里，《新京报》言论版因为一篇来稿的触发，就以人类对待自然是否应该"敬畏"的问题，以"观点交锋"栏目发表了来自国内外学者与环保人士的正反两方观点达 30 多篇文章，论争持续一个多月。

一般来说，"不同"与"冲突"是言论版问题讨论持续的推动力，但什么时候就一个话题结束讨论，需要编辑对整个讨论的充分程度与可能的空间有一个整体判断，并不一定要等到得出一个共同认可的结论。也有的编辑采取邀请权威人士作"总结式"发言，但实际上，即使是权威人士往往也很难以"一言"而终结论争。一般来说，只要讨论触发了广泛的思考，不同观点都已得到了比较充分发表的机会，讨论就可以结束。新加坡《联合早报》2001 年 11月 21 日"交流版"在一次讨论结束的时候发表的编者按，就反映了言论版结束讨论的原则：

> 跟任何报章及任何接受外稿的版位一样，《联合早报·交流》版无法选刊每一篇投函。另外，任何一个课题，一旦经过足够的讨论，一旦不同立场的意见得到反映，我们就会结束该课题的讨论。此外，意见和看法类似的，我们也只得割爱迟来的投函。

与西方文化强烈的冲突感有所不同，东方文化更强调和谐，言论版上的冲突性色彩就要淡一些。所以新加坡《联合早报》的言论版之一就叫做《交流》，其中既有人们之间的交流与理解，也有政论官员对人民意见的直接答复。

以《联合早报》的《交流》版为例，2004年2月9日刊登来信《派报者的心声》：

> 甘甘先生在2月3日《早报·交流》版上说："没报读那两天，真辛苦！没报读的时候，心情真的很不好。"但是我们想问甘甘先生，当你还在酣睡时，你是否有想到那些每天准时风雨无阻地把报纸送到门口的派报员，还有其他送报纸的工作人员？而在一年里面，我们也只难得有两天半的休息日。

> 其实农历年的除夕夜我们也有派报，只不过是派英文报、马来文及印度文报纸。除了圣诞节的第二天、农历新年初一，其余的日子我们都在打拼……

类似这样的交流，自然有利于不同地位、不同群体的人民之间的相互理解。

在我国，随着社会公共生活空间的增大以及社会阶层的多元化，人们的表达与交流欲望一定会增加。这是报纸言论版产生和发展的基础。

思考练习题

1. 言论集中在言论版上与分散在不同的报道版面上各有什么好处？

2. 组织不同观点的评论同期刊出与接续刊出，传播效果有什么不同？

3. 言论版刊登对社论进行批评的读者来信，是否会降低报社的威信？

4. 国内有一些报纸把不同社会群体的言论分别安排在不同的言论版上；另有一些报纸把不同社会群体的言论安排在同一块言论版上，这两种安排各有什么利弊？

5. 在你看来，言论版的次序应该放在何处比较适宜——是应该放在第二版，或是中间的版页，还是放在新闻版组的最后？或者，根本不放在新闻版组，而是单独自成一个版组？

第十二章 编者按与配评论

本章要点

● 编者按的写作应该符合媒体的整体传播意图与效果。

● 编者按是编者对必要性信息的补充。必要性信息是考察编者按的着眼点。

● 编者按反映了编者对读者知识状态的了解及接受能力的评价。

● 不同类型的编者按的写作特征。

第一节 编者按的性质与功能

编者按虽是比较短小、简单的言论形态，但在开放的新闻视野中，它涉及中西不同的新闻规范和传统，也涉及不同时代的新闻理念，应该在动态的、开放的框架之内讲授。

编者按就是编辑要说的话。编辑为什么要说话呢？编辑可以说什么话，可以用什么形式来说话呢？一篇编者按，为什么是必要的？它提供了哪些必要性信息？这里就涉及到新闻的规范问题，而不止是评论的规范问题。这些规范问题就是我们如何看待并使用编者按这种被看做评论的文体的基本问题，也是我们认识和考察编者按的标准。

比如，2004年6月11日，美国各报为前总统里根去世刊登报道与评论、纪念文章。《纽约邮报》在其一张言论版上刊出一篇转载的纪念文章《里根这位领导》，其编者按如下：

撒切尔夫人已经决定这次不再为报纸撰写关于里根总统的文章了。但是她非常和蔼地允许《邮报》从她发表在1988年12月30日《国民评论》上的一篇文章中进行摘引，那时候里根总统刚刚离职。

我们来考察一下，这个简短的编者按，有什么必要性信息呢？

首先是合法性信息。这篇转载文章不是报纸随意擅自而为，而是著作人明确授权的。在著作权意识和保护都比较发达的社会里，这个信息是必要的。其次是竞争性信息，转载几年前发表的文章，一般说来没有什么原创性和独家性。但是，媒体是否做出过努力，则完全不同。向撒切尔夫人求稿，并且得到转载的允许，就与那些没有做这些工作的媒体完全不同，前者自然排除后者。其他编者按的阅读与写作，也应该以这样的必要性标准来审视。

《申报》1907 年 7 月 25 日刊登所谓秋瑾狱中所谓供词。编者按如下：

> 秋瑾被杀，并无供词，越人莫知之。有之，惟"寄父是我同党"及"秋风秋雨愁煞人"之语耳，而今忽有供词其可疑者一。秋瑾之言语文辞，见诸报章者不一而足，其文辞何等雄厉，其言语何等痛快，而今读其供状，言语支离，情节乖异，其可疑者二。然死者已死，无人质证，一任官吏之矫揉造作而已，一任官吏之锻炼周纳而已。然而自有公论。

这篇编者按的必要性信息何在呢？与上面的那篇编者按不同，这是一篇进行事实判断的、具有评论性的编者按。它之所以有必要，就在于如果没有这样一个编者按，只刊登所谓"秋瑾供词"，就会在读者中造成误导，使读者接受偏离事实的信息。这是一个报纸的职业责任所不能允许的。这篇编者按实际上体现了报社的立场和倾向。而这个立场和倾向是很有必要向读者表明的。因此，这就是编者不能不说的话。如果不写这些，读者就可能接受这个来自官方的供词，并且认为《申报》也是这个意思。

编者按不是谁都可以写的，也不是想写什么就写什么的。与社论一样，编者按的特殊规定性是制度性的、职业性的、岗位性的。我们在如下定义中可以看到这一点："编者按不是独立的新闻评论文体，而是一种依附于新闻报道或文稿的画龙点睛的编者评论，是报刊、通讯社、广播、电视等新闻传播媒介的编者专用的对新闻稿件所加的评价、批注、建议或说明性文字，也是新闻媒介的编辑最常用的一种发言的方式。"[①]

从这个定义中，我们可以概括出"依附性"与"专用性"两个特性。前者我们在后面详细说明，后者正体现了它的制度特性。正是因为编者按首先是一种职业文字、岗位文字，它受职业和岗位的约束，而不是纯粹的个人写作，因此编者按的写作者要有职业和岗位意识。除了选题的重要程度与社论不同之外，它同样应该代表媒体的立场观点，而不是编辑个人的观点立场。在这个意义上，它应该是一种基于制度的权力，写作编者按应该有相应的制度性

---

①　胡文龙、秦珪、涂光晋：《新闻评论教程》，中国人民大学出版社，1998 年版。

的决策程序。但就我国媒体的实际操作而言，编者按的管理明显过于随便和宽松，其写作和发表的权力往往专擅于具体的编辑之手，使得本来只是做"幕后工作"的人员可轻易以媒体身份发言，有时影响报道的客观性和媒体的客观形象。

再看编者按的另一个特性：依附性。这种依附性，其实正是信息的补充性。媒体主要靠报道提供客观性信息，靠评论提供主观性信息。报道与评论提供的信息有所不足，才需要编者按加以补充。没有单独靠编者按提供主要信息的。编者按是"附文"，而非"主文"。它并非独立的单篇作品，它的价值依附于相关报道或文稿，处于"客位"而非"主位"，因此要求写作者要有约束意识，不能"喧宾夺主"。有的编者按完全是编者在读完新闻稿后有感而发洋洋洒洒地写下的一篇评论，甚至字数比要"按"的报道还要长，等于给报道配了一篇评论。且不问是否有必要配评论，这样"喧宾夺主"的一篇文章，本身就已突破了编者按的规定性了。编者按本身应该体现一种关系和一种价值的秩序，它要在整体上有利于突出报道，有利于报道的主体传播，而不能有损于主体报道的传播。编者按当然可以算作评论的一种。但是如果忽视编者按与一般评论的功能区别，就不能满足特定的职业要求，也会失去具体、特定的经验的积累。

从编者按的文本经验和上述定义中，我们还可以概括出编者按的两种功能：一种是评论性功能，一种是说明性功能。前者提供主观性信息，后者提客供观性信息。编者按的两重性质都是在报刊活动的历史实践中发展起来的，不可偏废。但是，长期以来中国报刊的政治宣传功能特别重要，宣传教育意识特别强烈，是编者按评论功能特别突出的原因。而在当代，随着媒体的多元化和媒体功能的多元化，以及受众水平的提高、需求的变化，具有评论性功能编者按的地位和比重会自然减少，具有说明性功能的编者按的比重和地位会相应提高。编者按两种性质的消涨，与报刊的历史作用、报刊在社会生活中的地位、报刊与读者关系的历史性变化相关。我们正处于这种变化之中。

任何文本和特定传播形式的功能与价值都会随时间、空间这两个外在条件发展变化。对其性质的把握，不大可能是静态地实现的。在中西报刊不同新闻规范之间考察编者按，我们就会发现：具有评论性的编者按会直接影响读者对新闻的理解的形式，是不符合当代西方新闻操作规范的。他们讲究评论与报道严格分开，以保证报道的客观性。而在中国，基本上没有这种规范。编者按的评论功能，恰恰就在于揭示新闻报道自身不能"言说"的意义。

这是不同的新闻理念、不同的媒体定位、不同的传统和不同的接受期待造成的，不能轻易否定哪一种。

但是，编者写出的按语，无论是评论性质的还是说明性质的，其必要性都取决于两个条件：第一是受众已有的信息状态，第二是受众已有的判断力水平。编者按应当根据受众已有的信息状态来决定取舍哪些信息；也应根据读者自己的判断力水平来决定是多说一点，还是少说一点。没有这个意识，编者按就不仅容易浪费笔墨，而且容易引起受众的逆反心理。因为任何一点多余的信息，不仅是传播者传播效率的损失，也是接受者接受效率的损失；同时，它还是对受众的一个负面的评价，认为他们的水平低。从这个意义上来说，现代报纸的编者按，在充分尊重读者判断力的基础上，应该特别注重说明性的编者按，由它来提供给读者更多的客观信息，而不只是编者的评论。

总体而言，编者按作为一种"职业文体"，不是评论员作的，而是版面编辑作的。他们最重要的任务，不是对这篇报道作评论，而是要向读者交代和说明这篇报道。这看起来比一般评论的水平"低"，但是，不会写这些东西，只会写评论，在岗位上就不行。至少，说明性的编者按，应该是读者不能不读的；评论性的"编后"，则往往是读者可以不读的。这两种功能对于读者的价值不一样。

比如经常见到的"编后"。大家想一想，如果在没看报道之前，读者的确需要编者说明一下报道的由来的话，那么，读者在自己看完报道后，为什么还要看编辑是怎么想的呢？这里只能有一个结论：那就是读者自己读完报道之后还是看不大明白，或编辑担心读者自己看不明白，看不了那么深、那么远。因此，"编后"这种编者按，其本身可能反映了编者对读者的评价——一个低于自己认识水平的评价。这是长期以来中国媒体看待自己与受众关系的成见所致。

总的来看编者按的性质与功能：编者按是职业写作的为读者提供必要性补充信息的文本；具有一定的评论性与说明性；但基本上属于新闻编辑业务；它的写作应该更多考虑的是编者按文本之外的整体传播功能。

第二节　编者按的类型

编者按是一种在与主体文章的关系中决定的文体。因此，从其同主体文章相对位置来看，编者按可以分为文前、文中和文后三种。也因位置和关系不同，具有不同的功能和特征。所谓文前、文中和文后三种，是针对编者按相对于一篇主体文章而言的，但实际上，编者按也有为一组文章乃至一版文章而作的。

文前按语的功能当然与传播和接受规律相关。也就是编辑为什么要在你还没看文章时说话？读者为什么要在还没看文章时看编辑说的话？它对传教和受者的必要性何在？

我们来看这样一个例子。2001年12月18日《中国青年报》教科文版发表一篇报道《海宁一中学：重金万元奖学子／公立重点也要抢生源》，文前刊登编者按如下：

> 今年4月11日，本报曾报道了整体转制为民办的浙江余姚四中重金争抢优秀学生一事，引起社会广泛关注。今天本报再次报道同在浙江的公办学校海宁高级中学重金奖励优秀学生的事情。两校的做法可谓同出一辙，只是学校的性质不一。这至少传达出一个信息，处于传统教育垄断地位的公办学校在市场大潮的冲击下，不愁生源的情况将有可能改变，一些公办学校已经在未雨绸缪。

这是将时间相隔较长的两篇报道联系起来，提醒读者注意的编者按。编者按提供的这个信息，有助于读者以联系的视角从更广阔的背景理解和重视这条消息。日报天天出，信息太多了，读者今天看，昨天没看，或者今天的看了，昨天的就记不得了，不大可能进行信息的整合，并在信息整合中获得更丰富的意义。但是编辑编过哪些稿子应该心里是有数的，这种"数"——新闻和事物之间的相互联系，在相互联系中所反映的事物的普遍性，正是认识一条新闻意义的背景。从这个意义上来看，编辑表面上不过提供的是一种客观性信息（提到此前曾发表的类似新闻），是说明性的，但却给读者的判断，提供了更开阔的、深层的背景。没有这种背景，媒体每天的消息就都是零散的、割裂的，不足以产生认识。

2004年7月22日，《南方周末》发表题为《副市长跪向深渊》的长篇报道，文前编者按如下：

> 今年2月初，本报收到了一封落款"山东省临邑县"、却寄自"北京正义路"的报料信。信中历数山东省济宁市副市长李信诸多违法违纪行为，并附有李信下跪的多幅照片。鉴于所述问题重大，本报记者长时间多方调查核实。据了解，日前，李信已被有关机关依程序调查。

这篇短小的编者按显然是说明性的。它的必要性信息何在呢？

　　在课堂讨论中，有同学认为：它表明了独家性信息，是本报接到报料后组织记者独立采访的。还有同学说：寄自"北京正义路"是一种有意义的暗示性信息，因为，那个地方正是最高人民检察院的所在地，暗示报料人在向最高人民检察院举报的同时向报社举报。还有同学指出："据了解，日前，李信已被有关机关依程序调查"这最后一句，也是不可忽视的信息，因为根据有关报道纪律，对于高级领导干部的重大问题，尤其是涉嫌犯罪的行为，检察机关没有启动调查程序，媒体是不能先行报道的。这一条信息实际上是报道的合法性信息。那么，这些信息可以不可以放在报道内容之中呢？当然可以，但是在长篇报道中，这些重要的信息就容易被淹没掉，引不起读者注意。

　　2002年1月，正是铁路春运涨价听证会即将召开的时候，《中国青年报》经济生活版发表了不少公众对铁路的意见；但铁路方面也要说话，于是10日该版发表了驻铁道部记者的报道《铁路的苦衷——春运为什么要涨价》，文前刊登编者按如下：

　　　　铁路价格听证会即将召开。此前，由于密集的媒体报道和公众投诉（包括法律诉讼），关于春运期间铁路票价浮动是否合理、是否合法的争议，已经成了社会上一个不大不小的焦点。

　　　　一般来说，由于天然的"信息不均衡"，在铁路与乘客——消费者之间，铁路处于强势地位，消费者处于弱势地位。面对这种天然的强弱之别，大众传媒把更多的关注投给了弱势的消费者一方，这是合理的、应该的。借助媒体的力量，现在相对来说，弱势一方的声音已经得到了较为充分的传播。但与此同时，居于强势的铁路一方的声音，在争论中几乎被遮蔽了。我们认为，这也是不合理、不应该的。媒体的职业原则之一是"平衡"。

　　　　为此，我们发表记者的这篇访谈性报道，让更多公众能够听到铁路一方的声音——不管他们的意见你同意还是不同意。

　　这样的编者按是以前不多见的，它实际上阐明的是一个报道理念：平衡。这篇编者按使报纸明显居于沟通中介的地位，而不是某一个利益群体的代言人，也避免给公众造成忽左忽右、立场不稳的误解。

　　文中编者按，吴庚振《新闻评论学通论》这样来描述它：

　　　　报刊独有的按语形式。它与新闻报道既有配合关系，又有渗透关系。在运用时，它插入文中，附于某句话、某段文字中间或后面，打上括号，标上"编者按"、"编者"。有感即发，有疑即论，有错即纠，直截了当，以增强报道的指导性。[①]

其实这种按语普遍存在于书刊出版物中，更多的情况下是起订正作用。大家想一想，如果在报道文中编者插入的议论过多，那无疑会断裂文意，影响读者对报道的阅读——你有什么话，先让我看完再说行不行？只有此时不得不说，过一会就没有机会的话，编者才有必要插入文中打断读者的阅读。因为，不论动机何在，任何插入，都可能会干扰阅读和接受，是不可不慎的。

一般来说，文中插入的订正意见，是因为不能直接修改原文。范荣康的《新闻评论学》举一例：《人民日报》1984 年 9 月 12 日的《"我要控告！"》，表彰桂林市卫生局综合厂一姓陈的小姑娘不畏强暴，同干坏事的厂长进行斗争的事。在通讯写到厂长让小姑娘"滚"，小姑娘愤然离厂时，编者在文中加按语只有一句话："不一定非要采取这种斗争形式。"这一句话就透露出编者的细心和关爱。因为先进人物的报道，往往起到引起人们学习和效仿的作用，而这种特殊的个人选择，往往对个人是不利的。编辑想到了这一点，为了避免误导，加了这一句。

在郑兴东、陈仁风、蔡雯著《报纸编辑学教程》中，还介绍了《晋绥日报》曾大量采用加按语法来校正稿件中的差错的做法。[②] 这都反映出文中按语的编辑业务性质。

文后按语，有的学者直接称其为"编后"——一种附于文后的短评。其实，它仍然可分为评论性的与说明性的。在很长一段时间里，评论性的"编后"确实用得比较多。基本上都是编辑为了阐发报道的意义自己配发的评论。这种现象，与媒体的传播教育功能有关，也与编辑群体对受众的认识有关。实际上，"编后"的大量使用，也对应着长期人们对新闻事件的"一元化"理解的思维定势。如今，一个新闻报道出来，在报纸的言论版上就会因完全不同的判断而争辩不休，哪里是一篇编辑的评论能够为其"定音"的呢。当然，编辑部应该对于一个新闻事件有自己的立场观点，也可以通过社论、社评、评论员文章等形式，旗帜鲜明地表达这样的观点。但是，"编后"的形式，也许就过于个人化了。至少，它应该有一个制度的保证，使读者能够确认，这个观点确属媒体的观点，而不只是编辑个人的观点。

当然，文后编者按也可以是说明性的。比如，2003 年 10 月 26 日搜狐网从湖南红网转载来自《潇湘晨报》的消息：

① 吴庚振：《新闻评论学通论》，191 页，河北大学出版社，2001 年版。
② 郑兴东、陈仁风、蔡雯：《报纸编辑学教程》，99 页，中国人民大学出版社，2001 年版。

中国科学院院士周鼎新日前受亲友之邀偕妻子赴海南省海口市旅游考察时，遭五名抢匪打劫，周鼎新因伤势过重死亡，其妻钮洁玖女士当场被打昏，现已转到上海医院接受救治。（略）

就在这篇消息之后，有一个"搜狐编者注"：

本消息转载自合作媒体，转载之目的在于传播更多信息，并不意味本消息代表本网站立场或赞同其中的描述、观点。另：根据网络上目前能查到的最新消息，中科院院士名单并未包含周鼎新，其真实身份有待进一步查实。

这个编者按的必要性何在呢？我们应该想到这样三个背景：第一是网站新闻在时效性方面竞争非常激烈；第二是按照《互联网站从事登载新闻业务管理暂行规定》，像搜狐网这样的"非新闻单位依法建立的综合性互联网站"没有自行采访、刊载新闻的权利；第三是人们普遍认为网站的新闻可信度低。基于第一个原因，搜狐网编辑舍不得不登；基于第二个原因，搜狐网编辑无法组织和刊登自己核实的报道；基于第三个原因，通过资料检索把当下就能够发现的疑点注明，以示对读者负责的态度，以此来提高网站可靠性的形象。

其实，无论是位置的文前、文中、文后，还是性质的评论或说明、客观或主观，一篇编者按最重要的评价标准是它的信息的必要性，它一定是"不得不说的话"。1996年6月19日，美国《圣何塞信使报》刊登了被指控杀害了波利·克拉斯的凶手理查德·戴维斯被判决有罪的消息，判决宣布后，他转向克拉斯的家人伸出两只手的中指。报纸也刊登了这样的照片，并同时刊登了一封由执行编辑致读者的信，解释作此决定的理由：

决定在头版发表理查德·戴维斯的这张猥亵的照片并不是易事。让我来告诉您为什么我们决定这样做。从戴维斯被捕以来，我一直想更多地了解这个杀害波利·克拉斯的凶手的性格。我相信，即使这个姿势所针对的目标并不明确，我们也可以从中获知查理对审判他的这个系统的轻蔑——出于这些原因，我认为这张照片值得发表。我也有兴趣知道您的观点。①

这就是一篇编者按，既体现了报纸的思考，也体现了对读者的尊重。否则，刊登那样一幅照片，在西方文化的接受语境中，会被认为是对读者的冒犯。

---

① ［美］罗恩·史密斯：《新闻道德评价》,34页,新华出版社,2001年版。

第三节　配评论

梁启超在 1910 年创办的《国风报》的"叙例"中写道："凡遇有重大事件发生，为国人所宜特留意者，则为特别记事，无之则阙。凡特别记事，每追叙原因，推论结果，与时评相辅。"

这种报道"与时评相辅"的制度，也可以看做中国报纸较早的"配评论"制度。显然，所以要配评论，是因为报道的事件本身特别重要。

美国全国广播公司《晚间新闻》的评论员钱塞勒的《记者生涯》一书中写道："与当日新闻一起发表的单独的分析性文章，无论是正规的专栏文章还是边栏文章，从逻辑上说，最好都是一种论说文。文章所要告诉读者的东西，都是通过逻辑的推断和解释以及提供历史背景的办法来达到的。仔细观察一下，你就能找到一些线索来说明当今的事件可能产生的后果。"[①]

这是西方新闻媒体与"配评论"相关的思想。

上面两种配评论的思想，有一个共同点：都是有关事实性的判断。而长期以来，我国党报系统由于承担着重要的宣传思想工作，配评论的新闻报道，往往多为非事件的，而所配的评论，往往多为价值判断，所阐发是报道的认识价值。

人民日报评论员于宁、李德民所著《怎样写新闻评论》一书中说："在写配评论的时候，不仅要眼睛盯着配源，还要胸里装着与配源有关的大背景，把配源放在一定的大背景下来剖析、认识，这样才能对配源蕴含的评论价值掌握得更准确、更深刻。"

配评论与普通的新闻评论写作有什么不同呢？

（1）配评论是一种职业写作、岗位写作，它自然代表媒体立场。在这一点上，与社论、编者按相同。

（2）配评论显示了编者对特点文稿的价值评价。这一点也与编者按相同。它与编者按不同之处在于：配评论是完整、纯粹、充分的新闻评论，它虽然与所配合发表的新闻报道之间有确定的制约关系，但并不像编者按那样具有强烈的依附性，也不像编者按那样在篇幅方面严格约束，更不像编者按那样可能单纯是说明性文字。配评论的分量，一般来说，比编者按要重。但

① 约翰·钱塞勒、沃尔特·米尔斯：《记者生涯——现代美国新闻业务漫谈》，86 页，世界知识出版社，1985 年版。

是，一篇评论性的编者按，比如经常出现的"编后"，如果评论得比较充分，其实也就是配评论了。

（3）在配评论的结构中，不必单独叙事，因为所要评论的新闻事件，就在同版邻近位置，这一版就是它的"语境"，比如直接说"左边这篇报道说明了……"就可以。或者干脆就直接写出评论的话，这样就省了字数，使评论内容在篇幅上获得了更大的空间，也使判断更为"提前"，而一般评论则免不了叙事内容，判断难免被"压后"。

例如，2003年1月14日，《中国青年报》发表新华社通稿《一项关于拖欠民工工资现象的调查》，并为此配发评论：

百分比的警告

这是一篇充满了阿拉伯数字的报道，但这些数字一点儿也不枯燥。

最触目惊心的还不是整体拖欠比例，而是下面这一组数字——血汗钱被侵吞、拖欠后，60%的民工选择用反复寻找老板、直至把老板找烦的方式来讨要工钱；10%的受访民工表示，只能用吓唬等手段对老板形成压力；只有1名民工选择通过法律途径解决工资拖欠问题。另有12位（占15%）民工含着辛酸表示：要不到钱就认命了。

这说明，在民工们的心目中，还没有一个有效的、可信赖的劳资纠纷仲裁协调机制，以至于大多数民工只能采取接近违法的手段来维护自己的合法利益。

对于民工们来说，这组数字令人扼腕叹息。对于已经离不开民工的城市来说，这组数字让人不安甚至恐惧！

我们常说，"××问题已经到了非解决不可的时候"。现在，建立有效的、可信赖的劳资纠纷仲裁协调机制，就已经到了这样的时候。不能眼看着那一串百分比再往上涨了——即便仅仅是为了给雇主们营造一个安全的、可预期的投资环境，都不应该让民工们继续投诉无门。

当然，现在一些国内报纸采取了报道与言论版分开的做法，这是国际流行的做法，传统意义上的配评论的方式就不见了。但是，与报道分版的言论，也往往在文尾注明："相关报道见今日本报第几版"，这也算是一种"远距离"的配评论吧。只是因为评论与报道不在同一个版上，评论就要在叙事上多费点笔墨，以方便读者。

思考练习题

从报纸上随机找出几篇编者按，根据它们各自相关的报道对这些编者按的必要性信息进行分析评价。

第十三章　新闻述评

本章要点

● 述评是事实性信息相对完整的新闻评论。
● 述评的对象是相对宏阔、分散、复杂的事物。

第一节　述评文体的性质

述评被看做"新闻领域中一种边缘体裁，以融新闻和评论于一体为基本特点。述评介乎新闻与评论之间，兼有两者的特点和优势。它既报道事实，又对事实做出必要的分析和评价"。[①]

尽管事实报道的成分占很大的比例，但学界普遍认为，述评是"以评为主"的。因此，其实述评也可以看做是有着完整事实材料的新闻评论。从其事实材料的特点来看，述评与我们习见的一般新闻评论的区别仅在于一般评论中的客观信息为间接引用信息，不完整；而述评中的客观信息，来源独立、结构完全，属于采访得到的材料。这样理解是不是更简单、更方便呢？

至于一篇评论中是否应该包括完整的、第一手的新闻事实，其实是一个新闻业的不同规范和不同传统的问题。述评这种式样，是中西新闻界普遍存在的文体现象。但是，它的分类则因中西传统和习惯不同而有所不同。在西方新闻界，社论作者和专栏作家往往要自己采访，许多社论和专栏文章都有第一手新闻来源。这是述评应该归属于评论的一个根据。美国普利策新闻奖获得者约翰·钱塞勒说："我认为，评论好比是一种合乎逻辑的新闻提要，把事实罗列起来，引出一种必然的结论。至少对我来说是一种必然的结论。评论的内容，部分是报道，部分是分析。"[②]——这不就是被我们当作述评的东

---

① 胡文龙、秦珪、涂光晋：《新闻评论教程》。
② 约翰·钱塞勒、沃尔特·米尔斯：《记者生涯——现代美国新闻业务漫谈》，81页。

西吗?

　　而在中国新闻界,目前评论人员一般没有采访任务,限于核实的条件,一般评论中也不包括独立提供的新闻。因此,有上述事实内容的文章只能出自记者之手,述评往往称作"记者述评",实际上就是报道任务的一种。在实践中,也确实是记者写作。这样看来,评论工作与报道工作截然分开的传统,应该是"述评"这种文体归于"边缘文体"的制度性基础。

　　对这个问题,老评论家范荣康先生早就思考过了:

　　　　本来,新闻评论是就新闻发表的评论,材料是新闻评论的重要组成部分。这是新闻评论不同于一般政治评论或思想评论的显著特征。可是,由于长期以来在报刊实践活动中,新闻和评论分离,配套供应,逐渐形成了一种定见:新闻只报道事实,评论只与新闻作由头。特别是党报新闻评论常常被认为是发言论,讲道理的文章,更形成了忽视材料的偏向。现代报刊的新闻,已经突破了只报道事实,不提供分析的框框,朝着夹叙夹议的方向发展,这已经引起了我们的注意。而新闻评论仍满足于大发议论,企图靠议论去说服读者,不注意运用材料,靠事实去说服读者,这个问题同样应该引起我们的注意。①

　　那么,这种夹杂评论与报道的文体,是否违背"评论与事实必须分开"的新闻规范? 在这里,恰恰是:如果把它看做评论,它就是不违背的;如果把它看做报道,它就是违背的。新闻与评论不能混淆的传统规范,实际上着眼于新闻报道中不能加评论,以免以主观性损害客观性,而并不禁止评论中加事实,加了事实它还是评论,还是主观的。但是加了事实的主观,毕竟比没有事实的主观更接近客观。有同学还可能产生这样的疑问:"这样的评论不就成了不够客观的深度报道了吗?"这个疑问,也应该从上述标准上看,深度报道加上评论,就是不客观的报道;而评论加上事实,仍然是"不客观的评论",因为评论本来就是主观的。

第二节　述评的发展源流

　　述评的渊源,就中国来说,有的教程上溯到五四运动时期《每周评论》的《国内大事述评》、《国外大事述评》(如胡文龙、秦珪、涂光晋《新闻评论教

---

① 范荣康:《新闻评论学》,224~225 页。

程》，吴庚振《新闻评论学通论》）。其实这种"记事"栏目，自有其源流和演
变、分化的轨迹。在早期报刊的"政论时代"，报刊的观点性内容多，而事实
性内容少，政论性报刊往往以综合栏目的形式，摘录、组织外电、外报新闻
以补充事实性信息的缺项。这种栏目，有按日期排列的，如1904年出版《东
方杂志》的《中国大事记》和《外国大事记》。这种基本不考虑新闻事件的发展
源流及相互关系的处理方法，只能有资料的作用，不足以使人们对新闻事件
形成综合的、全面的理解。所以《东方杂志》的"大事记"，也被当时的一位学
者罗家伦讥为"断烂朝报"。1912年由章士钊创办的《独立周报》在一则《本
馆特别启事》中有这样一段话："即至最普通之纪事栏亦复夹叙夹议，独见匠
心，从未直录公牍，剪抄报章，为向来丛报所未有。"可见，由"直录公牍，剪
抄报章"，到"夹叙夹议，独见匠心"，是当时记事栏目编辑业务进化的一个
标志。1915年出版的《新青年》杂志是思想文化类刊物，但与当时许多刊物
一样，一创刊就推出了"国外大事记"和"国内大事记"。这是综述型的大事
记，选择较精，着力较多，一般都体现出编辑主体的认识和概括，照顾到事
件的源流、背景，而不再带有早期期刊记事中那种信息堆积或简单相加的形
迹，认识性因素明显加强。比如，在1915年9月的创刊号上，"国内大事记"
只有三则：《国体问题》、《青岛税关交涉之结果》、《宪法起草之进行》。其中
"国体问题"是当时袁世凯筹划称帝的重要事件，所以《国体问题》连续刊登
到当年12月的第四号。

　　1918年创刊的《每周评论》继承了《新青年》的经验，并把《国外大事述
评》与《国内大事述评》置于一版首要位置。这两个纪事栏目确如罗家伦所赞
赏的那样是有系统的纪事，不仅选择较精，而且明显可看出是写作者把各
种相关信息读通了来讲述、打通了来讲述的，其中的"评"，正是这种打通了
来讲"事"的一种手段，一种在叙事中体现的见识，作为判断来说，它们一般
是属于事实判断，但偶尔也进入到价值判断。

　　比如，1918年12月22日《每周评论》第一号"国外大事述评"的第一条
《平和会议》，介绍的是1919年巴黎和会的会期安排：

　　　　据伦敦泰晤士报，这次平和会议分为三种会议，第一种会议是
　　英美法意四国的代表会议，专讨论将来会议的要点。美总统到巴黎
　　以后，即可开会。闭会大约须在明年正月。第二种会议在三月举
　　行。所有协商国方面的国家都有代表。大国举三个代表乃至五个代
　　表。小国举两个代表。新解放的小民族各有一个代表。这就是讨论
　　战后平和的会议。第三种会议专讨论国际同盟的事情，即德国诸国

也要加入。这个会议所议决，就做以后国际会议的基础。讨论平和条件的时候，那详细的条件如境界问题、河流问题，总要由会员先调查预备清楚，才能在那第二种会议里讨论的。我们中国可以在这会议提出的就是青岛问题了。但是那第一种会议所讨论的结果，更为重要。因为他们所讨论的是平和会议的大纲。以后的会议都是遵着那大纲的。

最近的推测，平和会议可于一月一号开幕。

可以看出，这里面的基本材料是报摘转述。但讲到"第三种会议"时，就插入"我们中国可以在这会议提出的就是青岛问题了"。——这显然不是转述，而是叙事中的判断，属于"评"的成分。接下来一句"但是那第一种会议所讨论的结果更为重要，因为他们所讨论的是平和会议的大纲，以后的会议都是遵着那大纲的"。——这是事实判断与价值判断相结合的判断。最后一句是"最近的推测，平和会议可于一月一号开幕"。——这是兼有叙事与判断性质的一句话，作者对事实的判断介入了叙事过程。

这样一种形式，到了1924年由国闻通讯社主办的《国闻周报》创刊，其"一周间国内外大事述评"，就已经是有自己独立报道资源、形式发展得很完备的新闻述评形式了。

20世纪30年代，郭步陶在《评论作法》中写道："述评不一定天天有，每经过一星期，将国内外重大事件，综合叙出，缀以简要评语。从前南京的《中央日报》、上海的《时事新报》、天津的《国闻周报》都曾有一段时间刊登过述评的文字。现在却不大看见了，只是各种周刊或十日刊等类的册报中，仍往往有之。"

这也是因为长周期的阅读更需要有效率的信息整合。由这样一个发展源流可以看出，述评的一个特征：无论消息来源是报摘还是独立的报道，无论是编辑整合资料的综述，还是加入编者的评论，总之就是要把"事"讲清楚——对于纷繁复杂的事件的概况进行整体描述，以方便读者。它的一个基本功能是整合信息。这种功能在当代的新闻述评中仍然十分明显。述评是一种提高传播和接受效率，满足受众需求的文体。

第三节　述评写作的要点

述评写作的要点，要从述评需要完成什么任务，达到什么效果说起。要完成的任务，就是按照作者的认识，把宏大、复杂、长周期乃至分散的事情讲清楚。它要达到的效果，就是帮助受众形成整体的认识。如果事情简单，就不用述评了，一条消息就可以了。述评之所以要"评"，就在于：在有限的叙述空间中，对于分散、宏阔的对象而言，"述"的手段有所不足；而"评"的方式更具有综合性和概括性而已。所以——这里顺便说到，述评的选题，一定是分散、宏阔、复杂、长周期的对象。比如经常出现的工作述评、形势述评、事件述评、思想述评，其实就反映了述评对象的这种特征。再比如这样的选题是 2004 年 12 月 26 日人民网发表记者朱隽的"年终农村经济述评"《农民收入较大幅度增长》；2004 年 12 月 5 日，在澳门回归祖国和澳门特区成立 5 周年纪念日即将到来的日子，新华社发表述评《"一国两制"——澳门繁荣稳定的根本保证》；2004 年 12 月 30 日《中国经济时报》以"宏观调控下的地区经济"为主题的"年终述评"《2005 宏观调控如何促进中部崛起》；《人民日报》2004 年 12 月 24 日发表的"年终农村经济述评"之一《粮食生产出现重大转机》。

　　我们以一篇具体的述评为例，毛泽东 1948 年 11 月 14 日为新华社写的一篇评论《中国军事形势的重大变化》就是这样一篇反映宏阔、复杂对象的述评：

　　　　中国的军事形势现已进入一个新的转折点，即战争双方力量对比已经发生了根本的变化。人民解放军不但在质量上早已占有优势，而且在数量上现在也已经占有优势。这是中国革命的成功和中国和平的实现已经迫近的标志。

　　　　国民党军队在战争的第二年底，即今年六月底，总数约计尚有三百六十五万人。这个数目，对于一九四六年七月国民党开始发动全国性内战时期的四百三十万人来说，是少了六十五万人。这是由于国民党军队在两年战争中虽然被歼、被俘和逃亡了大约三百零九万人（其中被歼、被俘为二百六十四万人），但在此期内又补充了约二百四十四万人，故亏短数尚只有六十五万人。最近则起了一个突变。经过战争第三年度的头四个月，即今年七月一日至十一月二日沈阳解放时，国民党军队即丧失了一百万人。四个月内国民党军队的补充情形尚未查明，假定它能补充三十万人，亏短数为七十万人。这样国民党的全部军队包括陆海空军、正规军、非正规军、作战部队和后勤机关在内，现在只有二百九十万左右的人数。人民解放军，则由一九四六年六月的一百二十万人，增至一九四八年六月的二百八十万人，现在又增至三百余万人。这种情况，就使国民党军队在数量上长期占有的优势，急速地转入了劣势。这是由于四个

月内人民解放军在全国各个战场英勇作战的结果，而特别是南线的
睢杞战役、济南战役，北线的锦州、长春、辽西、沈阳诸战役的结
果。国民党的正规军，因为它拼命地将非正规军编入正规军内，至
今年六月底，尚有二百八十五个师的番号。四个月内，即被人民解
放军歼灭了营以上部队合计共八十三个师，其中包括六十三个
整师。

这样，就使我们原来预计的战争进程，大为缩短。原来预计，
从一九四六年七月起，大约需要五年左右时间，便可能从根本上打
倒国民党反动政府。现在看来，只需从现时起，再有一年左右的时
间，就可能将国民党反动政府从根本上打倒了。至于在全国一切地
方消灭反动势力，完成人民解放，则尚需较多的时间。

敌人是正在迅速崩溃中，但尚需共产党人、人民解放军和全国
各界人民团结一致，加紧努力，才能最后地完全地消灭反动势力，
在全国范围内建立统一的民主的人民共和国。

这篇述评，结构比较简单清晰。整个可以看做一篇具有鲜明的事实判断
的新闻评论。但是，其中间的部分——占据很大比重的，则是全面、完整的
事实叙述，具有单独的报道价值。

当然，也有更复杂的结构，就是所谓"边述边评"、"事理交融"①、"以评
驭述"，或者说，"将众多分散的事实纳入到一个具有思辨性的逻辑结构之
中"②。其实，结构不一定非要过于复杂，这些写作要点的关键在于，它主要
是一篇评论，或者说，它就是一篇评论。所有的事实，无论它是第一手的还
是转载的，是完整的还是零的，都要服从于评论的观点，都有助于把事说清
楚。在更多的情况下，新闻述评中的叙事，不一定是独立的调查报道，而对
较长周期、较多来源的事实信息的融会贯通、概括、归纳与整合。实际上，
一些长时段的述评，其事实性信息都是曾经作为新闻已经报道过的材料。

思考练习题

1. 述评是否可以看做一篇深度报道？
2. 述评是否可以用单篇报道配评论的方式来代替？

---

① 参见黎明洁、岳晓华：《如何实现新闻述评的事理交融》，第六期《新闻战线》，2004 年版。
② 吴庚振：《新闻评论学通论》，203 页。

第十四章 杂文与新闻评论的关系

本章要点

● 杂文的基本思维方式是联想；评论的基本思维方式是概念、判断、推理。

● 杂文具有更为自由、开阔的思想认识空间、选题和表现形式。

● 杂文追求表达的审美价值，不追求意见表达的效率，评论相反。

　　尽管杂文与新闻评论有着夹缠不清的关系，但可以明确地说，杂文写作能力不是新闻评论教学要达到的目标。对于大学本科的实用教学来说，这部分内容，应主要着眼于新闻评论与杂文之间的文体辨识练习，掌握其间的文体区别，掌握它们不同的表现方法、语言和结构特征。从一定意义上讲，只有讲授杂文，才能更好地理解新闻评论的文体特征。

第一节 杂文的认识价值

　　杂文，一般新闻评论的教科书把它作为"边缘文体"来讲授的。所谓"边缘性"，实际上是"兼有性"。文体分类的最高一层是实用文体与非实用文体（美文），杂文就兼有实用性与非实用性、应用文与美文的两重性。它既是意见传播的实用工具，也是文字与结构的审美对象。

　　杂文以美的文字和结构来实现意见传播，以求得更好的传播效果，这是人们的一般认识。杂文以"曲笔"进行批评，往往是言论环境不好的情况下的策略选择，这是人们对杂文的特殊认识。但是，杂文存在的理由，不仅在于审美价值，也不仅在于表达的策略。还在于其独特的认识价值。从根本上说，就议论这个功能而言，杂文存在的理由，就是新闻评论的局限；形象思维的理由，就是逻辑思维的局限。相对于新闻评论来说，杂文写作既是一种独特的表现能力，也是一种独特的认识能力、思考能力。人们靠联想的途径拓展认识，也靠联想的结构吸引读者。这是认识与表现的统一。

为什么这么说呢？

新闻评论当然是应合人们对新闻事件的认识期待而产生的。新闻评论一般"缘事而生"。但人的真实的思想，特别是人深刻而广阔的认识，往往很难容纳于"事件结构"之中，特别是往往很难容纳于对新闻事件直接的"反应结构"之中。这是新闻评论题材与结构的局限。杂文题材广泛、结构多样化，就可以自如地容纳人们在社会生活中那些沉潜的、顿悟的、经过长久蓄积而形成的思考。

另外，人们真实的思想过程，那些带着人们接近事物本质的思维过程，也很难完全囿于概念、判断、推理和论点、论据、论证的严格程序之中。杂文则容纳了逻辑思维，特别是形式逻辑以外的形象思维与辩证逻辑。它可以把相隔很远的，一般看不出来有什么关系的事物放在一起，作大跨度的思考。而新闻评论则难以实现和表达这样的思考。所以，它拓展了思考的广度。我们来看这样一篇杂文：

"多好的群众"素质差？

刘洪波

"多好的群众啊"，这是很著名的感叹。这样的感叹，感叹着些什么呢？

一个企业破产了，大家都下了岗，但是"大多数职工非常通情达理，许多一辈子为工厂作奉献的老职工尽管生活困难，却从不给工厂添乱，都是自谋生路"，领导非常赞赏地说，"多好的群众啊"。

洪水来了，一些地方要泄洪受淹，一家损失至少上万元，但是"为了更多的人生命财产安全，要在这里行洪，俺没说的"，农民噙着眼泪地说。受了损失却"无一例外地支持上级决策"，大家噙着泪交相感叹："多好的群众啊！"

一个干部被派到乡下，那里生活很苦，为了给干部刚生产的妻子补充营养，群众在山上守了一昼夜，逮着一只野兔，给干部家送上。干部多年后回想起来，还是很动感情地说，"多好的群众"，他们自己挨饿受苦，心中想着的，首先是干部。"多好的群众"，大多类此。冤死不告状的，有病干重活的，无偿却奉献的，遇暴不反抗的，等等，都在"多好的群众"之列。

然而，"多好的群众"，又总是"素质差"的。与"多好的群众"之感叹差不多同样著名的一个说法，就是"群众素质差"。"群众素质差"有何为证呢？例子太多了，文明生活方面的，有随地吐痰，说话带粗口，上街光膀子，走路不看红绿灯等等；政治法律素质方面的，有"不会用法律手段保护自己"，不学习法律条文和政策，随便受人欺负；文化科学知识素质方面的，有了病不上医院，采取"小病挨，大病死"的办法，种田不科学等等；经济素质方面的，有不敢闯市场、只会摆地摊等等。还可以举出很多个方面，总的来看是各方面素质都差得很。

但实话讲，正是"各方面素质差得很"，他们才配去当"多好的群众"。以为评价"群众素质差"，就一定是要其素质高起来，恐怕是有些天真的。某些方面的素质是要高起来的，例如光膀子不得上街之类的素质要高起来，否则怕人说"怎么就管着这么些低档次的群众啊"，管群众的人也显得不高贵是吧。但有很多素质就不一定要高起来了。"多好的群众"，素质是不能不差的。这样既可以使事情办不好有永远的顶缸预备队，又可以使"什么都和群众商量，就什么事也干不成"的座右铭显得很是真理。

一个"群众"（这话很别扭，按说群众至少是要一群，但现在也可以说一个了，因为"群众"用来指称一种个人身份），素质如果真的高起来了，又怎样呢？别的不说，至少是当"多好的群众"就会大大降低了机会。"高素质"预示着"不好管"，那真是再麻烦不过的事情。

这事情，我有一个例证可以提供。最新一期的《南风窗》杂志主题是"和谐新乡村"，其中有一个部分调查了湖南衡阳县一些乡镇上农民的维权行动。一些农民对"只有收钱时才意识到他们存在"的基层政府进行了抵制，他们自己推举农民代表，从事上访活动、宣传农村政策、阻止非法收费、索要退还不当收费款。这不能不说是"素质提高"的表现，但基层的干部则认为这些人是刁民，"别有用心"、"专门和上级作对"，甚至"有政治野心"。素质高起来了，就只能让人感叹"多么难缠的群众"了。

正反两方面的情况，可以归一个总：素质差的群众，正适合让人感叹"多好"。对驱使起来很方便的人感叹"多好"，我相信那是很由衷的。虽然叹完了"多好"，又来骂一句"素质差"，看起来不太地道，但从很大程度上来讲，却说的完全是事实。"素质差"可以成就"多好"，"多好"需要"素质差"，这是一种现实的"群众观点"。

（2003 年 11 月 10 日《羊城晚报》）

这篇杂文产生的认识，就是一个大跨度思考的结果。对群众"多好的"评价与"素质差"的评价，并不在同一个时空之中，实际上相隔很远，没有一个新闻事件恰好把这两个评价置于同一时空之中。而"多好的群众""素质差"的联系——实际上它构成了一个被质疑的判断——完全是作者跨越式思考产生的联系。这种思考，不能容于形式逻辑，但它却要比形式逻辑所能得到的认识要深刻得多，也比形式逻辑所能得到的结论，更接近事物的真相。这些思考并非缘于一个具体的新闻事件而触发，也并非借助一个具体的新闻事件而表达，而是长期观察和感悟而得。具体而言，这是一个通过联想而把表面上看起来不同的事物"跨时空对接"式的结构。这种对接本身产生的反差，实际上体现为若干判断，比如：一些领导总是用于己有利的角度来看待群众。但是，直接表达这些判断，远不如这种"跨时空对接"给人印象深刻。

《中国青年报》著名杂文栏目《求实篇》编辑、杂文家焦加说："联想丰富可以使文章好看，但联想的作用决不仅限于此。更重要的作用是联想可以出思想，出观点。"①

当然，应该说明的是，这种通过联想把不同对象"跨时空对接"的方法，对于认识来说，只是起到引发认识和思考的作用，而并不是认识本身。因为，确定的认识结果，既应该有靠得住的论据，也应该有符合一般认识规律——逻辑——的论证过程。

第二节　杂文与新闻评论的区别

杂文与新闻评论的关系问题，对于新闻评论的写作来说，不仅有着理论的意义，而且有着实际的影响。因为，这两种文体有着不同的写作方法和规范。实际上，一些习作者之所以写不好新闻评论，就在于他们混淆了两种方法与规范。

由于这两种文体都具有议论的性质，甚至都可以用来议论新闻，有人便认为新闻评论也是有感而发，跟其他的随感杂谈没有什么很大的区别，把它们严格区别开来意义并不大。怎么看这个问题呢？

一方面，从实际的社会功能来说，这两种文体确实都有着议论时事的功能；从历史使命来说，一些杂文栏目在新闻评论还没有得到像今天这样的恢复和发展的历史年代里，确曾代替新闻评论，起着议论时事的功能。比如

---

① 《求实篇精粹》，33 页，中国人民大学出版社，1998 年版。

《中国青年报》的杂文栏目《求实篇》曾长期设在新闻版面上。从作者队伍来看，在新闻评论的作者队伍中，确实有着一些长期写作杂文的作者，比如鄢烈山、米博华、刘洪波、潘洪其、张金岭。

但另一方面，对于学习写新闻评论的人来说，不了解这两种文体的区别，就没有基本的文体规范意识，在语言、结构方面就没有对表达效率的自觉追求，写作就会"两不像"，实际上无法完成特定的表达目的，也不能满足新闻媒体的取稿标准。近年来，已有《南方都市报》、《新京报》言论版等报纸明确刊出启事拒绝杂文，而更多媒体的时评栏目或言论版（如《中国青年报》的言论版"青年话题"）则实际掌握着这样一个标准。这样一个标准，不是对杂文的"文体歧视"，也不仅意味着纯粹的新闻评论文体已经成为新闻媒体的主流文体，而是意味着新闻评论的职业标准已经开始有了清晰的"文体自觉"。

让我们先从思维方式与表现方式两个方面来看新闻评论与杂文的区别：

新闻评论基本采用的是逻辑思维方式，讲概念、判断、推理，讲论点、论据、论证。它是这样思维的，也必须这样表现。

杂文的思维方式一般认为是联想，联想是一种形象思维。对于杂文来说，联想既是思维的方式，也是表现的结构。人们靠联想的途径拓展认识，也靠联想的结构吸引读者。这是认识与表现的统一。

当然，作为一种议论性的文体，杂文的议论功能是不能单靠联想实现的，因为单纯依靠联想是很难得到对事物本质的认识的，因为联想本身是不能确证的，它只是一个"引路者"。对事物本质的认识，肯定需要逻辑思维。但是，在表现层面上，杂文并不把认识过程和概念、判断、推理这样的逻辑过程表现出来。它似乎总是始于联想这样的形象思维，又终于联想这样的形象表现。它没有明确的判断形式，并不意味着它不需要判断，它只是把这判断留给读者，而自己却只把读者带到"感悟"的身边。它的终点是感悟，但这并不是认识真正的终点，认识在接受者那里延伸。

杂文与新闻评论的根本区别，内层在于思维方式的区别，外层在于表现方式的区别。表现方式即语言、结构，特别是结构。这是辨识杂文的最明显的特征。杂文的结构方式有许多，我们举一个例子：

七仙女闹离婚

文时夏

当年，就是在这棵槐树下，树为媒，天上人间，喜结良缘。此时此刻，他和她又来到这里，景物依旧，心情已非。

　　媒人在上，二人都施了礼，请了安，便再无话，但各自的脸上，这一位阴沉沉，那一位要下雨，早已说明了一切。

　　"你们夫妻二人，今日到此，有甚喜事就快快说来，也好让我高兴高兴呀！"

　　"她……她要跟我打离婚。"

　　"噢！打离婚？七仙女，你要跟董永离婚？"

　　"嗯，离定了！"

　　"在这普天之下，除了董永，你还能遇上第二个这样的老实人？"

　　"是老实人，也是老好人。"

　　"对对对，老好人。"

　　"也不是老好人。现如今，老好人当了官了，变成老好官。"

　　"对对对，老好人当了官，当然就是老好官。"

　　"这老好官么……唉！老人家，听我慢慢道来。"

　　"你说你说。"

　　"当年的老好人董永我不嫌。如今的老好官董永我最烦。"

　　"此话怎讲？"

　　"老好人成了老好官，前前后后不一般。老好人，本艰难，明哲保身情可原。和为贵，忍为先，事不关己不多言，各人自扫门前雪，自家种好自家田。怕只怕老好人还要把官当……"

　　"老好人当官又怎样？"

　　"当官不为要做事，一事当前为当官，冲着官来奔官去，明哲保官巧周旋。是非不分弯弯绕，黑白不辨溜溜圆，不冷不热温吞水，不前不后漏底船，不痛不痒云和雾，不死不活半空悬，一张中庸猫儿脸，偏能讨人喜欢招人怜。一个老好官，一把保护伞，小人得意喜滋滋，坏人逞能蹦得欢，放心宽，不相干，猫鼠共眠保平安……"

　　"好了好了，不要说了。七仙女，听我一句：董永和你不一样，他毕竟是个凡胎，不能免俗总是有的，你还要多担待一些才是。"

　　"我只有一个要求。"

　　"什么要求？"

　　"还我原来本本分分的董郎。"

　　"你的意思是不是说问题就出在老好人当了一个老好官？"

　　"对了。"

　　"董永呀，你就不要当这个老好官了，还是带上娘子回你丹阳老家种地去吧！"

　　"这个……"

　　于是，现在的董永就面对一个两难的选择：是继续当他的这个老好官呢，还是把七仙女留下来呢？（1994 年 7 月 1 日《中国青年报》求实篇）

这是杂文作者创造了一个形象化的故事结构来"曲折"地实现议论的目的。这种"曲折"，不是因为有什么话不好直说，而只是因为这样表现更"好看"。作者一定是先有了议论的思想，然后再去寻找这种思想的结构载体和形象载体。

再看我国著名杂文家邵燕祥的杂文《墓碣上的真话》：

　　在闲谈中说到散文，汪曾祺向我提起冯至的《山村的墓碣》，很是推崇。冯文一九四三年写于昆明，写的则是在德国和瑞士交界一带山林中见闻的回忆。

　　近读香港出版的《中国当代散文选》第一集，有一位英国剑桥大学哲学博士、现任美国波士顿大学应用科学教授的作者陈之藩，他引用一位瑞士人的墓碣文，说忘了从什么地方看到的了，正是冯至散文中引用过的：

　　我生于波登湖畔，

　　我死于肚子痛。

　　冯至还引用一位小学教师墓碣上刻的话：

　　我是一个乡村教员，

　　鞭打了一辈子学童。

　　现在弄不清这些是死者夫子自道，还是生者捉刀的了。如果是遵照死者的遗言，可见其人的率真和旷达；如果是别人代拟，而蒙社会公认，那从调侃和幽默中，依稀透出朴素的求实的精神，是会使我们古今一切诔墓者以及靠写诔墓之辞收费自肥的，如自诩存续道统的韩愈之流脸红。

　　我在美国伊利诺州一个小镇上，访问过埃德加·李·马斯特斯（1899～1950）的故居。他在一九一七年出版的一本《匙子河诗集》即以镇上公墓中若干死者自述的形式出之。举一首较短的《霍特·普持》（赵毅衡译文）为例：

　　我躺在这儿，

挨近比尔·皮尔索老家伙的坟，

他靠跟印第安人做交易发了横财，

后来依法宣告破产，

转眼又比原先更有钱。

我过腻了又累又穷的日子，

眼看老比尔等人生财有道，

一天夜里，我到普罗克多林边抢劫旅客，

不料失手打死了人，

为此，我被判绞刑。

我用这办法搞成破产，

瞧咱们俩都依法破产，可路子不同，

现在却安静地睡在一起。

普希金给自己写《墓志铭》，只写了一首；马斯特斯给别人"树碑立传"，就写了一本。现在诗人自己也躺在公墓里了。我到那一片墓园去看了一圈，从一九一七年以后不知添了多少新坟。各式各样的墓碣，工艺很精；像雕刻艺术展览似的，但碣文都不是出于马斯特斯手笔了——当年马斯特斯写的那些篇代死者自述行状的诗，也只印进他的诗集，并未刻在各人碑碣上。

黄永玉一九八〇年发表的《力求严肃认真思考的札记》里有一则《墓志铭》言简意赅：

这个人的一生，正确的加错误的等于零。

后来，黄永玉又在《诗刊》上发表过他代各色人等草拟的墓志铭，当然都是一种戏谑，一种讽刺。

按照我们的民族习惯，真正勒石刊刻的碑文不但不可能有讽刺，连戏谑或只是诙谐也不允许的。一律要说好话，夸张三分五分，甚至完全的假话。对于已死的人，一般不吝给予虚情假意的好言抚慰，即使不上碑碣，口头宣读的悼词之类也是如此。这就是谌容《生前死后》那篇貌似荒诞的小说（一个活人听到写给自己的悼词，误以为大家真是那么温情脉脉的宽容和与人为善）的构思的由来吧。

在中国式的悼词和墓志铭里，对一个人的评价，常常是用千人一面的套话，中国特有的楹联——最常见的是春联，也正如此。在根本没有梅花，也没有几盏灯的一个边城，我看到春联上大书"红梅一枝……""彩灯万盏……"于是忽然悟到许多动辄"千""万"的假话大话空话,有着源远流长的历史和十分深厚的心理基础。我甚至由这里一下子懂得一些古典诗词中的"高楼"不过就是老城镇至今犹存的两层木楼,所谓"宝马香车"也不过就是一般带篷马车的修辞,有十来米甬道就题曰"幽径",几块石头则名之为"叠翠",都可做如是观。明白了这一点,也就不会厚责于晚近的所谓"假大空"了。统称"假大空",是因为假话、大话、空话很难截然分开,正像统称"冤假错案",有谁"较真"地辨别过冤案、假案、错案三者的差别呢?

　　都是笼统的概念,但有一点是明确的,就是:全都没有实事求是之心。①

你看,作者就是这样从空间上遥远的外国墓碣说起,说到时间上遥远的中国古典诗文,最后才落到中国当代(20 世纪 80 年代)正在提倡的实事求是之风,一路款款道来,似听老人言文坛掌故,最后一句,一语中的,戛然而止,有撞击之感。它的结构方式,是在相似事实之间"散漫游走"。起初并不知其意图,在过程中逐渐渗透思想与议论。这是比虚构"故事"的结构更自然、也更普遍的杂文结构。

从这两个例子来看,都没有具体的新闻事件,也都没有逻辑论证。而前一篇,更没有明确的表达判断。这就是它们与新闻评论的区别。

杂文当然也有针对具体的新闻事件的,我们来看这一篇:

学生和玉佛

　　一月二十八日《申报》号外载二十七日北平专电曰:"故宫古物即起运,北宁平汉两路已奉令备车,团城白玉佛亦将南运。"

　　二十九日号外又载二十八日中央社电传教育部电平各大学,略曰:"据各报载榆关告紧之际,北平各大学中颇有逃考及提前放假等情形,均经调查确实。查大学生为国民中坚分子,拒容妄自惊扰,败坏校规,学校当局迄无呈报,迹近宽纵,亦属非是。仰该校等迅将学生逃考及提前放假情形,详报核办,并将下学期上课日期,并报为要。"

　　三十日,"堕落文人"周动轩先生见之,有诗叹曰:

　　寂寞空城在,仓皇古董迁。

---

① 载《邵燕祥杂文自选集》,百花文艺出版社,1996 年版。

　　　　头儿夸大口，面子靠中坚。

　　　　惊扰讵云妄？奔逃只自怜。

　　　　所嗟非玉佛，不值一文钱。

　　这是鲁迅的一篇杂文，写于1933年，也是针对新闻事件"缘事而发"的，但它表达的是嘲讽，而不是直接的判断和对判断的论证。更为明显的是鲁迅写于1924年10月28日的著名杂文《论雷峰塔的倒掉》，也是针对新闻事件（雷峰塔1924年9月25日倒坍），但文章的内容，不是对这一事件本身的判断，而是关于童年对白蛇传故事的记忆与感想："一切西湖胜迹的名目之中，我知道得最早的却是这雷峰塔。我的祖母曾经常常对我说，白蛇娘娘就被压在这塔底下……"文章的结尾说："当初，白蛇娘娘压在塔底下，法海禅师躲在蟹壳里。现在却只有这位老禅师独自静坐了，非到螃蟹断种的那一天为止出不来。莫非他造塔的时候，竟没有想到塔是终究要倒的么？活该！"这篇文章表达了什么呢？人们体会说，表达了作者对自由美好的生命的肯定。这与"五四"新文化运动的精神气质暗合。但如果再做具体的解释，就近于穿凿了。因此可以说，这篇虽然针对新闻事件"有感而发"的议论，并没有对新闻事件本身进行确定的、具体的判断。这就是这篇杂文与新闻评论的区别所在。

　　因此，我们在辨识类似有着新闻要素的杂文的时候，首先应该体会新闻要素在结构中的地位，它属于认识（判断）的对象，还是联想的起点。然后思考一下：这样的新闻是否可以成为评论的对象？如果是评论，这样一个新闻事件该置于何处？评论的思路应该如何展开？通过这样的练习，我们可以更感性地理解杂文与评论各自的文体特征。

　　对于杂文与评论的区别，学者与杂文家、评论家有过许多说法。

　　复旦大学教授李良荣说："杂文是文艺性评论，短小、活泼、锋利。和一般评论相比，其共同点是都能直接而迅速地分析、评论社会现象。但杂文的题材要比一般评论广阔得多，评论一般抓住新近出现的新闻事件进行分析；而杂文既可以评论新闻事件，又可以历史内容为题材，天文地理、风花雪月，鸡犬狗猫，可以说无所不包。评论一般的写法是'三段论式'，提出问题，分析问题的本质，提出自己的看法；杂文的写法却不拘一格，非常灵活。评论一般都借助于缜密的逻辑，深入的分析，直截了当地表达自己的看法；杂文同样需要借助于缜密的逻辑，作深入的分析，但是它把深刻的哲理、作者的观点融化在生动的艺术形象中。对比、暗示、取譬、借喻等是杂文常用的手段。因此，杂文没有评论那样的简洁明快，它让读者在艺术的享受之中，或在娓娓动听的谈天说地之中，受到思想的启发。"①

人民日报评论员、杂文家米博华说："不同之处也许可以概括为：一、评论是新闻作品，倘一篇评论作品没有新闻背景，缺乏时效性，就不成其为报纸评论。杂文是文学作品，倘一篇杂文没有文学因素，缺乏一种独特的'味道'（通常称为杂文味），就不成其为杂文。二、杂文的文字因素最鲜明的特征是运用一系列的形象化手法，如比、兴等。假物以彰之，寄物以托之，好的杂文应该是含蓄而典雅的，有独特的创意和风格。评论则不必强调文字的拓展，毋宁说更需要鲜明、简洁，开门见山，直来直去。因而好的评论作品应是清晰、明快、朴素和庄重的。三、杂文重美感，入题和收煞要有艺术的构思，证明和反驳要机智而富有想象力，过渡和照应要有波有澜，语言要有庄有谐，有声有光。总之，一篇好的杂文作品在制作工艺上有可观摩价值。评论也要写得漂亮，但它的漂亮更多的体现在观点的新颖和思想的丰富。评论也讲究结构，这种结构展现的是一种分析的方法和探索的路径。它应是一个一目了然的算式，赞成什么，反对什么，拿出证据。"②

这里对杂文与新闻评论的区别作一概括：

第一，题材不同的情况：

新闻评论当然是以新闻事件作为题材的；

而杂文的一部分则完全没有新闻要素，可以说是"无事而生"。

这是两者基本的不同，也是最容易辨识的标准。

第二，题材相同的情况——同样"缘事而发"：

（1）思维方式（主体与对象的关系）不同：

看新闻事件是作为判断的对象还是联想的对象？

前者为新闻评论，后者为杂文。

运用的是逻辑思维还是形象思维？

前者为评论，后者为杂文。

（2）表达方式不同：

新闻评论结构简单，讲求直言。

杂文结构丰富而变化，讲求曲笔。

评论要有完整清晰的论证。

杂文不见得要有完整清晰的论证，而通过暗示等手法让读者自己感悟。

---

① 《中国报纸文体发展概要》，77 页。

② 中国青年报内部业务刊物《青年报人》，1999 年第 12 期。

思考练习题

1: 你对杂文家兼时评家鄢烈山如下关于杂文范围的界定有什么看法?

"杂文的文本样式(表现形式),在我心中是除了中长篇小说与长诗、长剧无所不可的。《古文观止》这部汉语古代散文美文经典,就是我心中的文体范式。你看,历史故事、对话、论文、序言、书信、墓志铭⋯⋯这些应用文体都成了美文。《过秦论》、《治安策》、《论贵粟书》、《原道》、《争臣论》、《朋党论》、《辨奸论》,这些千古传诵的名篇都是地地道道的论文。看了这些名篇,我们还有必要讨论'时评'可不可以算杂文吗? 不是'时评'可不可以算,而是具体到某一篇它够不够格的问题。"(《2003 中国杂文年选序》)

2. 本书作者曾在一篇介绍《求实篇》的文章中写道:

"一眼扫下来,不是通篇概念,而是满纸形象——整个结构是由从'实事'中生发的形象连缀的,作者只需靠'视觉思维'跟着形象走,就能走到头——这样轻松的'视觉旅行'不是很好看吗? 正是因为文体风格的形象性,《求实篇》的文章往往能够达到'不论是非,自有褒贬',因为形象的逻辑中自有是非。"

大家想一想,这种"不过脑子"的阅读真能够代替人的认识过程达到真知吗?

3. 有位杂文家对当代中国评论界的判断是"时评兴盛与杂文式微"。是不是这么回事? 同学们怎么看这个问题?

参 考 文 献

[1] 方武著. 议论文体新论. 安徽大学出版社, 2003 年版

[2] 孙元魁, 孟庆忠主编. 议论文研究与鉴赏. 山东教育出版社, 1992 年版

[3] 齐元涛, 王立军, 郑振峰, 赵学清著. 篇章应用通则. 春风文艺出版社, 2000 年版

[4] 周姬昌主编. 写作学高级教程. 武汉大学出版社, 1989 年版

[5] 马正平. 高等写作学引论. 中国人民大学出版社, 2002 年版

[6] *CRITICAL THINKING AND COMMUNICATION*: *The use of Reason in Argument*, fourth edition, Allyn and Bacon 2002

[7] 李良荣著. 中国报纸文体发展概要. 福建人民出版社, 2002 年版

[8] 徐宝璜著. 新闻学. 中国人民大学出版社, 1994 年版

[9] 郭步陶著. 评论作法. 申报函授学校讲义之五, 1935 年上海申报馆印

[10] 郭步陶著. 编辑与评论. 商务印书馆, 1933

[11] 程仲文著. 新闻评论学. 力生文化出版公司, 1947 年版

[12] 程之行著. 评论写作. 台湾三民书局, 1984 年版

[13] 范荣康著. 新闻评论学. 人民日报出版社, 1988 年版

[14] 王民著. 新闻评论写作. 台湾联合报社, 1981 年版

[15] 胡文龙, 秦珪, 涂光晋著. 新闻评论教程. 中国人民大学出版社, 1998 年版

[16] 胡文龙主编. 中国新闻评论发展研究. 中国人民大学出版社, 2002 年版

[17] 丁法章主编. 新闻评论学第二版, 复旦大学出版社, 1997 年版

[18] 林大椿著. 新闻评论学. 台湾学生书局 1982 年版

[19] 吴庚振著. 新闻评论学通论. 河北大学出版社, 2001 年版

[20] 胡乔木著. 胡乔木谈新闻出版. 人民出版社, 1999 年版

[21] 邵华泽著. 同研究生谈新闻评论. 人民日报出版社, 1999 年版

[22] 于宁著. 评论员札记. 蓝天出版社, 1995 年版

[23] 于宁, 李德民著. 写会写新闻评论. 中国新闻出版社, 1988 年版

[24] 田望生著. 新闻评论他说. 华文出版社, 1999 年版

[25] 康拉德·芬克著. 冲击力: 新闻评论写作教程. 新华出版社, 2002 年版

[26] 方汉奇著. 中国近代报刊史. 山西人民出版社, 1981 年版

[27] 曾建雄著. 中国新闻评论发展史(近代部分). 广西师范大学出版社, 1996 年版

[28] 曹聚仁著. 文坛五十年. 东方出版中心 1997 年版

[29] 胡适著. 胡适学术文集·新文学运动. 中华书局 1993 年版

[30] 张友渔著. 报人生涯三十年. 重庆出版社, 1982 年版

[31] 郑兴东著. 受众心理与传媒引导. 新华出版社, 1999 年版

[32] 杨保军著. 新闻价值论. 中国人民大学出版社, 2003 年版

[33] 喻国明著. 嬗变的轨迹——社会变革中的中国新闻传播与新闻理论. 中央编译出版社, 1996 年版

[34] 麦尔文·曼切尔著. 新闻报道与写作. 艾丰等编译, 中国广播电视出版社, 1981 年版

[35] 沃纳·赛佛林, 小詹姆斯·坦卡德著. 传播理论——起源、方法与应用. 华夏出版社, 2000 年版

[36] 威尔伯·施拉姆, 威廉·波特著. 传播学概论. 新华出版社, 1984 年版

[37] 哈罗德·伊尼斯著. 传播的偏向. 中国人民大学出版社, 2003 年版

[38] 普通逻辑. 上海人民出版社, 1979 年版

[39] 黑格尔著. 小逻辑. 商务印书馆, 2004 年版

[40] [奥]恩斯特·马赫著. 认识与谬误. 华夏出版社, 2003 年版

[41] 封毓昌著. 辩证逻辑——认识史的总结. 中国社会科学出版社, 1990 年版

[42] 陈中立, 杨楹, 林振义, 倪建民著. 思维方式与社会发展. 社会科学出版社, 2001 年版

[43] 冯广艺著. 汉语比喻研究史. 湖北教育出版社, 2002 年版

[44] [美]新闻自由委员会. 一个自由而负责的新闻界. 展江、王征、王涛译, 中国人民大学出版社, 2004 年版

[45] 陈桂兰主编. 新闻职业道德教程. 复旦大学出版社, 1997 年版

[46] 李希光. 新闻学核心. 南方日报出版社, 2002 年版